国际相对价格变动特征研究

王迎春　著

北　京
冶　金　工　业　出　版　社
2015

内 容 提 要

本书以第二次世界大战后全球各经济体间的相对价格变动为研究对象，着重对第二次世界大战后全球经济体间的相对价格体系变动的收敛特征及其原因进行了研究。在此基础上，分别对发达经济体与发展中经济体的相对价格变动特征及未来变化趋势提出了假设并进行了实证检验。最后对中国的相对价格问题进行了讨论。本书以建立在绝对购买力平价基础上的相对价格为研究对象，试图弥补国内相关研究的不足，有助于对实际汇率问题更为全面和深入的理解。

本书可供国际经济学、国际金融学、国际经济统计学领域的研究生和相关研究人员参考。

图书在版编目(CIP)数据

国际相对价格变动特征研究/王迎春著. —北京：冶金工业出版社，2015.4

ISBN 978-7-5024-6885-9

Ⅰ.①国… Ⅱ.①王… Ⅲ.①国际贸易—商品价格—研究 Ⅳ.①F740.3

中国版本图书馆CIP数据核字（2015）第062426号

出 版 人 谭学余

地　　址 北京市东城区嵩祝院北巷39号 邮编 100009 电话 (010)64027926

网　　址 www.cnmip.com.cn 电子信箱 yjcbs@cnmip.com.cn

责任编辑 于昕蕾 美术编辑 吕欣童 版式设计 孙跃红

责任校对 卿文春 责任印制 牛晓波

ISBN 978-7-5024-6885-9

冶金工业出版社出版发行；各地新华书店经销；北京百善印刷厂印刷

2015年4月第1版，2015年4月第1次印刷

148mm×210mm；6.375印张；189千字；194页

24.00元

冶金工业出版社 投稿电话 (010)64027932 投稿信箱 tougao@cnmip.com.cn

冶金工业出版社营销中心 电话 (010)64044283 传真 (010)64027893

冶金书店 地址 北京市东四西大街46号(100010) 电话 (010)65289081(兼传真)

冶金工业出版社天猫旗舰店 yjgy.tmall.com

前　言

处于追赶阶段的经济体普遍面临货币升值与物价上涨的双重压力，现阶段中国所面临的这两种压力也越发显现。经过 30 多年的快速发展，中国已成为世界第二大经济体，并步入中等收入国家行列。然而，随着资源与环境约束的增加、劳动力供给趋紧等要素禀赋状况的变化，客观上要求调整经济结构、转变经济增长方式。反映在汇率方面，则要求保持人民币汇率政策的灵活性，以实现资源配置与经济增长的优化。同时，人民币汇率还与通货膨胀相关联。相对价格恰恰是名义汇率与物价的综合反映。国际相对价格理论所描述的名义汇率和相对价格水平的关系，至少作为一种长期关系，通常是国际经济学中一些较为复杂理论的隐含前提。这是因为在各种汇率决定理论中，相对价格理论侧重于考察实际汇率的长期决定机制，其理论内涵隐含了长期均衡汇率的思想，因而是揭示长期均衡汇率行为的基础理论，能够对一个经济体的汇率调整路径提供基础性指导。作为当代跨国价格数据特征事实的代表性表述，PENN 效应（巴拉萨-萨缪尔森效应）❶ 指出高收入国家具有较高的价格水平，而低收入国家具有较低的价格水平。然而“长期跨国价格数据存在的困惑”（Bergin et al, 2004）对 PENN 效应提出了挑战。从第二次世界大战后的历史数据观察，当今被作为普遍特征事实的 PENN 效应实际上是在 20 世纪 80 年代之后才逐渐显现的，而此前的 PENN 效应则非常微弱，价格水平与人均收入之间甚至表现为负相关关系。显然，如何解

---

❶ PENN 效应（Penn Effect）最早由萨缪尔森（1994）提出。因 ICP 与 PWT 团队在基础数据收集和测算方面的卓越共享，萨缪尔森将其命名为“PENN 效应”，但其相关内容更广泛地被称为巴拉萨-萨缪尔森效应。

释这种现象成为国际相对价格研究的一个重要课题。

本书以宾州大学世界表（Penn World Table 7.0）为主要数据来源，在全球范围对第二次世界大战后国家间的相对价格变动特征进行了系统考察。本书的主要内容包括：首先，对国际相对价格理论进行了系统总结。其次，对第二次世界大战后全球及各收入类别经济体相对价格收敛性进行了考察。结合战后全球经济的发展实践，总结出导致相对价格收敛的主要原因在于经济全球化进程的推进。在对收敛性特征考察的基础上，进一步总结出不同收入类别经济体相对价格变动的类别特征。其中发达经济体的整体相对价格与相对人均产出均呈上升趋势，与巴拉萨-萨缪尔森效应理论的描述相符。欠发达经济体战后整体相对价格经历了显著下降过程，且其整体相对人均产出基本保持稳定，显示欠发达经济体的相对价格变动与相关经典理论明显不符。第三，对开放条件下追赶型经济体的相对价格变动特征进行了考察。采用时间序列协整方法和格兰杰因果性检验等方法，发现追赶型发达经济体的相对价格变动普遍符合 BS 效应。对开放经济条件下追赶型欠发达经济体的描述性分析显示，在相对价格的回归历程结束后，其相对价格变动也趋向于 BS 效应特征。第四，对改革开放后中国相对价格的变动特征进行了考察。

本书的主要特色体现在以下两方面：首先，以全球 106 个经济体为样本，对第二次世界大战后全球及不同收入水平经济体相对价格的 σ 收敛特征和 β 收敛特征进行了验证，细化了 PENN 效应的阶段性特征，有助于从理论环境和前提等方面对 PENN 效应的全面理解，弥补了国内相关研究的不足。其次，通过运用时间序列协整方法，验证了追赶型发达经济体在经济高增长阶段的相对价格与相对人均产出之间协整关系的普遍性，表明巴拉萨-萨缪尔森效应是经济高增长阶段的共性特征。

本书的出版得到河北省教育厅人文社科重点研究基地、河北省科技厅科研课题（项目编号：2013045910）的资助以及石家庄铁道大学科技处、经济管理学院的支持。本书的写作得到东北财经大学蒋萍教授的悉心指导，在此真诚地表示谢忱和敬意。

本书在写作过程中，学习、借鉴、引用和汲取了许多国内外专家学者的研究成果，在此一并致以谢忱和敬意。

由于作者的学识水平有限，错漏之处敬请批评指正。

王迎春

2015 年 1 月于石家庄铁道大学

目　录

1 绪　论

1.1 问题的提出

国家间的价格关系是众多学科领域关注的对象，诸如国际经济学中的贸易理论、实际汇率理论以及经济统计学中的国际比较等均涉及这一问题。在已有的研究中，实际汇率角度的研究数量最多、成果也最为丰富，其中国内研究大多以实证检验相关理论对人民币汇率的适用性为主，但国内外此类研究始终没有取得较为一致的结论。从实际汇率角度开展的研究更关注汇率行为，以解释汇率行为作为主要目的。在数据处理上，实际汇率视角的研究大多以名义汇率为基础，以相关物价指数对名义汇率进行调整的方式获得实际汇率数据。可见，实际汇率的意义更多地体现为两国物价水平变动对名义汇率的影响，或两国货币名义汇率与两国物价变动间的关系。由于物价指数是相对数，所以经物价指数对名义汇率调整后所得的实际汇率无法反映两国间绝对价格水平间的关系。此外，无论采用哪种物价指数，各国用于测算物价指数的一揽子商品和服务的构成都存在差异，可能导致国家间的价格比较失去意义。另一类研究则建立在对绝对价格水平测算的基础上，但此类研究成果数量相对较少。其中早期的研究包括 Milton et al（1954，1958）以及 Friedman et al（1980，1982）对国家间价格水平的考察。Summers et al（1988）以及麦迪森（2003）在国际价格比较方面成果卓著。Nuxoll et al（1994）对国家间的价格差异与增长率差异的关系进行了探讨。近些年来，围绕购买力平价及真实汇率的研究重点逐渐趋向于对绝对价格进行解释。其中 Lein-Lein Chen et al（2008）对一个多世纪以来部分发达经济体的绝对价格收敛性进行了考察。Inklaa et al（2012）以产业层面的购买力平价数据为基础考察了国家间的相对价格，并对国家间的相对价格与相对人均收入间的关系进行了考察。国内方面，针对国家间绝对价格的研究更为不足，研究成果凤毛麟角。其中任若恩与余芳东等在人民币购买力平价的测算与国际比较方面进行了系列研究。徐建炜等（2011）就一价定律偏离因素与国内非贸易品与贸易品相对价格变动因素对中国实际汇率的影响进行了实证分析。由于国内基于绝对价格的研究极为有限，影响了对国际相对价格问题的全面和深入理解，制约了包括实际汇率在内的相关问题的研究。其中，从检索到的已有相关文献来看，国内尚欠缺国际价格收敛方面的系统研究。另外，也缺乏对高增长经济体相对价格变动特征的系统性研究。在研究可行性上，战后国际比较研究取得了显著进展，世界银行国际比较项目（International Comparison Program，简称 ICP）、美国宾州大学世界表（Penn World Table）以及麦迪森（2003）的历史经济数据等为相关研究提供了数据支撑。由于国际比较项目等是通过对各国广泛的价格项目调查，并采用尽量可比的汇总方法得出相关数据，因而更适合于以国家间的价格变动为关注点的研究，因此本书选择基于绝对价格所得到的国家间的相对价格作为研究主题。

1.2 研究背景

1.2.1 第二次世界大战后的全球相对价格体系经历了巨大变迁

第二次世界大战结束后，随着国际政治经济新秩序的建立，广大亚非拉殖民地与半殖民地纷纷获得独立，全球独立经济体数量迅速扩充，2011 年纳入世界银行统计范围的全球独立经济体已超过 200 个。尽管战后全球经济取得了长足发展，但经济发展的不平衡问题始终存在。在西方世界主导全球经济发展的同时，一部分发展中经济体，如亚洲新兴工业化国家和地区，成功实现了经济追赶，但更多的发展中经济体经济发展相对缓慢，甚至与发达经济体的差距进一步拉大。与美国相比，战后人均收入能够与美国缩小达到 10%或者更多的，全世界只有 28 个经济体，而在这 28 个经济体当中只有 12 个经济体不是欧洲国家或者是石油输出国（林毅夫，2012）。可见多数落后经济体战后没能实现对发达经济体的显著追赶。同时，战后全球经济发展的另一个显著特征是经济全球化程度的不断加深，突出地表现为贸易全球化、生产全球化、金融全球化以及市场经济全球化程度的显著提高。战后全球经济的不平衡发展以及经济全球化程度的不断提高，对各经济体的相对价格行为产生了深远影响，导致全球相对价格体系经历了巨大变迁。战后全球相对价格体系的巨大变迁突出地表现在以下几个方面：其一，传统西方经济体由于普遍实现了较为显著的经济增长，其相对价格普遍经历了显著上升趋势；其二，部分成功实现经济追赶的发展中经济体，其相对价格普遍经历了先下降再显著上升的特征；其三，数量最为广泛的发展中经济体，其相对价格变动则表现为明显的下降趋势；其四，原苏联及东欧等转轨经济体在经济转轨后的相对价格先是大幅下降，其后随着经济恢复较快增长而转为明显回升。

1.2.2 中国经济追赶进程中面临汇率与价格双重难题

经过三十余年的快速发展，中国经济实力显著增强，不仅表现在经济规模、人均产出等硬实力方面，也同样表现在不断完善的市场环境等软实力方面。然而我们也看到，在中国经济实力不断增强的同时，各种矛盾也在不断出现和积累，人民币汇率与物价就是其中的两个难题。

1.2.2.1 人民币汇率面临内外部经济失衡压力

在以市场为导向的经济改革与发展进程中，人民币汇率形成机制也在不断调整完善，基本符合了中国经济发展的客观需求，促进了中国对外贸易及整体经济发展。国家统计局发布的《2013 年国民经济和社会发展统计公报》显示：2013 年中国货物进出口总额达到 41600 亿美元，超越美国成为世界第一贸易大国。其中出口总额 22096 亿美元，进口总额 19504 亿美元，盈余为 2592 亿美元。由于对外贸易长期保持盈余以及国际资本的净流入，所以中国外汇储备不断攀升。据中国人民银行公布的数据，2014 年 3 月末我国外汇储备达到 3.95 万亿美元，高居世界第一位，约占全球外汇储备总额的 1/3。然而随着中国经济融入世界经济程度的加深，人民币汇率问题日渐突出。由于中国经济发展迅速，生产效率显著提高，国际竞争力不断增强，长期保持外贸盈余，人民币在客观上存在升值要求。2003 年以来西方国家关于人民币汇率低估的论调日渐高涨，指责中国操纵压低人民币汇率，致使中国在国际贸易中持续保持大量盈余，威胁到国际汇率与贸易体系的平衡，要求人民币升值。此外，人民币汇率还面临内部经济失衡的压力。长期以来，由于中国劳动力资源丰富、价格低廉，以及投资与经济环境的改善，吸引大量资本流向出口制造产业，对外贸易额持续高速增长，经济增长越发依赖出口与投资，经济结构存在失衡隐患。

1.2.2.2 经济追赶进程中物价水平长期上升趋势与物价稳定目标相矛盾

充分就业与物价稳定是内部经济平衡的两大基本目标。一方面，人民币汇率调整直接影响出口产业，从而影响整体经济发展与充分就业目标的实现。2013 年，中国出口总额达国内生产总值的 24.11%，出口对中国经济举足轻重。由于当前中国出口产品结构中劳动密集型低附加值产品仍占有相当比重，大量劳动力直接或间接从事出口产品生产，该部分产品对人民币升值比较敏感，人民币升值将减弱劳动密集型产品的出口竞争力，因此人民币升值不利于经济发展与充分就业目标的实现。另一方面，大量外贸盈余派生出的人民币增量，对国内物价上涨产生了巨大压力。可见，在内外部双重压力下，人民币汇率调整可谓左右为难。一方面，随着中国劳动生产率的提高、竞争力的增强，中国长期保持外贸盈余，人民币在客观上存在升值要求。另一方面，人民币升值对中国经济发展及就业负面影响较大。人口众多、就业压力大的国情又要求人民币汇率保持相对稳定。

一国经济发展过程中相对于其他国家的价格水平变动，尤其是长期价格水平变动，是国际经济学关注的一个主题。一般而言，低收入经济体物价水平低于高收入发达经济体。如果低收入经济体经济增长速度高于发达经济体，则在其长期经济追赶进程中，随着劳动生产率与收入水平的提高，其国内价格水平上升速度会高于发达经济体。战后日本经济起飞阶段的物价变动就是一个典型例证。1950~1971 年期间，日本经济增长率显著高于美国，物价涨幅也明显高于美国。其中 1950~1960 年期间，日本年均通货膨胀率为 5.3%，美国为 2.6%。1960~1971 年期间，日本为 5.5%，也显著高于美国 3.4%的年均通货膨胀率。

当前的中国经济状况与起飞阶段的日本经济有许多相似之处，例如都同样保持了长达二三十年的经济高速增长、出口产业比重较高、在国际贸易中都保持了可观的盈余以及高额的外汇储备等。在经济快速增长的过程中，中国始终面临通货膨胀问题的困扰。其中20世纪80年代后期与90年代中期因通货膨胀严重，不得不采取严厉的宏观调控措施迫使经济硬着陆，不仅损害了经济的正常发展，而且对社会稳定造成了危害。如果巴拉萨-萨缪尔森效应在中国同样适用，则意味着高增长率势必带来相对较高的通货膨胀率，对稳定物价造成长期压力。不仅是中国，几乎每一个经历快速增长的经济体都不可避免地受到汇率问题的困扰，其中作为中国近邻的部分东亚和东南亚国家就是其中的典型。1985年广场协议签署后日元大幅升值，随后日本经济长期停滞不前，经济高增长时代就此结束。1997年亚洲金融危机爆发，首当其冲的便是泰国、韩国等国家货币的大幅贬值，经济发展进程遭受重创。这些亚洲近邻在汇率问题上的波折，一方面提示我们汇率问题是中国经济追赶进程中无法回避的一道坎，另一方面提示我们只有妥善地处理好汇率问题，中国经济才能最终完成对发达经济体的追赶。

由于经济体间的相对价格变动是名义汇率与物价变动的综合反映，因此对于经济体相对价格变动的考察，涵盖了名义汇率与物价两方面内容，有利于对两者的综合理解。

1.3 研究目的和意义

1.3.1 研究目的

1.3.1.1 揭示全球相对价格体系的变动特征

作为整体中的一员，个体行为自然要受到整体行为的影响和制约。揭示全球相对价格体系的变动特征，有助于全面深入理解个体相对价格的变动特征和内在机理。国家间的相对价格首先取决于各国的经济发展状况，资源禀赋状况、生产率水平、经济结构和经济状态等因素都对一国的价格水平产生影响。国家间的相对价格还与国际交换相关。国际交换规模越大、范围越广、程度越深，国家间的价格差异越小，反之则越大。第二次世界大战后全球经济格局发生了巨大变化，这种变化首先表现为经济发展的不平衡性。在全球经济总量不断扩大的同时，经济体间的人均产出水平差异持续扩大。多数发展中经济体与发达经济体的差距不仅没有缩小反而呈扩大趋势。其次，经济全球化程度不断加深，突出表现为国际贸易和对外投资规模的迅速扩大。在全球经济格局发生巨大变动的推动下，全球相对价格体系必然发生相应变动。于是，揭示全球相对价格体系的变动特征便成为本书的研究目的之一，具体研究目标包括：首先，考察全球相对价格变动的收敛性特征，以揭示全球相对价格变动的整体特征；其次，考察不同收入组别经济体相对价格变动的收敛特征，以揭示相对价格变动的类别特征；第三，在相对价格收敛性分析的基础上，总结战后国际相对价格的变动特征。

1.3.1.2 揭示追赶型经济体相对价格的变动特征

改革开放以来中国经济增长迅速，呈显著的追赶态势，但当前中国的人均产出水平与发达国家之间依然存在明显差距。作为追赶经济体的一员，追赶型经济体的相对价格变动特征显然对中国更具借鉴意义，因此，揭示追赶型经济体的相对价格变动特征是本书的一个主要研究目的。其中，由于追赶型发达经济体经历了相对完整的追赶过程，因而其经济追赶期间的相对价格变动特征是本书关注的重点。同时，由于同属于发展中经济体，追赶型欠发达经济体的相对价格变动特征对中国也具有重要的参考价值。

1.3.1.3 考察中国的相对价格变动特征并提出汇率与价格调整建议

揭示开放条件下中国相对价格的变动特征，为中国经济追赶阶段的人民币汇率问题和通胀问题提供政策建议，是本书的最终目的。由于经济追赶进程中普遍存在汇率和通胀问题，而两者又统一到相对价格的变动上，因此总结出开放条件下中国相对价格的变动规律，相当于获得了人民币名义汇率与物价变动的一个共同约束条件。在这样一个约束条件下，有助于对名义汇率调整与物价变动作综合考虑，在经济增长与保持内外经济平衡的总目标下，协调名义汇率调整与通胀治理，确保政策的合理性。

1.3.2 研究意义

1.3.2.1 理论意义

本书的理论意义体现在通过实证分析，对相关理论的适用性进行了检验。其中，通过对第二次世界大战后全球及各收入类别经济体相对价格收敛性的实证分析，验证了开放条件下一价定律机制的存在。同时，对第二次世界大战后全球及各收入类别经济体相对价格收敛性及整体变动趋势的考察，有助于在全球及发展中国家相对价格演变特征的整体框架内更好地理解中国实际汇率的变化。通过对追赶型发达经济体相对价格巴拉萨-萨缪尔森效应的协整检验以及对欠发达经济体相对价格巴拉萨-萨缪尔森效应的描述性分析，首先验证了经济高增长阶段巴拉萨-萨缪尔森效应理论的普遍适用性；其次，完善了巴拉萨-萨缪尔森效应理论的适用范围和适用条件。实证结果显示，巴拉萨-萨缪尔森效应适用于那些具备开放经济环境、经济高增长且相对价格不存在明显高估的经济体。

1.3.2.2 实践意义

在一国经济高增长阶段，其国际相对价格、名义汇率及国内通货膨胀之间存在复杂的关联关系。作为引起相对价格变动的两种途径，名义汇率的调整和物价的变动最终都统一到相对价格的变动上。本书对开放条件下追赶型经济体巴拉萨-萨缪尔森效应的全面验证，发现在经济高增长阶段，无论是汇率的调整还是物价的变动都服从于相对价格上涨这一约束条件。通过对发达经济体相对价格变动途径的考察，发现在高增长经济体的相对价格普遍呈上升趋势的前提下，其相对价格的上升途径则表现为多样化特征。第二次世界大战后追赶型发达经济体的相对价格变动特征及途径，对中国经济发展过程中协调处理人民币名义汇率调整和通胀治理具有现实参考意义。

1.4 核心概念的界定

1.4.1 相对价格含义

从概念的外延上来看，相对价格通常有国内相对价格与国际相对价格之分。国内相对价格是指一个国家内部不同商品或服务间的价格比值，如国内非贸易品与贸易品的相对价格即是指国内相对价格。国际相对价格则是指国与国之间的价格比值。本书的相对价格是外部意义上的相对价格，即经济体之间的国际相对价格，是不同经济体间综合意义上的相对价格，即国内生产总值范畴上的相对价格。具体来讲，两个经济体间的相对价格是指国内生产总值口径上的一揽子可比商品和服务的价格总水平的比值。在实践操作中为了使比较更具有一致性，通常选定某个国家作为基准国（通常为美国），将某个经济体与基准国的价格总水平对比得到该经济体的相对价格。

1.4.2 相对价格的度量

经济体之间 GDP 口径的相对价格度量方法有多种，但更多采用宾州大学世界表（Penn World Table）中的相对价格定义及度量方式（Inklaar et al，2012），该方法通过将一国与基准国的货币购买力平价与名义汇率相除得到该国与基准国之间的相对价格，其计算公式为：

$$RP_{it} = \frac{PPP_{it}}{S_{it}} \tag{1-1}$$

式中，RP_{it} 表示 t 时期经济体 i 的相对价格；PPP_{it} 表示 t 时期经济体 i 的货币的与基准国货币的购买力平价比值，即与基准国一单位货币购买力相同的本国货币的数量；S_{it} 为 t 时期经济体 i 的货币名义汇率，此名义汇率采用直接标价法，即基准国一单位货币可兑换的本国货币的数量。PPP 是基于比较一揽子标准的商品和服务在各国的平均价格，进而估计出不同国家货币在具有相同购买力下的比价。按照《ICP2005 技术手册》中的定义，PPP 是指一单位基准货币（如 1 美元）在基准国（如美国）所能购买的（可比的）商品和服务所对应的（在本国购买相同品质和数量的商品和服务）本国货币的数量（Hill，2007）。联合国国民账户体系 SNA1993（System of National Accounting 1993）给出的定义是：每个国家的商品或服务价格都以本国货币表示，在 B 国购买与 1 个 A 国货币单位在 A 国购买同样数量的某种货物或服务所需 B 国的货币单位数，这个比率通常被称为对特定货物或服务的两种货币间的购买力平价。OECD 则将 PPP 的概念表述为排除国家间价格水平的差异，为不同的货币在购买力相同时的货币转化比率。用最简单的形式表示，即相同货物和服务在不同国家按本国货币表示的价格比率（Castle，1997）。根据上述定义，可将购买力平价直观地理解为不同国家的货币在购买力相等时的数量比率。比如按照 ICP2005 的测算结果，人民币对美元的购买力平价为 3.45，表示 1 美元在美国可以购买的（构成 GDP 的）标准商品和服务，在中国需要 3.45 元人民币来购买，即 1 美元在美国和 3.45 元人民币在中国具有相同的购买力。

1.5 文献综述

自从瑞典经济学家 Cassel（1918）提出一价定律概念以及购买力平价理论以来，国家间的价格关系一直是国际经济学和国际经济统计学等研究领域的热点之一。总的来看，国内外有关国家间相对价格的研究大致可以分为以下几类：关于贸易品一价定律的讨论、关于购买力平价理论的讨论、关于长期偏离购买力平价的讨论以及关于国际相对价格体系变动特征的讨论等（萨诺等，2006）。

1.5.1 国外文献

1.5.1.1 对贸易品一价定律的考察

一价定律（LOOP）是 PPP 理论的基石，其基本含义是假定如果价格用同一货币表示，则同一商品在不同国家有相同价格。总的来说，只有少数研究得出 LOOP 稳定存在的结论，更多的研究表明了对非常广泛的商品系列的 LOOP 的拒绝。前一种结论的代表是 Froot et al（1995）的研究，他们使用 14～20 世纪英国与荷兰的谷类及其他奶制品的价格系列数据，得出在样本期间尽管存在多次体制变迁，LOOP 在整个样本期间十分稳定的结论。然而更多的研究并不支持 LOOP 稳定存在的结论，其中 Isard（1977）运用多个国家的多种贸易品数据所做的研究提供了强有力的经验证据，证明对 LOOP 显著的且持续的偏离，而且这种偏离与汇率的运动高度相关。Giovanini（1988）使用了一个垄断的竞争性公司决定本国和出口商品价格的部分均衡模型，认为对 LOOP 背离的随机特性很大程度上受出口商品价格的面值货币的影响。Giovanini（1988）使用日本出口商品的本币价格和美元价格数据发现，对 LOOP 的背离主要是由于汇率的变动。

Engel et al（1996）为了分析偏离 LOOP 的随机游走性质，针对美国与加拿大城市 CPI 与 14 类消费品价格数据进行了考察，其提供的证据是：城市间的距离可以解释同一国家不同城市类似商品存在的巨大价格差异。不同国家两个城市间的价格差异明显大于同一国家距离相等的两个城市之间的价格差异。按照他们的估计，跨越国界会增加产品价格差异的波动性，即所谓的“国界效应”。国界差异相当于同一国家两个城市间额外增加了 2500~23000 英里❶。

对于违背 LOOP 的多种解释中，一般认为运输成本、关税壁垒与非关税壁垒是主要原因。其中国际货币基金组织用离岸价格（FOB）计算的世界出口价值与用完全支付的到岸价格（CIF）计算的世界进口价值之差估计在 10%左右，并且发现不同国家间有很大差别。另外，尽管关税在主要的工业国家已经明显降低了，但非关税壁垒却仍然十分严重（Rogoff，1996；Feenstra et al，1997）。

国际间套利摩擦对于解释对 LOOP 的偏离也具有重要意义，并且这种偏离存在潜在的非线性特征。Benning et al（1988）以及 Ohanian et al（1997）等学者发展了由国际套利的交易成本引起的非线性真实汇率调整的理论模型。在大多数模型中，比例运输成本或“冰山”运输成本（因为一部分商品被假定为在装船时会“融化”掉，所以称为“冰山”）将创造一个偏离 LOOP 带。在这个带内，套利的边际成本大于边际收益。如果在这个带的边缘存在瞬间的商品套利，则意味着其临界值反映了各种壁垒。

另外，Krugman（1987）提出的“市场定价”（PMT）理论也是对拒绝 LOOP 的一种解释。该理论是基于不完全竞争理论和贸易理论提出的，该理论认为当厂商居于一种相对垄断地位时，其对不同国家出售同种商品时往往会存在价格歧视，即在不同国家采取不同定价，以获取最大收益。

Alessandria et al（2008）通过对多个国家贸易品价格的观测，发现国家间的贸易品价格存在明显差异，并且贸易品价格与人均收入存

---

❶ 1 英里=1609.344 米。

在明显的正相关关系。对于该现象产生的原因，他们将其解释为贸易品最终价格中包含了服务项目投入，如在贸易品的运输、仓储和零售等环节均附加了不可贸易的服务项目，而服务价格在各国存在较大差异，通常高收入国家服务类价格较高，低收入国家服务类价格较低，因此导致贸易品最终价格存在差异。为观察不包含服务投入的贸易品价格差异，作者对美国出口到 OECD 国家和部分低收入国家的商品价格进行了比较，发现这些国家进口美国商品的到岸价格也存在明显差异，并且各国到岸价格同样与其人均收入正相关。作者将其原因解释为出口商的市场定价行为以及各国购物时间差别等。

1.5.1.2 对购买力平价理论的考察

购买力平价理论要求国家间的相对价格在长期应保持不变，因而对真实汇率的均值复归的考察即为对购买力平价理论的验证。有关真实汇率均值复归的 PPP 实证研究文献非常丰富，一般按照采用的研究技术方法可将其分为 6 个阶段，即关于 PPP 的早期经验研究、检验真实汇率随机游走假设、协整研究、检验效力问题、长期跨时研究、面板数据研究和运用非线性计量经济学技术的研究。

A 早期的 PPP 经验研究

早期的经验文献是指 20 世纪 70 年代后期之前的文献，以对绝对 PPP 和相对 PPP 的检验为中心。绝对 PPP 意味着名义汇率等于两个相关国家的物价水平的比率。相对 PPP 则假定汇率的变化等于两国相对价格的变化。其对 PPP 的检验建立在对以下方程式进行估计的基础上：

$$s_t = \alpha + \beta p_t + \beta^* p_t^* + \omega_t \tag{1-2}$$

式中，s_t 是在 t 时刻用本国货币表示的外国货币的名义汇率；p_t 是 t 时刻本国物价水平；p_t^* 是 t 时刻外国物价水平；ω_t 是扰动项。绝对 PPP 的检验是对 $\beta = 1$ 和 $\beta^* = -1$ 的限制检验，而相对 PPP 的检验是对有一阶差分变量的方程式的同样限制的检验。其中对 β 和 β^* 进行两者相等但符号相反的检验被称为对称性条件，对它们分别等于 1 和 -1 的检验称为比例性条件。

基于式 1-2 估计的经验文献通常拒绝 PPP 假设，只有少数研究结论支持 PPP 成立，其中以 Frenkel（1978）的研究为典型代表，他采用高通胀国家的数据，得到了 β 和 β^* 非常接近 1 和-1 的估计。

早期文献的明显不足之处是没有考虑估计的方程式中残差的平稳性。

B 真实汇率的单位根检验

真实汇率的单位根检验以检验真实汇率的非平稳性为目的。20 世纪 80 年代中后期以来，检验方法以 ADF（Augmented Dickey - Fuller）检验及其变形形式为主。检验真实汇率非平稳性的第二种主要方法是方差比检验。第三种主要方法是分位数协整方法，代表性文献包括 Diebold et al（1991）以及 Cheung et al（1993）。对于浮动汇率时期的 PPP，多数研究都没能拒绝主要工业化国家货币对另一个国家货币的真实汇率的随机游走假设，即认为对 PPP 的偏离是持久的（Enders，1988；Taylor，1988）。只有个别研究结论支持 PPP 成立，如 Huizinga（1987）运用方差比检验，使用短于两年的样本期美元对其他许多货币的汇率，以及 Chowdhury et al（1993）分析了 1979 ~ 1990 年的欧洲货币体系（EMS），发现当用相对于德国马克而不是相对于美元的真实汇率时，对 PPP 是支持的。

C PPP 的协整研究

由 Engle et al（1987）提出的协整理论为检验 PPP 提供了一个较为理想的方法。根据协整理论，如果任何两个同阶积分的非平稳序列存在某种线性组合，其残差项为平稳序列，则这个组合自身是平稳的，即这两个非平稳序列是协整的。对于 PPP 协整检验而言，如果名义汇率与相对价格是一阶单整变量，而其某种线性组合的残差是平稳的，则表明名义汇率与相对价格之间存在稳定的长期关系，从而表明 PPP 成立。反之，则表明名义汇率与相对价格就将永久地倾向于发散，即 PPP 不成立。

早期的协整研究一般表明，在浮动汇率体制下，汇率向 PPP 的运动不存在显著的均值回归（Taylor，1988a）。Diebold et al（1991）以及 Cheung et al（1993）应用分整理论对 PPP 的检验结论同样不支持长期 PPP。但对于两次世界大战期间的浮动汇率（Taylor et al，1988b）、20 世纪 50 年代美元-加拿大元的浮动汇率（McNown et al，

1989）和高通胀国家的汇率（Choudhry et al, 1991）却支持向 PPP 的回归。在针对发展中经济体的研究方面，Liu（1992）对 9 个拉美国家从 20 世纪 40 年代末至 1989 年的季度汇率数据进行了考察。在研究中，他分别使用了消费物价指数和批发价格指数。结果发现，当使用批发价格指数时，在 6 个有批发价格指数数据的国家中，有 2 个国家在本国物价指数、国外物价指数与汇率之间存在协整关系，当使用消费物价指数时，9 个国家中有 4 个存在协整关系。Salehizadeh et al（1999）用协整方法检验了包括欧洲、美洲、亚洲及非洲在内的 27 个新兴国家的 PPP，发现有一半以上的国家 PPP 成立，但显著拒绝对称性条件和比例性条件。

D 检验效力问题

Frankel（1986）首先指出单位根检验的低势问题，Froot et al（1995）以及 Lothian et al（1996）等也注意到这一问题。他们认为即使长时期内真实汇率有向它的均值回归的倾向，即真实汇率是稳定的，但在 25 年间只考察一种真实汇率拒绝零假设的势也非常低，不能得到向 PPP 缓慢均值回归的足够信息。

E 长期跨时研究和面板数据研究

对于传统单位根检验的低势问题，研究者采取两种扩大样本的方法解决，即长期跨时研究和面板数据研究。Frankel（1986）使用 1869~1984 年美元-英镑真实汇率的年度数据，估计了自回归常数为 0.86 的真实汇率的一个 AR（1）过程，得出 PPP 长期成立的结论。Edison（1987）使用 1890~1978 年期间的美元-英镑数据，采用误差修正模型（ECM），提供了 PPP 成立的证据。Lothian et al（1996）用两个世纪的美元-英镑和法郎-英镑的真实汇率数据提供了近代浮动汇率制期间支持 PPP 的间接证据。不过，对于长期跨时研究也存在质疑。其中之一是由于长期数据跨越了不同的汇率制度，而且实际的冲击可能使均衡实际汇率产生结构突变（Hegwood et al, 1998）。为了证明布雷顿森林体系之后的实际汇率的稳定性，则必须用这个时期的数据进行检验，同时又需要解决传统单位根检验的低势问题，便有学者提出通过增加所考虑的汇率数量加以解决，即面板数据检验。

Hakkio（1984），Abuaf et al（1990）较早用面板数据方法对 PPP

进行检验，得出有利于 PPP 的证据。Abuaf et al（1990）的研究极大地刺激了一系列研究文献的出现。为了增加检验的效力，这些文献采用单位根检验的多元判断。Flood et al（1996）、Papell et al（1998）的研究在考虑了足够多的工业国家范围的基础上，都提供了支持长期 PPP 的证据，即使只采用后布雷顿森林体系的数据。另外，对发展中国家面板数据研究则得到了混合的结果。Phylaktis et al（1994）根据 8 个太平洋国家 1974~1987 年间的数据，认为 PPP 是有效的；而 Wu et al（1999）用同样的 8 个太平洋国家 1980~1996 年间的数据却得到相反的结论。通过对面板数据的单位根检验和方差比检验，Luintel（2000）用 8 个亚洲发展中国家的数据证明 PPP 是成立的。不过，Taylor et al（1998）认为面板数据方法也有明显的缺点，上述研究中的零假设是所有时间序列均是单位根过程，从而，只要所考虑的序列中有一个是平稳的，就会拒绝零假设，因此拒绝零假设的概率就变得非常高。

F　真实汇率的非线性动态研究

长期跨时和面板数据研究的另一个难题是：即使两者的研究都显示了真实汇率明显的均值回归，但其大多数结论显示偏离 PPP 的半衰期都在大约 3~5 年，平均年回复速率为 13%~20%，实际汇率如此之慢的收敛速度与其短期大幅度的波动是不符的，这就是所谓的 Rogoff 困惑或购买力平价困惑（Rogoff，1996）。Rogoff 困惑的提出，引发运用非线性技术对真实汇率动态变化的研究热潮。在非线性的仿真数据生成过程的蒙特·卡罗实验的基础上，Taylor（2000）发现当真实调整过程是非线性时，却假设为线性调整，估计出的调整的半衰期是向上偏离的。关于真实汇率均值回归的非线性调整机制，Michael et al（1997）以及 Taylor et al（2001）从交易成本的存在以及市场的局部分割等方面进行了解释。Kilian et al（2001）则从经济基础分析家、技术分析家和噪声交易者等外汇市场经济主体对市场的影响方面，解释了真实汇率在调整中存在非线性的原因。实证方面，Obstfeld et al（1997）运用临界自回归模型（TAR）对真实汇率调整的非线性性质进行了考察。其模型考虑了交易成本带的存在，在成本带内没有调整发生，而在成本带外，过程会突然变为平稳的自回归。

如果认为调整过程是平滑的而非离散的，则 Granger et al（1993）提出的指数平滑转换自回归模型（ESTAR）就是一个合适的选择。Michael et al（1997）运用 ESTAR 考察了两次世界大战期间的法国法郎-美元、法国法郎-英镑、英镑-美元的月度数据，以及 Lothian et al（1996）的长期跨时数据，都得出了有利于 ESTAR 过程的证据。

1.5.1.3 长期 PPP 偏离研究

对 PPP 基本假设研究结论的多样性，以及对 PPP 假设的质疑，引发了对 PPP 长期偏离合理化的研究。其中对 PPP 基本假设最著名的修正和扩展是巴拉萨-萨缪尔森效应模型，也称为哈罗德-巴拉萨-萨缪尔森模型（简称为 HBS 效应或 BS 效应，Harrod，1933；Balassa，1964；Samuelson，1964）。BS 效应的中心思想是一国真实汇率会随着该国相对于外国劳动生产率的提高而升值。首先假设一价定律在贸易品部门成立。在一个快速增长的经济中，劳动生产力的增长倾向于集中在贸易品部门。这将导致贸易品部门工资上涨，而不必然引起贸易品价格和整体物价的上涨。贸易品部门工资上涨会引发非贸易品部门工资相应上升，因为非贸易品部门劳动生产率增长缓慢，因而非贸易部门工资上升导致非贸易品价格上涨，造成整体价格水平上涨。名义汇率不变的情况下将导致真实汇率出现升值。

Bhagwati（1984）运用一般均衡分析方法从要素禀赋差异的角度分析了富国服务价格高而穷国服务价格低的原因。Bhagwati（1984）认为服务业是劳动密集型产业，而通常低收入国家劳动力资源较充裕，是其服务品价格较低的原因。随着资本的不断积累和产出的增长，低收入国家收入水平不断提高，其劳动充裕度下降甚至变得相对稀缺，即使在技术中性成立时，服务品价格也会上涨。

Froot et al（1995）通过建立小型开放经济数理模型对 BS 效应进行了解释论证。Rogoff（1996）的研究显示，第二次世界大战后的日本是 BS 效应的一个很好例证。Heston et al（1994）以国际比较项目（ICP）数据系列为基础，检验了不同国家之间贸易品和非贸易品价格差异，运用多种回归方法，发现贸易品和非贸易价格之间的差异随收入一起变动，与 BS 效应一致。然而，除了日本等少数个例外，大量关于 BS 效应的研究并没有得出支持 BS 效应成立的一致性结论。

一种观点认为，之所以出现这种结果，关键的问题在于如果均衡汇率是随着时间逐渐变动的，而针对真实汇率平稳性的统计检验却假定均衡汇率是固定不变的，那么对均值回复速度的估计就会出现偏误，并且这种偏误至少会部分导致所谓的Rogoff购买力平价困惑。因此，将真实汇率的非线性趋势纳入分析框架，并考虑将这种非线性趋势视作BS效应的代理，将有助于Rogoff购买力平价困惑的解决和BS效应的检验（Taylor，2002；Lothian et al，2000）。Bergin et al（2004）以全球142个经济体为样本，以《Penn World Table》为数据来源，以相对价格为被解释变量，相对人均收入为解释变量，对142个经济体1995年的数据进行了线性回归，发现两者间存在显著正线性关系，从而认为经济体相对价格变动符合BS效应。Lothian et al（2008）以1820~2001年的英镑、美元和法国法郎数据为样本（其中法郎数据样本期为1820~1998年），采用非线性指数平滑转换自回归模型（ESTAR）方法，对英镑-美元以及法郎-英镑间的真实汇率进行了考察，发现英镑与美元间真实汇率的BS效应显著，而法郎-英镑间真实汇率的BS效应不显著，并且无论是英镑-美元间的汇率，还是法郎-英镑间汇率调整都呈显著的非线性特征。

Inklaar et al（2012）通过在产业层面的观察，发现可贸易品中的制造业产品相对价格与相对人均产出间存在显著负相关，而制造业以外的其他贸易品相对价格却与相对人均产出正相关。在将服务品区分为市场化服务品与非市场化服务品之后，他们发现市场化服务品的相对价格不随相对人均产出的上升而上升，非市场化服务品的相对价格则显著与相对人均产出正相关。Inklaar et al（2012）的研究表明，制造业与市场化服务行业均属于非劳动密集型产业，其劳动生产率的增长较快，因而其价格上涨幅度显著低于工资上涨幅度，而非市场化服务属于明显的劳动密集型行业，因其劳动生产率增长较慢，工资的上涨会显著推动其价格上涨，从而推动整体价格的上涨。

1.5.1.4 对国际相对价格体系变动特征的考察

Chen et al（2008）在2005年国际比较项目（ICP）绝对价格水平数据的基础上，借助从Maddison系列历史经济数据中获得的GDP缩减指数，测算出1870年以来11个发达经济体的绝对价格水平，并对其价格的收敛性进行了考察。发现这 11 个经济体在收入水平收敛发生之后，出现了相对松散的价格水平 σ 收敛和 β 收敛。其中收入水平收敛开始于 19 世纪 80 年代，而价格水平收敛则出现于 20 世纪 50 年代，并且没有证据显示存在随机价格收敛和“俱乐部”价格收敛。

1.5.2 国内文献

相对于国外十分丰富的研究成果，国内关于相对价格的研究文献在数量、广度、深度以及技术手段等方面明显不足。国内文献的研究视角与国外文献类似，大致也可以分为三类，即关于中国绝对价格水平及一价定律的研究、购买力平价理论研究以及长期偏离购买力平价的研究。

1.5.2.1 中国绝对价格水平及一价定律的研究

任若恩等（1992，2000）从 1988 开始对中国 PPP 绝对水平进行了系列估测研究，多次发表了中国与美国双边比较的 PPP 研究结果。余芳东等（2005a，b）在国家统计局以部分城市参加 OECD1999 年购买力平价项目试验性合作研究的基础上，测算了 1999 年中国与 OECD 国家的 PPP 比较结果。郭熙保（1997）也在基于中美两国比较的基础上测度了 1994 年人民币绝对 PPP 水平。易纲等（1997）以中美两国 1993 年、1994 年和 1995 年三年的 100 种商品和劳务价格数据为样本，估计的人民币与美元之间的绝对 PPP。在把住房、劳务等不可贸易商品剔除之后，还估测了美元与人民币之间的可贸易品绝对 PPP 水平。

徐建炜等（2011）就一价定律偏离因素与相对价格变动因素对中国实际汇率的影响进行了实证分析。其借鉴 Betts et al（2006，2008）的分解方法，将实际汇率变动分解为一价定律偏离与相对价格变动两个部分。首先采用方差分解法和均方误差分解法对 67 个样本经济体 1997 年 1 月～2010 年 9 月实际汇率月度数据进行了分解，发现在中国与绝大多数经济体双边实际汇率波动中，相对价格变动因素只能解释很小的一部分，占实际汇率波动的 20%～40%，远远低于一价定律偏离因素 60%～80%的解释力。在随后的计量回归中，当控制可贸易品偏离一价定律因素之后，结果支持 BS 效应在中国成立。

1.5.2.2 购买力平价理论研究

张晓朴（2000）以 1979~2009 年期间的人民币名义汇率、中国消费物价指数和美国消费物价指数月度数据为样本，对人民币 PPP 进行了考察。其对人民币实际汇率的单位根检验结果显示实际汇率序列非平稳，表明严格意义下的购买力平价理论不适用于人民币汇率。针对人民币名义汇率与中美物价指数之差的两变量形式的 PPP 检验结果显示，名义汇率与中美物价指数之差均为非平稳的一阶单整序列，且不存在协整关系，说明二变量形式 PPP 也不适用于人民币汇率。针对人民币名义汇率、中国消费物价指数和美国消费物价指数的三变量形式的 PPP 检验结果显示，上述三变量均为非平稳的一阶单整序列。协整检验表明人民币名义汇率与中、美消费物价指数之间存在协整关系，但协整方程系数的符号却与 PPP 理论相违背。因而其最终结论为样本期人民币汇率变动不符合 PPP 理论，即人民币 PPP 不成立。

邱东阳（2006）以 1996 年 12 月人民币实现经常项目可兑换后的人民币汇率及中美两国生产者价格指数（PPI）月度数据为样本（1997 年 1 月~2005 年 7 月），采取约束与非约束协整检验方法对三变量形式的人民币 PPP 进行了检验，结论是一般条件下的相对 PPP 成立。

王志强等（2004）采用边限检验方法（Bounds Testing Approach）对人民币汇率 PPP 进行了经验分析。其研究以 1978 年 1 月 ~2000 年 12 月人民币与美元、德国马克、日元和港币的月度名义汇率，以及相应经济体的居民消费价格指数（CPI）月度数据为样本。其研究结果显示，1994 年汇率制度改革以来人民币汇率的 PPP 特征得到部分经验证据的支持，其中人民币兑美元和人民币兑港币的走势符合 PPP，而人民币与德国马克以及人民币与日元之间的 PPP 不成立。

靳玉英等（2003）采用神经网络技术，对 1980~1999 年期间美元与日元汇率和两国相对通货膨胀率季度数据之间的关系进行了拟合。结果发现神经网络根据两变量前 60 组数据得到的前 60 期汇率拟合值与实际值拟合效果很好。在将神经网络模型给出的后 20 期汇率预测误差与粘性价格汇率模型以及卢卡斯汇率模型预测结果比较后发现，神经网络模型预测效果显著优于后两个模型，基于上述分析，认为支持样本期间美元与日元间 PPP 成立。

张卫平（2007）以 1985 年 1 月~2005 年 12 月期间人民币与美元名义汇率月度数据以及中美两国月度 CPI 数据为样本，采用带有约束的 ESTAR 模型，对人民币实际汇率的非线性行为进行了实证分析。其实证结果显示，人民币实际汇率具有非线性均值回复的特点，支持人民币与美元之间相对购买力平价成立。对于实际汇率非线性行为的理论原因，其概况为由于运输成本、关税和非关税壁垒等交易成本的存在，阻碍了国际商品套利行为，而这种交易成本的存在使得套利者只有在套利空间达到一定程度时才进行套利活动。于是当实际汇率偏离不够大时，背后没有经济动力使其恢复，此时实际汇率行为类似于随机游走，甚至是发散过程，因而不具备均值回复性；当这种偏离足够大时，引发套利活动，从而将实际汇率从偏离状态拉回。另外，名义汇率如果受到货币当局的控制，而这种调控或干预往往发生在实际汇率偏离较大时。这都使得实际汇率在其均衡值附近小幅度长久持续偏离；当实际汇率偏离其均衡值较远时，经济的内在力量就会使其向均衡水平回复。

1.5.2.3 长期偏离 PPP 的研究

国内关于长期偏离 PPP 的研究主要围绕巴拉萨-萨缪尔森效应展开。俞萌（2001）以汇率并轨和经常项目货币自由兑换后 1994~1998 年人民币兑美元汇率、中美经济增长率和两国消费物价指数以及中国贸易品与非贸易品价格指数等为样本数据，通过对相关样本数据的描述性统计分析，发现中国经济增长与实际汇率之间存在正向联系，特别是 1996 年后随着经济走向正轨、汇率机制不断完善，实际汇率与经济增长之间的这种联系更加紧密，表明巴拉萨-萨缪尔森假设在一定程度上得到验证。同时，样本期间非贸易品价格上涨幅度远高于贸易品的事实也进一步验证了巴拉萨-萨缪尔森假设。

高海红（2003）以 1980~2000 年期间英国、日本、法国、德国、意大利和加拿大六个国家相对美国的实际汇率和相对美国平均生产力比率以及相对边际生产力比率季度数据为样本，运用边限检验方法对巴拉萨-萨缪尔森效应进行了检验。实证设计上采用 GDP 缩减指数作为实际汇率的替代变量，以上述六国与美国的不变价人均 GDP 比率作为相对平均生产力比率的替代变量，以六国与美国人均 GDP 比率的一阶差分作为相对边际生产力比率的替代变量。检验结果显示，六组实际汇率与增长率之间没有一组存在长期稳定关系，但在不考虑趋势项时，意大利的实际汇率行为能够在一定程度上用产出增长解释，考虑趋势项时，则发现法国的实际汇率与经济增长之间存在长期稳定关系。在总体上看，检验结果缺乏对巴拉萨-萨缪尔森效应的全面支持。

卢锋等（2006）分别运用多国截面数据和部分经济体时间序列数据检验了巴拉萨-萨缪尔森效应。其中多国截面数据样本为 2004 年全球 130 个经济体的实际汇率（人均汇率法 GNP 与 PPP 法人均 GNP 的比值）和用汇率换算的美元人均收入。两变量散点图及线性回归结果显示，两者显著正相关且回归方程显著。由判定系数得出各经济体实际汇率差异约 80%在统计上能被人均收入变量解释，显示巴拉萨-萨缪尔森效应成立，但两变量间关系在不同收入区间存在显著差异，在低收入区间方程残差较大，较高收入区间残差较低。相关统计检验表明存在显著异方差。时间序列样本为日本、德国、中国香港、韩国、中国台湾等 18 个经历相对较快增长的经济体的长期实际汇率与相对美国人均收入时间序列数据（其中 14 个样本区间为 20 世纪 50 年代初~2004 年）。从 18 个经济体样本期间实际汇率与相对人均收入线图观察，体现出两者间正向变动的共同特征。作者还分别运用 11 个起点较高的经济体（西北欧及日本）和部分起点较低的经济体（“亚洲四小龙”等）截面和时间序列数据，采用简单对数线性模型就两变量进行了回归分析，结果显示无论是高起点经济体组还是较低起点经济体组的回归方程线性关系都显著，进一步验证了巴拉萨-萨缪尔森效应。但高起点组相对人均收入与实际汇率之间的弹性系数以及方程拟合程度都明显高于较低起点收入组，表明巴拉萨-萨缪尔森效应对收入区间相当敏感，在高收入区段两者关系密切，而在中低收入区段则与理论状态存在较大偏离，卢锋与韩晓亚将这种偏离归因于发展中国家追赶初期普遍存在的进口替代和汇率高估政策以及市场化和开放取向的改革要求在转型初期汇率贬值回归基本面。

郑超愚等（2007）将国民经济市场化程度、国民经济开放度及国际经济贸易障碍等参数引入传统巴拉萨-萨缪尔森效应模型，建立了一个动态购买力平价理论框架，通过模型化国民经济市场化、开放化与国际经济一体化的结构因素，描述实际汇率对传统 PPP 理论的系统偏离及动态演化特征。模型所揭示的意义是：由于发展中国家较为低下的市场化程度、开放化程度、贸易部门供给效率以及国际市场融合程度，其实际汇率相对于传统 PPP 是长期低估的。在动态演化过程中，随着发展中国家市场化程度、开放化程度、贸易部门供给效率以及国际市场融合程度的逐步提高，其实际汇率将持续升值而趋向传统 PPP 理论平价水平。实证方面，其以 2003 年和 2004 年 136 个国家和地区实际汇率与人均国民总收入数据为样本，运用 OLS 方法估计了实际汇率对人均国民总收入的动态 PPP 理论的结构方程，结果显示实际汇率随人均国民收入的动态演化过程，属于复合的自然增长模式，支持 BS 假说成立。

王泽填等（2009）针对发展中经济体在结构转型中如何削弱巴拉萨-萨缪尔森效应机理进行了研究。其建立了一个包含可贸易品部门、不可贸易品部门和农业部门在内的数理模型，通过引入农业部门的农村人口比重等参数，对经典巴拉萨-萨缪尔森效应模型进行了修正，推导出农村人口比重越大，即一个经济体越是处于结构转型的初期，巴拉萨-萨缪尔森效应就越弱的结论。在实证检验方面，其以 1974~2004 年 184 个经济体年度面板数据作为样本，就相对人均收入、农村人口比重及包括开放度、政府支出比重、投资率、贸易条件与劳动力自由流动度在内的一组控制变量对实际汇率影响，采用标准的固定效应模型进行了实证检验。实证结果显示，在不包括农村人口比重变量的标准模型中，无论加入什么控制变量，相对人均收入的系数符号均显著为正，证明巴拉萨-萨缪尔森效应存在。将农村人口比重变量加入标准模型进行回归的结果显示，其他变量系数符号和统计显著性都没有改变，而农村人口比重变量的系数显著为负，表明越处于结构转型早期的经济体，巴拉萨-萨缪尔森效应越弱。这一结果可在某种程度上解释一些发展中经济体的实际汇率随收入增加而下降的情况。针对不同收入组样本的进一步检验结果显示，收入水平越低的组，农村人口比重对巴拉萨-萨缪尔森效应的削弱程度越强。其理论与经验证明均显示，以农村人口城市化为特征的结构转型是影响发展中经济体实际汇率的一个重要因素。一个经济体越是处于结构转型的早期，农村人口比重越高，巴拉萨-萨缪尔森效应就越小；随着经济结构转型的提高，农村人口比重对巴拉萨-萨缪尔森效应的削弱程度降低。

唐旭等（2007）以 1994 年 1 季度~2006 年 3 季度中美第二、三产业相对劳动生产率和缩减价格指数为样本数据，对中美两国第二、三产业相对劳动生产率比值与第三产业与第二产业增加值缩减指数比进行了协整检验，发现两者间存在协整关系，表明从长期看，随着中国贸易品相对于非贸易品部门劳动生产率较美国的更快增长，人民币实际汇率升值。研究结果支持中美两国间存在巴拉萨-萨缪尔森效应。

李斌（2011）以巴拉萨-萨缪尔森效应模型为基础，结合中国人口及劳动力市场供求变化，对中国经济增长中的巴拉萨-萨缪尔森效应与通货膨胀的关系进行了分析。其研究显示，随着中国劳动力供给逐步趋紧，在巴拉萨-萨缪尔森效应机制作用下，非贸易品价格可能会出现加快上涨从而带动整体物价水平上升。因这种物价上涨具有结构性和趋势性特征，宏观货币政策往往难以作出反应，并且非贸易品价格上涨也是低生产率部门分享经济增长成果的重要途径，因此应当对此类物价上涨适当提高容忍度。从宏观政策角度而言，也应容忍相对低一些的经济增速，以避免传统刺激性经济政策导致成本推动与需求拉动相互强化而形成螺旋式的物价上涨。

1.6　内容框架

本书运用定性和定量分析方法，对第二次世界大战后的国际相对价格变动特征进行了规范性分析和实证检验。首先，对国家间相对价格理论进行系统梳理，然后运用描述性分析和回归分析方法，对第二次世界大战后全球及各收入组别经济体相对价格变动的 σ 收敛特征与 β 收敛特征进行了考察，总结出第二次世界大战后全球及各收入类别经济体相对价格变动的整体趋势特征，并结合相关理论对其变动机理进行了讨论，为进一步深入分析追赶型经济体相对价格的变动特征及机理提供了背景资料。其次，分别运用时间序列协整分析方法和描述性方法对追赶型发达经济体与追赶型欠发达经济体的相对价格变动特征进行了重点分析。最后，在对追赶型经济体相对价格变动的巴拉萨-萨缪尔森效应机理进行了全面验证的基础上，讨论了在相对价格上升趋势的约束条件下，中国经济高增长阶段人民币名义汇率调整与通胀治理的协调机制。本书的具体结构如下：

第 1 章 绪论。针对国内外相关研究的不足，引出本书的研究主题。结合第二次世界大战后全球相对价格体系的剧烈变动以及中国经济发展中面临的汇率调整与通胀压力的客观状况，阐述了本书的研究背景。从理论验证与理论完善方面，以及应对汇率升值与通胀压力的政策建议方面，阐述了本书的理论意义与实践意义。最后对国内外相关研究成果进行了综述。

第 2 章 相关理论。在经济封闭状态下，新古典贸易理论运用一般均衡分析方法，从需求差异和供给差异方面对国家间的价格差异进行了解释，其中重点讨论了资源禀赋差异导致价格差异的赫克歇尔-俄林模型。对于开放条件下可贸易品的价格趋同，新古典贸易理论通过局部均衡和总体均衡分析给出了解释。对开放条件下非贸易品及整体价格差异的解释主要包括生产率差异说、要素禀赋差异说及经济结构差异说。

第 3 章 国际相对价格的收敛性分析。通过测算各年度样本经济体相对价格的离散系数，发现第二次世界大战后全球及各收入组别经济体的相对价格变动均存在明显的 σ 收敛特征，表明经济体间的价格差异趋于缩小。各收入组相对价格的收敛程度存在差异，其中高收入经济体间的价格差异最小，而低收入经济体间的价格差异明显大于高收入经济体。通过对各经济体战后相对价格发展速度与其相对价格初始值之间进行的回归分析，发现战后全球及各收入组经济体的相对价格变动均存在显著的 β 收敛特征，并且前期收敛速度明显大于后期。结合战后全球各类经济体的发展实践和经济全球化的大背景，得出经济体的市场化改革和经济全球化程度的提高，使得一价定律等机制作用越发显现，从而导致了全球相对价格的收敛。在对国际相对价格收敛性考察的基础上，进一步总结出不同收入类别经济体相对价格的变动特征，其中发达经济体的平均相对价格在样本期均呈上升趋势，并且其平均相对人均产出也呈明显上升趋势，因而其整体相对价格变动与巴拉萨-萨缪尔森效应理论的描述相符。欠发达战后整体相对价格经历了显著下降过程，且其整体相对人均产出则基本保持了稳定，显示欠发达经济体的相对价格变动与相关经典理论不相符合。

第 4 章 国际相对价格体系演变的机理分析。以国家间相对价格的相关理论为指导，结合战后全球及发达经济体与欠发达经济体的经济发展实践，对第二次世界大战后国际相对价格体系的变动机理进行了分析。分析结果显示，第二次世界大战后经济全球化程度的不断提高，是推动国际相对价格收敛的主要原因。通过对第二次世界大战后欠发达经济体发展实践的梳理，发现战后初期欠发达经济体普遍采用强调政府干预的经济发展模式，而这一模式中过多的非市场因素导致了其相对价格水平存在扭曲，使其初期的相对价格水平明显被高估。而后续的市场化改革以及经济全球化进程，使得市场机制作用逐渐增强，促使其相对价格水平向下的合理回归。通过在个体层面对发达经济体更为细致的考察，发现战后发达经济体的相对价格变动普遍与巴拉萨-萨缪尔森效应描述的情形相符。由于发达经济体具备相对完善的内外部市场环境，市场机制是其相对价格的主要决定机制，因而其相对价格的变动与经典理论的描述最为接近。

第 5 章 追赶型经济体的相对价格变动。以开放经济条件下追赶型经济体相对价格的变动特征与变动机理作为研究主题，分别提出了关于战后全球相对价格体系演变特征、追赶型发达经济体和追赶型欠发达经济体相对价格变动机理的三个假设。通过运用针对横截面数据的回归分析方法，实证检验了战后全球相对价格体系的演变特征，结果表明第二次世界大战后的全球相对价格体系由中前期与巴拉萨-萨缪尔森效应明显不符，逐渐演变为后期显著符合巴拉萨-萨缪尔森效应的变化特点。采用时间序列协整技术和格兰杰因果性检验等方法，对追赶型发达经济体样本期相对价格变动的巴拉萨-萨缪尔森效应进行了实证分析，检验结果支持追赶型发达经济体的相对价格变动普遍符合巴拉萨-萨缪尔森效应的假设。由于追赶型欠发达经济体的样本期较短，不满足协整检验等的样本量要求，对追赶型欠发达经济体的相对价格变动进行了描述性分析，观察到在开放经济条件下，追赶型欠发达经济体的相对价格变动也趋向于巴拉萨–萨缪尔森效应特征。对追赶型发达经济体相对价格变动途径的考察显示，在经济的高增长阶段，发达经济体相对价格变动的途径呈多样化特征。其中名义汇率调整的差异较大，而物价变动则表现为普遍的物价上行压力。

第6章 中国的相对价格变动。中国相对价格在改革开放后首先经历了由高估向合理水平的回归，与该阶段中国相对人均产出的高增长趋势相反。1994年之后，则与相对人均产出呈现相同的上升趋势。通过对改革开放以来中国第二、三产业增加值缩减指数的对比分析，发现第三产业相对于第二产业经历幅度更大的价格上涨，符合巴拉萨–萨缪尔森效应的描述。运用格兰杰因果性检验方法，对改革开放以来中美两国GDP缩减指数差异与人均GDP增长率差异的格兰杰因果性检验结果显示，存在从中美两国人均GDP增长率差异到中美两国GDP缩减指数差异间的单向格兰杰因果关系，实证结论支持中美两国间巴拉萨–萨缪尔森效应成立。基于开放经济条件下，中国相对价格行为符合巴拉萨–萨缪尔森效应的前提，随着中国经济相对于主要经济体更快的增长，中国相对价格将保持上升的主趋势。相对价格的上行趋势将不可避免地带来通货膨胀和人民币升值的内外部双重压力，为实现宏观经济内外部的双重平衡，应当保持对通货膨胀更高的容忍度和更具灵活性的人民币汇率政策。

第7章 结论与展望。

2 相关理论

根据第1章对国际相对价格含义的表述，本书将国家间的相对价格界定为国与国之间整体价格水平的比值。具体而言，从“价格”一词的内涵来看，是指与一国国内产出口径相一致的价格总水平，因此其表达的应当是国内产出各组成项目的价格水平的加权平均数。从“相对”一词的含义来看，则是国与国之间（或不同经济体之间）价格总水平的相对值。价格既是市场的产物，也是市场的反映，因此对于价格的讨论，自然也绕不过作为价格形成基础的市场。针对国家间相对价格的讨论，市场的边界自然应当从一国的国内市场延伸至国际市场，即开放经济的视角。基于国际交换的角度，有必要将一国价格总水平构成项目中的货物和服务区分为可开展国际交换的可贸易品部分，以及难以开展国际交换的非贸易品部分。事实上，贸易品与非贸易品概念已成为理解国际经济学相关内容的基本概念。本书也按照这一普遍做法，将产品划分为贸易品与非贸易品两大类别。在此基础上，首先运用新古典经济学的均衡分析等一般性分析方法，分别讨论国家间贸易品和非贸易品相对价格的决定原理，再将两者综合起来讨论国家间整体相对价格的决定机制；其次，对国家间相对价格的专门理论——购买力平价理论加以解释和评述，本章具体安排如下：

首先，运用新古典贸易理论对封闭条件下国家间可贸易品价格的决定机制进行解释，具体包括因需求条件差异、供给条件差异以及要素禀赋差异导致的价格差异；

其次，分别从局部均衡和一般均衡两方面对开放经济条件下国家间可贸易品相对价格的决定原理进行解释；

第三，对国家间非贸易品相对价格及整体相对价格决定机制进行讨论，具体包括劳动生产率差异对国家间非贸易品相对价格的影响、要素禀赋差异对国家间非贸易品相对价格的影响以及经济结构差异对国家间非贸易品相对价格的影响；

第四，对国家间相对价格的专门理论——购买力平价理论进行解释和评述。

2.1 贸易品相对价格的决定机制

2.1.1 封闭条件下的可贸易品相对价格

根据经济学的一般原理，商品价格主要是由供给与需求因素所决定。新古典贸易理论认为，如果两国商品的供给条件相同，即相同商品的生产函数相同，相对生产要素禀赋相同，同时两国也拥有相同的需求条件，即消费偏好相同，另外两国生产的规模收益不变以及市场完全竞争且不存在外部经济性，那么两国的相对价格就会完全相同，不存在差异，自然也不存在贸易的基础（海闻等，2003）。然而在现实世界中，不同国家一般具有不同的供给条件和需求条件，加之存在机会成本递增的规律，那么相应地会导致两国间的价格水平差异。下面将在不考虑其他因素的前提下，分别讨论因供给因素和需求因素不同而导致两国间存在相对价格差异的机理，然后进一步借助赫克歇尔-俄林模型解释要素禀赋差异所导致的国家间相对价格差异。

2.1.1.1 因需求条件不同而导致的两国间商品价格差异

根据新古典理论，具有相同生产条件而需求条件不同的两个国家的相对价格会存在差异，图 2-1 说明了这种具体情形。在图 2-1 中，假定两个国家（国家Ⅰ和国家Ⅱ）的生产条件相同，因此在图中只需画出一条生产可能性边界线 *PPF*，它可以代表其中任何一个国家。由于两国需求条件不同，所以用不同的无差异曲线来代表两国不同的需求偏好。假设国家Ⅰ对 Y 商品的偏好程度相对更强一些，S_1 和 S_2 表示的就是国家Ⅰ的这种偏好，它们更靠近 Y 轴；国家Ⅱ则相对偏好 X 商品，表示国家Ⅱ这种偏好的 W_1 和 W_2 相应地更靠近 X 轴。两条不同的社会无差异曲线与一条共同的生产可能性边界线 *PPF* 的切点位于 *PPF* 线的不同点上（即 E 点和 e 点），即在自给自足的封闭经济条件下，国家Ⅰ的均衡点为 E，国家Ⅱ的均衡点为 e，相应地，国家Ⅰ的价格比为 $(P_X/P_Y)_1$，而国家Ⅱ的价格比为 $(P_X/P_Y)_2$。由于国家Ⅰ对 Y 商品的偏好抬高了 P_Y 相对于 P_X 的价格，而国家Ⅱ对于商品 X

的偏好抬高了 P_X 相对于 P_Y 的价格，使得 $(P_X/P_Y)_1$ 小于 $(P_X/P_Y)_2$，因而导致在自给自足的封闭经济条件下两个国家具有不同的相对价格水平。

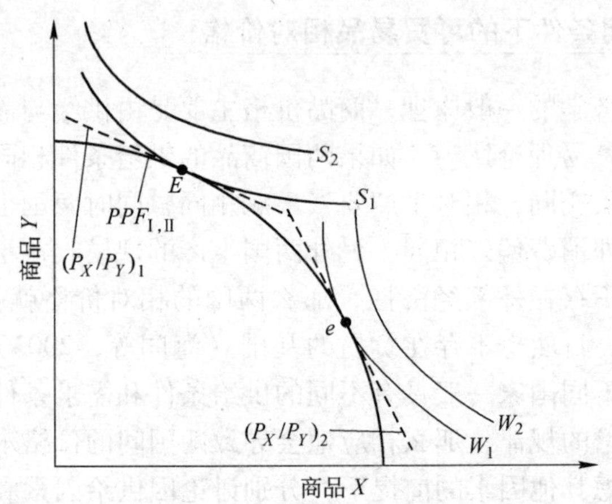

图 2-1　生产条件相同但需求条件不同时的两国间价格差异

2.1.1.2　因供给条件不同而导致的两国间价格差异

两国需求条件相同而供给条件不同时同样也会导致两国的价格水平存在差异。假定两国都只拥有资本和劳动力两种生产要素，两国生产条件的不同，可能是由于两国虽然拥有相同的两种生产要素（资本和劳动力）的相对水平，但两国技术水平不同；也可能是因为即使两国间技术条件相同但生产要素的相对水平不同；再有可能是因为两国的技术水平和相对要素水平都不相同。

这里假设两国生产条件的不同是由两国不同的技术水平而引起的。由于两国使用的生产技术水平不同，因而两国有着不同的生产可能性边界线 PPF（如图 2-2 所示），其中 PPF_{I} 表示国家Ⅰ的生产可能性边界线，PPF_{II} 表示国家Ⅱ的生产可能性边界线。假定两国拥有的生产要素相对禀赋相同，PPF_{I} 表示国家Ⅰ在 X 商品的生产上具有相对更高效率的技术水平，而 PPF_{II} 表示国家Ⅱ在商品 Y 的生产上具有相对更高效率的技术水平。

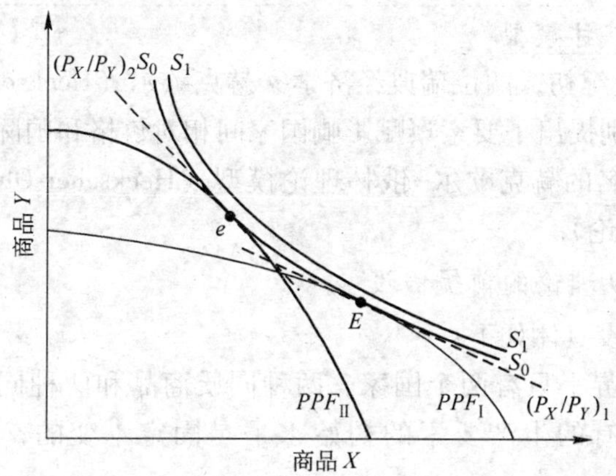

图 2-2 具有相同供给条件但需求条件不同时的两国间价格差异

由于假定国家Ⅰ和国家Ⅱ的需求条件相同，因此可以用一条无差异曲线来表示两国消费者相同的偏好。在自给自足的封闭经济条件下，即使两国需求结构相同，但由于不同的生产条件会导致两国不同的价格水平。具体来看，两国共同的 *PPF* 线与两国各自最高的无差异曲线存在两个不同的切点 *E* 点和 *e* 点，这两点分别是国家Ⅰ和国家Ⅱ在自给自足经济下的均衡点。由于国家Ⅰ在商品 *X* 的生产上相对更有效率，其生产和消费 *X* 商品的数量相对大一些，而国家Ⅱ在 *Y* 商品的生产上相对更有效率，因而其生产和消费 *Y* 商品更多一些。由于国家Ⅰ和国家Ⅱ在自给自足经济下的均衡点 *E* 点和 *e* 点的斜率不同，因而其相对价格也存在差异，即 $(P_X/P_Y)_1 < (P_X/P_Y)_2$。

通过以上分析可以得出，自给自足封闭经济条件下国家间不同的供给和需求条件会产生各国相对价格差异。而各国供给和需求条件都取决于各个国家可利用资源的相对数量和质量、所采用的生产技术特征和需求的特性。只要这些因素中有一种或多种不同，两国间的相对价格就会存在差异。因此，要实现对国家间价格差异原因更为详细的解释，需要从影响供给和需求条件的具体因素入手进行更为具体的分析，其中赫克歇尔-俄林模型解释了各国所拥有的生产要素相对数量不同是如何影响产品价格的作用机理。

2.1.1.3　因要素禀赋不同而导致的两国间价格差异——赫克歇尔-俄林模型

在20世纪初，两位瑞典经济学家赫克歇尔（Heckscher）与俄林（Ohlin）分别提出了要素禀赋影响国家间相对价格和国际贸易的理论模型，即著名的赫克歇尔-俄林理论模型（Heckscher-Ohlin Theorem，简称H-O理论）。

A　H-O理论的前提假设

前提假设具体如下：

（1）世界上只有两个国家、两种同质商品和两种同质的生产要素，各国拥有的生产要素的初始水平是固定不变的，且数量各不相同。

（2）两国的生产技术水平相同，即两国的生产函数是相同的。

（3）两国对两种商品的生产都具有规模报酬不变的特征。

（4）两种商品的生产具有不同的要素密集度（Different Relative Factor Intensities），每种商品的要素密集度不随要素相对价格的变化而变化。

（5）两国对各种商品的喜爱与偏好都相同，并且在任一组既定的产品价格下，两种商品消费的相对数量不受收入水平变化的影响。

（6）两国都是完全竞争市场。

（7）要素在各国国内可以自由流动，但不能在国家之间移动。

（8）没有运输成本。

（9）没有政府政策限制商品在国家之间的流动，也没有对市场价格和产量的干预。

B　H-O理论中的两个基本概念——要素丰裕度与商品的要素密集度

a　要素丰裕度

H-O理论中的不同要素禀赋是指不同的相对要素禀赋，而不是要素的绝对数量不同。H-O理论的关键是两个国家要素的比例是不一样的。相对要素丰裕度可以用两种方式来定义，即实物定义（Physical Definition）和价格定义（Price Definition）。从实物角度的定义是以两国可供利用的两种要素（如劳动力和资本）的实物数量来解释要素的丰裕程度。如果国家Ⅰ的资本相对于劳动的比率超过国家Ⅱ的同种比率，即 $(K/L)_{\text{I}} > (K/L)_{\text{II}}$，那么国家Ⅰ就是资本丰裕的国家，而国家Ⅱ相对于国家Ⅰ则是劳动丰裕国家。

从价格角度的定义是根据资本与劳动的相对价格来决定两个国家属于什么样的要素丰裕类型。如果国家Ⅰ资本的价格或租金（r）与劳动价格（w）之间的比率小于国家Ⅱ，即 $(r/w)_{\text{I}} < (r/w)_{\text{II}}$，那么国家Ⅰ是资本丰裕的国家，国家Ⅱ则是劳动丰裕型国家。这种定义是根据要素的相对稀缺价格来看待要素的相对丰裕程度的。一种要素相对丰裕程度越高，其相对价格也就越低。

上述关于要素丰裕度的定义，一种关注实物要素的可获得性（供给），另一种定义则关注要素的价格。要素的价格不仅反映要素的可获得水平，而且还反映了最终需求结构和采用的生产技术水平。由于 H-O 理论模型假设两国的生产技术水平、喜爱和偏好都是相同的，因此这两种定义产生的结果就是一样的，即由于生产技术和需求对两国的影响是中性的，所以具有相对更高的 K/L 比率的国家，其 r/w 的比率就相对较小。

b 商品的要素密集度

假设两种商品生产都使用要素 x 与要素 y，如果其中一种商品生产所使用的要素 x 与要素 y 的比率大于另外一种商品，就称这种商品是 x 要素密集型的商品。例如，如果 S 商品生产中 K/L 的比率大于商品 C 生产中 K/L 的比率，那么与商品 C 相比，商品 S 就是资本密集型产品。H-O 模型不仅假设在相同的生产要素价格条件下两种商品的要素密集度不同，并且还假定这种不同的要素密集度不随要素价格水平的变化而变化。这就意味着在所有可能的要素价格下，与表示生产状况的等产量线相比，表示用于商品 S 生产的技术水平的等产量线将更靠近资本轴，于是，商品 S 生产的 K/L 比率总是大于商品 C 的这一比率，如图 2-3 所示。

这一假设是 H-O 模型中的一个关键性前提假设。假定图 2-3 中的商品 S 与商品 C 符合这一假设条件。这两种商品的等产量线给定，由于无论要素价格如何变动，商品 S 都比商品 C 具有更高的 K/L 比

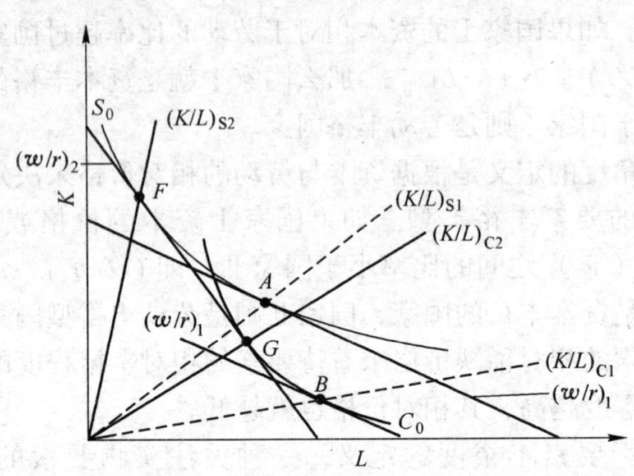

图 2-3 商品的不同要素密集度示意图

率，所以商品 S 是资本密集型产品，其等产量线 S_0 更偏向代表资本 K 的纵轴。相应地，商品 C 就是劳动密集型产品，其等产量线 C_0 更偏向代表劳动 L 的横轴。如果将劳动价格相对便宜时 $(w/r)_1$ 的 K/L 与劳动价格相对较贵时 $(w/r)_2$ 的 K/L 相比，上述特征则更为清楚。在等产量线上的任意一点，生产中的 K/L 比率可以用从原点出发并通过生产点的射线的斜率来表示。因此，在 $(w/r)_1$ 时，商品 S 的生产（在 A 点）比商品 C 的生产（在 B 点）所使用的资本更为密集；在 $(w/r)_2$ 时，商品 S 的生产（在 F 点）所使用的资本仍然比商品 C 的生产（在 G 点）所使用的资本更为密集。

C H-O 模型对于国家间价格差异的解释

在两国采用的生产技术相同、生产的规模报酬不变以及产品之间的要素密集度关系既定的情况下，资本丰裕的国家会生产更多的资本密集型产品，而劳动丰裕的国家会生产更多的劳动密集型产品。于是，每个国家生产可能性边界线 *PPF* 的形状和位置就由其生产两种产品的要素密集度和可利用的每种要素的数量决定，其中资本相对丰裕的国家的 *PPF* 线偏向于资本密集型产品，而劳动相对丰裕国家的 *PPF* 线偏向于劳动密集型产品。如果把两国国家形状不同的两条生产可能性边界与一组相同的喜爱与偏好结合在一起，就可以得到在自给自足的封闭经济条件下两国间的两组不同的相对价格，这一原理可由图 2-4 更为直观地显示。

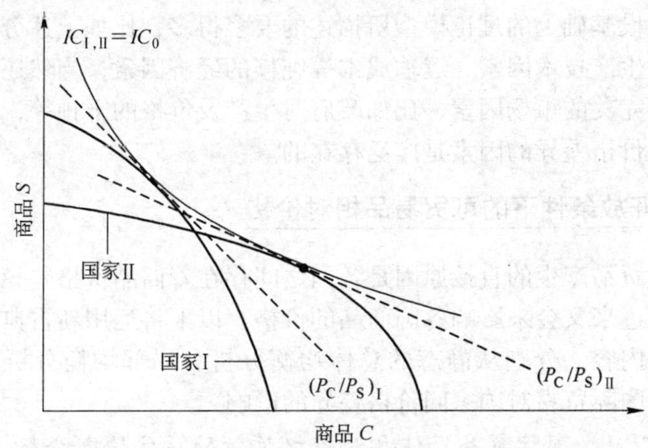

图 2-4 具有相同技术与需求但要素禀赋不同时的价格差异

在图 2-4 中，两种产品中 S 为资本密集型产品，C 为劳动密集型产品。两个国家（国家Ⅰ和国家Ⅱ）的需求条件和生产技术水平相同，但拥有的相对要素禀赋水平不同。国家Ⅰ为资本丰裕国，其 *PPF* 线偏向资本密集型产品 S；国家Ⅱ为劳动丰裕国，其 *PPF* 线偏向劳动密集型产品 C。因为两国的需求结构相同，所以两国的社会无差异曲线相同（用 $IC_{\mathrm{I},\mathrm{II}}$ 表示）。由于国家ⅡC 产品的相对价格线 $(P_C/P_S)_{\mathrm{II}}$ 较国家Ⅰ更为平坦，所以国家ⅡC 产品的相对价格 $(P_C/P_S)_{\mathrm{II}}$ 要小于国家ⅠC 产品的相对价格 $(P_C/P_S)_{\mathrm{I}}$，即国家Ⅰ的 S 产品的相对价格较低，而国家Ⅱ的 S 产品的相对价格较低。由于自给自足条件下两国的相对价格不同，就产生了由于要素禀赋差异而形成的贸易基础。由此可进一步得到赫克歇尔-俄林定理的主要表述：一国将出口那些相对密集地使用其相对丰裕的生产要素来生产的产品，而进口那些需要相对密集地使用其相对稀缺的生产要素来生产的产品。

从上述新古典贸易理论对国家间商品价格差异的论述不难得出，

只要封闭经济条件下两国经济在供给或需求方面存在不同，甚至仅仅是其中的某个影响因素，比如要素禀赋存在差别，都会导致两国间的价格存在差异。在现实世界中，导致国家间价格差异的因素远比建立在多种假设基础上的理论模型所描述的要多得多，比如上述分析中没有涉及的生产技术因素、运输成本等纯粹的经济因素，当然还包括现实中并不完美的市场因素，比如政府对生产及价格的干预等，因而导致国家间价格差异的因素是广泛存在的。

2.1.2　开放条件下的可贸易品相对价格

国际贸易产生的直接原因是各国之间存在着商品价格差异，而国际贸易反过来又会来影响各国商品的价格。以下将运用新古典贸易理论的相关内容，分别从静态的总体均衡分析和局部均衡分析两个角度，分析国际贸易对国家间价格差异的影响。

2.1.2.1　国际贸易促使相对价格收敛的总体均衡分析

本书针对国际贸易对国家间相对价格影响的总体均衡分析，是以赫克歇尔-俄林（H-O）理论模型为分析框架，采用生产可能性曲线（*PPF*）和社会无差异曲线（*CIC*）展开的。

H-O 模型框架下国际贸易对两国相对价格的影响机制如图 2-5 所示。在图 2-5 的示例中，两个国家中国家Ⅰ是资本丰裕型国家，而国家Ⅱ是劳动丰裕型国家。两个商品中商品 S 是资本密集型产品，商品 C 是劳动密集型产品。两国在没有国际贸易发生时都选择 *A* 点作为各自生产和消费的均衡点，各国也都只消费本国生产的产品。在 *A* 点上，两国商品 C 的相对价格（P_C/P_S）都等于本国生产商品 C 的相对成本，分别用 P_0 和 P_0^* 来表示。由于国家Ⅱ拥有充裕的劳动力，国家Ⅱ生产商品 C 的相对成本比较低，P_0 假定为 0.5；国家Ⅰ劳动力相对缺乏，商品 C 的生产相对成本较高，P_0^* 假定为 1.5。而两国的商品 S 生产的相对价格（商品 C 相对价格的倒数）则正好相反，国家Ⅱ是 2，国家Ⅰ是 2/3。如果两国开展国际贸易，根据比较优势的原理，国家Ⅰ会向国家Ⅱ出口商品 S 以换取商品 C，国家Ⅱ则出口商品 C 用来跟国家Ⅰ换商品 S。

自由贸易对两国经济的第一个直接影响就是产品价格的变动。在

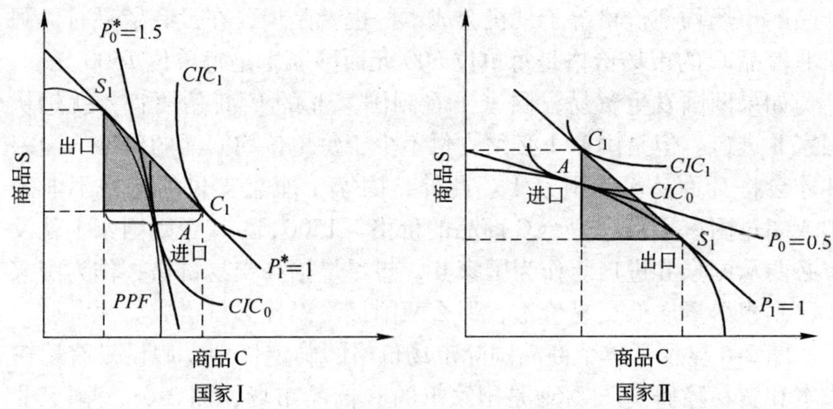

图 2-5 H-O 模型框架下国际贸易对两国相对价格的影响

总体均衡分析中，体现为商品相对价格的变化。在封闭经济条件下，国家Ⅱ商品 C 的相对价格低于国家Ⅰ。对于国家Ⅱ来说，出口商品 C 会使国内商品 C 的价格（P_C）上升，进口商品 S 又会使国内商品 S 市场的价格（P_S）下降，从而使商品 C 的相对价格上升（从 P_0 到 P_1）。对国家Ⅰ来说，情况正好相反，出口商品 S 进口商品 C，商品 C 的相对价格下降（从 P_0^* 到 P_1^*）。在自由贸易的情况下，只要国家Ⅱ商品 C 的相对价格低于国家Ⅰ，国家Ⅱ的商品 C 就会不断地出口到国家Ⅰ，国家Ⅰ的商品 S 就会出口到国家Ⅱ，直至两国商品 C 的相对价格相等为止。这一相等的相对价格也是两国进行贸易的国际相对价格。

2.1.2.2 国际贸易促使相对价格收敛的局部均衡分析

A 单个商品国际市场价格的形成

在没有贸易的封闭经济情况下，各国商品的价格往往存在差异。一般来说，相同的商品在有生产比较优势的国家价格较低，在没有生产比较优势的国家价格比较高。继续沿用前面所用的例子，假设每单位 C 商品的机会成本在国家Ⅱ是 0.5 单位 S 商品，在国家Ⅰ是 1.5 单位 S 商品。若用货币单位来衡量，并假设每单位 S 商品的价格是 1000 元，那么国家Ⅱ每单位 C 商品的机会成本是 500 元，国家Ⅰ是每单位 1500 元。为了简化分析，假定在自给自足的封闭经济条件下产品的市场均衡价格等于其机会成本。也就是说，在没有贸易时，国家Ⅱ商品 C 的市场价格是每单位 500 元而国家Ⅰ是每单位 1500 元。

如果两国发生贸易，国家Ⅰ看到国家Ⅱ的 C 商品便宜，就想从国家Ⅱ进口。但是国家Ⅰ必须支付不少于每单位 500 元的价格，国家Ⅱ才会将 C 商品卖给国家Ⅰ。此外，国家Ⅰ愿意支付的价格不能等于或超过国家Ⅰ自己生产 C 商品的价格（1500 元），否则国家Ⅰ就没有必要从国家Ⅱ进口。作为国家Ⅱ，想尽量抬高交易价格；作为国家Ⅰ，则想尽量压低交易价格，那么两国最终以什么价格成交呢？

图 2-6 显示了单个商品国际市场价格的确定机理。假设没有运输成本和贸易障碍。图 2-6a 是国家Ⅰ的 C 商品市场，图 2-6c 是国家Ⅱ的 C 商品市场，图 2-6b 是 C 商品的国际市场。C 商品的国际价格由国际市场的供求均衡来决定。

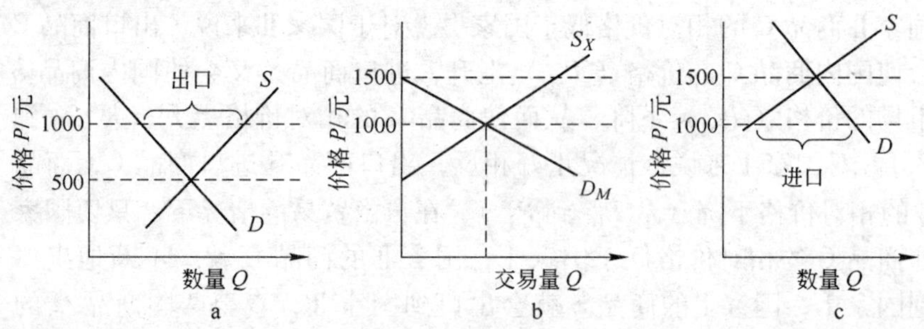

图 2-6　C 商品的国际贸易及其国际市场价格的确定

在本例中，国家Ⅱ是 C 商品出口国。只要价格高于 500 元，国家Ⅱ就愿意出口 C 商品，国际市场上的供给曲线（S_X）是国家Ⅱ的出口曲线。当价格等于 500 元时，国家Ⅱ国内的供给量等于需求量，出口为零。当价格超过 500 元以后，国家Ⅱ C 商品的供给量超过需求量，其差额就可以用来出口，且出口量随着价格的上升而增加。国家Ⅰ是 C 商品的进口国。只要价格低于 1500 元，国家Ⅰ就进口，价格越低，进口越多。国际市场上的需求曲线（D_M）就是国家Ⅰ的进口曲线。同理，当 C 商品价格等于 1500 元时，国家Ⅰ国内市场上供求达到均衡，无须进口。只有在价格低于 1500 元时，国家Ⅰ国内市场才出现短缺，需要靠进口来弥补。所以国家Ⅰ的进口需求曲线从 1500 元开始。

在国际 C 商品市场上，如果国家Ⅱ的出口量小于国家Ⅰ的进口量，供不应求，国际市场价格就会上升，反之则下跌。只有在进口量等于出口量的时候，国际市场上的均衡价格才会形成。这一价格可能是大于 500 元而小于 1500 元的任何数。

B 国际贸易对一国进口行业商品价格的影响

国际贸易对一国商品价格的影响首先直接体现在对进出口行业商品价格的影响上，其次是对其他行业的商品价格的间接影响。此处先来分析国际贸易对进口行业商品价格的影响。所谓“进口行业”，一般是指没有比较优势，在国际市场上竞争力不足的行业。在此类行业市场中，通常既有本国生产的产品，也有从外国进口的商品，国内外商品在同一市场上竞争。仍然沿用前述例子来说明，国家Ⅱ（劳动力丰裕国）的商品 S（资本密集型产品）行业和国家Ⅰ（资本丰裕国）的商品 C（劳动力密集型产品）行业都是进口行业。图 2-7 显示的是国家Ⅱ的商品 S 市场的情况。在没有国际贸易发生的情况下，国家Ⅱ的商品 S 价格由其国内市场的供给和需求决定。在供求均衡点上，商品 S 的价格假定为 P_0。在这一市场价格下，商品 S 的供给量（S_0）与需求量（D_0）相等。由于假定国家Ⅱ不具有生产商品 S 的比较优势，在没有国际贸易的情况下，国家Ⅱ的商品 S 价格高于外国（或国际）市场价格。再进一步假定国际市场上商品 S 的单价是 1000 元，而国家Ⅱ国内市场的商品 S 单价是 2000 元。在开展自由贸易的情况下，国家Ⅱ一定会有人以国际市场价格进口商品 S。

当然，进口商不会在国家Ⅱ市场上按 1000 元的单价出售，他一定想按国家Ⅱ市场上的价格 2000 元出售。而问题是，在 2000 元的单价上，国家Ⅱ国内市场需求量并没有增加，仍然只有 D_0 数量的需求，而此时商品 S 供给量却增加了，即除了国内厂商生产的以外，还增加了一部分进口，因而会出现供大于求的剩余状况。这种状况必然会使得进口商以低于 2000 元的单价出售（因为只要不低于 1000 元，进口商仍有利可图）。迫于竞争，国内商品 S 生产厂商也不得不降价出

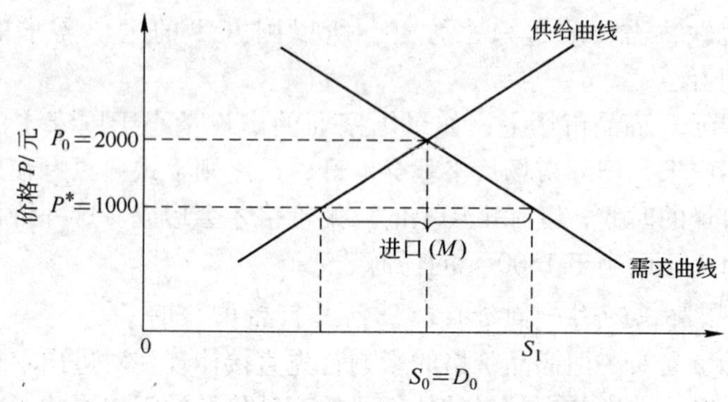

图 2-7 进口对一国进口行业商品价格的影响

售。结果是，国家Ⅱ整个商品 S 市场的价格会下降到新的市场均衡点。在新的均衡点上，国内生产的商品 S（S_1）加上进口的商品 S（M）等于在新的价格下国内对商品 S 的总需求（D_1）。

国家Ⅱ商品 S 的价格究竟降到什么程度取决于国家Ⅱ商品 S 的进口量对商品 S 国际市场的影响。如果国家Ⅱ是商品 S 的进口“大国”(即国家Ⅱ的进口数量大到足以影响商品 S 的国际市场价格)，那么国家Ⅱ国内市场商品 S 的价格会降到 2000 元以下，但在 1000 元以上。因为新的商品 S 的国际市场价格已经由于国家Ⅱ的大量进口而上涨到 1000 元以上。但如果国家Ⅱ只是一个进口“小国”（即国家Ⅱ的进口数量在世界市场的份额很小，国家Ⅱ进口多少对商品 S 国际市场的影响甚微)，国际商品 S 市场价格根本不受国家Ⅱ进口的影响，那么，自由进口会使国家Ⅱ商品 S 的单价最终跌到跟国际市场一样的 1000 元。概括起来，不管是“大国”，还是“小国”，自由进口的结果都会导致原来高于国际市场的国内商品价格下降到国际市场的价格水平，只不过“大国”降价的幅度低于“小国”，因为由于“大国”进口对国际市场价格的影响，使得新的国际市场价格比原来提高了。当然，为了简化分析，假定运输费用为零。

C 国际贸易对一国出口行业商品价格的影响

自由贸易对一国出口行业商品价格的影响与进口行业的情形正好

相反。在本小节的例子中，国家Ⅱ（劳动力丰裕国）有生产商品 C（劳动力密集型产品）的比较优势。在没有贸易的情况下，国家Ⅱ国内市场上商品 C 的销售价格低于国际市场。在图 2-8 中，这一价格假定为 500 元（单价）。而国际市场上商品 C 的价格则高于 500 元（假设为 1000 元）。在自由贸易的情况下，国家Ⅱ的商品 C 生产者会发现将商品 C 卖到国外可以比在国内销售赚更多的钱，于是，大批商品 C 会出口。商品 C 出口的结果使得原来供求均衡的国内商品 C 市场出现短缺，从而造成国内市场上商品 C 的价格上涨。这种因出口导致出口行业产品价格上涨的趋势会一直延续下去直到跟国际市场的价格一致。当国内商品 C 市场价格跟国际市场一致时，对商品 C 生产者来说，在国内销售和出口到国外就没有什么区别了，一部分商品 C 就会在国内销售以满足国内市场的需要。商品 C 不再继续外流，国内市场短缺的现象也会消失，价格也就稳定下来，新的国内市场上商品 C 的价格比没有贸易时要高。

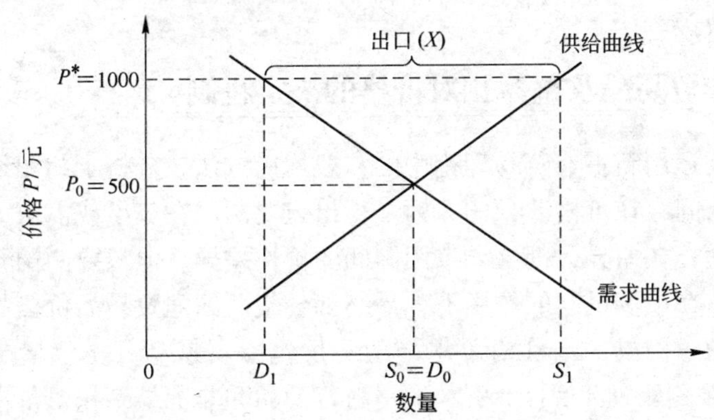

图 2-8 出口对一国出口行业商品价格的影响

国家Ⅱ商品 C 价格上涨的幅度也取决于该国在商品 C 国际市场上的地位。如果国家Ⅱ是商品 C 的生产和出口“大国”，其国内市场上商品 C 的价格涨幅会小一点。因为商品 C 的国际市场价格会由于国家Ⅱ的大量出口而有所下降，新的国际均衡价格会低于原来的 1000 元。假设这一新的国际市场价格是 800 元，即商品 C 的国内市场价格从 500 元上升到 800 元。但如果国家Ⅱ是商品 C 出口的“小国”，即无论国家Ⅱ出口多少，对国际市场来说无足轻重，那么，商品 C 的国际市场价格仍是 1000 元，国家Ⅱ的国内市场价格也会最终涨到 1000 元。

以上借助新古典贸易理论，从静态的总体均衡与局部均衡两方面阐述了国际贸易促使国家间贸易品价格趋于收敛的机理。从以上分析可知，无论哪种情况，只要国家间开展自由贸易，在市场机制的作用下，最终都会使国家间贸易品价格趋于一致。当然，在理论分析中为了简化起见，事先设定了诸多假设，比如忽略交易费用、运输费用，国家间不存在各种形式的贸易壁垒等。在现实世界中，即使放松了这些假设，也会得出相似的分析结果。区别也主要在于理论分析中得出的是国家间贸易品价格趋于一致，而放松假设后也会得出价格趋于收敛的相同结论，只不过不再是各国贸易品价格完全趋于相同的结论罢了。总之，国家间自由贸易的开展，势必会促使贸易国间的贸易品价格趋于收敛。

2.2 非贸易品及整体相对价格的决定机制

前文运用新古典贸易理论中的一般均衡方法，分析了封闭经济条件下国家间存在价格差异的原因，得出只要两国在供给或需求或要素禀赋方面存在差异，都会导致两国间的价格差异。但只要两国开展自由贸易，在市场机制的作用下，最终都会使两国间贸易品价格趋于一致。然而，构成一国价格总水平的不仅包括贸易品，还包括非贸易品。因而一国总的相对价格水平是由贸易品和非贸易品相对价格水平综合决定的。在封闭和开放经济条件下，一国贸易品价格水平的决定机制在 2.1 节已进行了分析。分析结论显示，在开放经济条件下，各国间的贸易品价格将趋于一致，即在忽略运输成本和关税等因素的情况下一价定律成立。那么，在开放经济环境下，非贸易品价格就成为决定一国相对价格总水平的关键因素。本节将就封闭和开放经济条件下，一国非贸易品价格的决定机制展开讨论，从而完成一国相对价格总水平决定机制的讨论。

2.2.1 劳动生产率对相对价格的影响

关于一国劳动生产率如何影响其商品相对价格的系统论述，可追溯到19世纪的古典贸易理论。作为古典贸易理论的代表人物，李嘉图（Ricardian）在其1817年出版的《政治经济学及赋税原理》一书中，提出了著名的比较优势贸易理论，首次系统地从供给方面阐述了一国劳动生产率对其商品相对价格水平的影响，但李嘉图并未专门针对非贸易品的价格决定进行系统论述。Harrod（1933）较早地注意到这一问题，Balassa（1964）、Samuelson（1964）以及Kravis et al（1982）则分别给出了较为系统的论述。其主要观点如下：首先假定一价定律对于贸易品成立，即各国贸易品价格相同。由于各国在贸易品部门的劳动生产率不同，导致各国贸易品部门劳动力的工资水平不同，即劳动生产率水平越高，工资水平越高。在每一个国家内部，其非贸易品部门（主要是服务提供部门）劳动力的工资水平由贸易品部门劳动力工资水平决定，即在一个国家内部，因劳动力可以自由流动，使得非贸易品部门劳动力工资水平与贸易品部门劳动力工资水平相同。尽管各国在非贸易品部门的劳动生产率水平差距不大，但由于非贸易品部门劳动力工资水平由贸易品部门劳动力工资水平决定，所以在贸易品部门劳动生产率水平较低的低收入国家，其贸易品及非贸易品部门劳动力工资水平都比较低。由于非贸易品（主要是服务）的价格主要取决于劳动力价格，所以低收入国家的非贸易品价格较低。在贸易品部门拥有较高劳动生产率水平的高收入国家，其贸易品和非贸易品部门都具有较高的劳动工资水平，非贸易品部门较高的劳动力工资水平导致其相应较高的非贸易品价格。

Harrod（1933）、Balassa（1964）、Samuelson（1964）以及Kravis et al（1982）等虽然注意到劳动生产率对非贸易品价格的影响，并进行了较为系统的论述，但并未给出较为严谨的论证。Bhagwati（1984）通过建立一个两国、两要素的一般均衡模型，给出了更为严谨的论证，其主要论证过程如下：

假设世界上只有两个国家，一个是富国R，一个是穷国P。两国生产都使用两种生产要素（资本K和劳动L）生产三种商品X、Y和

S，其中 X 和 Y 是贸易品，S 是非贸易品。右下标 R 和 P 分别代表富国和穷国，例如 X_R 表示富国生产的商品 X。模型假定如下：（1）两国各项生产活动具有相同的资本劳动比 K/L 和相同的工资租金比 ω；（2）两国各项生产中规模报酬不变。

富国贸易品部门劳动生产率高于穷国，设富国贸易品部门劳动生产率为穷国的 λ 倍，且 $\lambda>1$。则两国两要素经济的一般均衡状况如图 2-9 所示。图中纵坐标为生产要素 K，代表资本要素，横坐标为生产要素 L，表示劳动要素。X 和 Y 是两种贸易品，S 是非贸易品，如服务。ω 表示两国相同的工资-租金价格线。两国各项生产活动规模报酬不变的假设条件成立。两国共同的工资-租金价格线 ω 与相应的等产量线相切，并由此定义相应的商品价格向量 $\overline{X}_R$、$\overline{Y}_R$、$\overline{S}_R$、$\overline{X}_P$、$\overline{Y}_P$ 与 $\overline{S}_P$。很显然，由于图中的等产量线与富国和穷国相同的要素价格线 ω 相切，所以 $p_X\overline{X}_R=p_Y\overline{Y}_R=p_S\overline{S}_R$，因此可得到 $p_X/p_Y=\overline{Y}_R/\overline{X}_R$ 等数量关系式。由于富国贸易品部门劳动生产率是穷国的 λ 倍，如图 2-9 所示，$\overline{X}_R=\lambda\overline{X}_P$，$\overline{Y}_R=\lambda\overline{Y}_P$，自由贸易使得两国贸易品价格相同，所以可得到 $\lambda\overline{Y}_P/\lambda\overline{X}_P=p_X/p_Y$。又因为两国非贸易品部门劳动生产率相同，因此，富国与穷国开展贸易的结果将导致 $\overline{S}_R=\lambda\overline{S}_P$，因 $\lambda>1$，所以 $\overline{S}_R>\overline{S}_P$，即拥有较低劳动生产率的低收入国家的非贸易品相对价格低于拥有较高劳动生产率的高收入国家，若各国贸易品价格相同，则一国整体相对价格水平就取决于该国的劳动生产率水平。一国劳动生产率水平越高，则其相对价格水平也就越高。

上述内容就是著名的巴拉萨-萨缪尔森效应（BS 效应）理论关于国家间静态相对价格决定机制的解释，对于一国非贸易品及总体相对价格水平随劳动生产率变化而变化的动态变动机制，BS 效应理论一般作如下解释：

为了便于论证，假设一价定律对贸易品成立。在一个快速增长的经济中，劳动生产力的增长倾向于集中在贸易品部门。这将导致贸易品部门工资上涨，而不必然引起物价的上涨。因此，由于名义汇率不变，贸易品价格仍然不变，一价定律继续成立。由于劳动力在贸易品

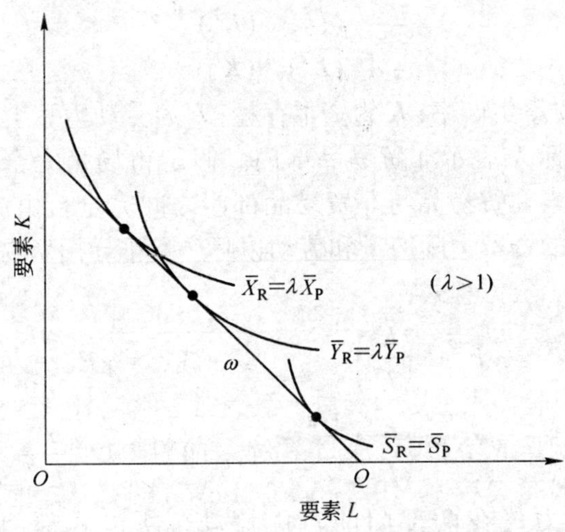

图 2-9 劳动生产率差异导致相对价格差异的一般均衡分析

部门和非贸易品部门是自由流动的，非贸易品部门劳动力也要求工资相应上升，但非贸易品部门劳动生产率增长相对缓慢，于是非贸易品部门劳动力工资上涨将通过非贸易品价格上升来实现，这就会导致总物价水平上升。因为一价定律对贸易品成立，名义汇率不变时，物价总水平上升意味着本国货币实际汇率就会相对于外国货币升值（本国相对价格水平上升）。从另一个角度理解，则意味着如果一国可贸易品部门和不可贸易品部门生产率增速之比快于外国，则贸易品生产率增长相对较快的国家就会出现物价水平相对更快的上涨。

对于 BS 效应中相对价格的动态变化，Harrod（1933）与 Samuelson（1964）等人只是阐述了该效应的原理和基本表现特征，Balassa（1964）也只是通过实证分析对 BS 效应进行阐述。Rogoff（1996）则在一般均衡分析的框架下，以完美竞争、资本在国际间完全自由流动、生产要素在国内各部门间自由流动而跨国间不能自由流动以及贸易品部门一价定律成立等为前提假设，基于贸易品部门与非贸易品部门的生产函数，构造了一个小型开放经济的 BS 效应数理模型，给出了 BS 效应的微观数理证明，其主要推导过程如下：

假设贸易品部门与非贸易品部门的生产函数形式如下：

$$Y^T = A^T (L^T)^{\gamma} (K^T)^{1-\gamma} \tag{2-1}$$

$$Y^N = A^T (L^N)^{\theta} (K^N)^{1-\theta} \tag{2-2}$$

式中，A 为全要素生产率；K 为资本存量；L 为劳动力；上标 T 表示贸易品部门；上标 N 表示非贸易品部门。假定市场是完全竞争的，资本与劳动力要素在贸易品与非贸易品部门之间完全自由流动。由此，可以用两部门的资本边际产量和劳动边际产量推导出贸易品部门与非贸易品部门的工资方程式：

$$W^T = \gamma P^T A^T \left(\frac{K^T}{L^T}\right)^{1-\gamma} \quad 或 \quad W^T = \gamma P^T \frac{Y^T}{L^T} \tag{2-3}$$

$$W^N = P^N \theta A^N \left(\frac{K^N}{L^N}\right)^{1-\theta} \quad 或 \quad W^N = \theta P^N \frac{Y^N}{L^{NT}} \tag{2-4}$$

由于劳动力可在两部门间自由流动，所以两部门工资相等，$W^T = W^N$。则由式 2-3 和式 2-4 可以得到：

$$\frac{P^N}{P^T} = \frac{\partial Y^T / \partial L^T}{\partial Y^N / \partial L^N} = \frac{\gamma}{\theta} \times \frac{Y^T / L^T}{Y^N / L^N} \tag{2-5}$$

或写成对数形式，小写字母表示对数，劳动生产率的对数用 alp 表示：

$$p^N - p^T = \lg\left(\frac{\gamma}{\theta}\right) + alp^T - alp^N \tag{2-6}$$

式 2-6 表示非贸易品与贸易品的相对价格，取决于贸易品部门与非贸易品部门的相对劳动生产率，贸易品部门相对于非贸易品部门的劳动生产率越高，非贸易品相对于贸易品的相对价格也就越高。

式 2-6 对外国也同样成立，于是可以得到：

$$\frac{P^N}{P^T} \Big/ \frac{P^{N*}}{P^{T*}} = \frac{\gamma}{\theta} \times \frac{Y^T / L^T}{Y^N / L^N} \Big/ \left(\frac{\gamma^*}{\theta^*} \times \frac{Y^{T*} / L^{T*}}{Y^{N*} / L^{N*}}\right) \tag{2-7}$$

式中，右上角带 * 号的字母表示外国变量。式 2-7 表示本国与外国非贸易品与贸易品相对价格的比值，取决于本国贸易品部门与非贸易品部门相对劳动生产率，相对于外国两部门相对劳动生产率的高低，即“相对的相对”。式 2-7 具体体现了 BS 效应的实质：非贸易品相对价格的变化仅由经济的生产面决定，需求因素在长期内并不对其产生影响。假设外国两部门的相对劳动生产率不变，如果本国与外国的资本与劳动的密集程度在贸易品部门和非贸易品部门是相同的，即 $\gamma=\theta$，$\gamma^*=\theta^*$，那么，本国非贸易品相对价格的变化恰好等于本国两部门之间相对劳动生产率的变化。只要本国贸易品部门劳动生产率比非贸易品部门提高得更快（通常体现为本国更快的经济增长），那么本国非贸易品价格相对于贸易品价格将出现更快的上涨，贸易品价格由国际市场决定，符合一价定律，国内外贸易品价格相同，而本国非贸易品价格比外国上涨幅度大，将导致本国整体相对价格的上升。如果本国相对于外国在非贸易品部门比贸易品部门具有更高的劳动密集程度，即 $\frac{\gamma}{\theta}>\frac{\gamma^*}{\theta^*}$，那么，即使本国两部门的劳动生产率平衡增长，本国非贸易品的相对价格也会上升，由此带动整个物价水平上升。

2.2.2 要素禀赋对相对价格的影响

虽然 Bhagwati（1984）运用一般均衡分析方法，论证了一国贸易品部门相对劳动生产率对其非贸易品相对价格的决定机制，但同时 Bhagwati（1984）也注意到其一般均衡分析框架中暗含的两个前提假设，即富国与穷国各生产活动中的工资-租金比率 ω 以及资本与劳动要素比率 K/L 均相同，可能在现实世界中并不成立。比如通常穷国比富国拥有更低的资本-劳动要素比 K/L，这就会导致图 2-9 中穷国的 $\overline{X}$ 与 $\overline{Y}$ 等产量线向右移动。此外，由于通过穷国向富国购买技术、富国对穷国的直接投资等渠道，使得贸易品生产部门中富国向穷国的技术渗透非常显著，因而图 2-9 中的参数 λ 可能变得不再那么重要。于是，Bhagwati（1984）又建立了一个要素禀赋决定一国非贸易品相对价格水平的一般均衡分析框架，如图 2-10 所示。

Bhagwati（1984）假设富国与穷国在每个产业拥有相同的生产函数，即假定富国与穷国间不存在劳动生产率差异。令 ω_R 表示富国的工资-租金比，ω_P 为穷国的工资-租金比。如果穷国也拥有与富国相同的工资-租金比，穷国总的要素禀赋比 $(\overline{K}/\overline{L})_P$ 将在 OA 与 OC 之间

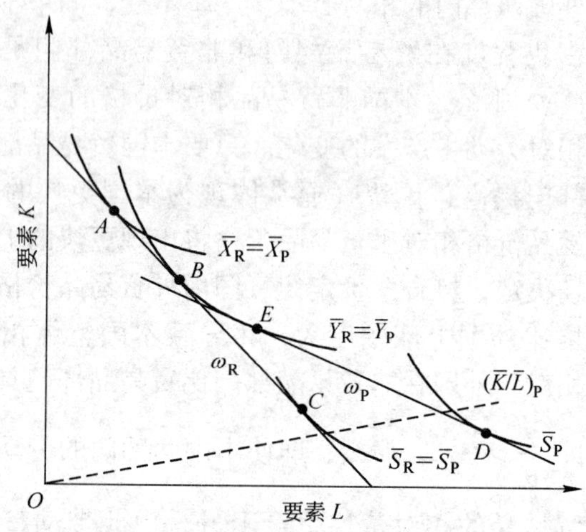

图 2-10　要素禀赋差异导致相对价格差异的一般均衡分析

取值。图中 AOC（图中未画出）表示 McKenzie-Chipman 多样化锥形。但实际情况是穷国往往拥有丰裕的劳动要素，因而穷国的工资-租金比 ω_P 低于富国的 ω_R 。对应地，在图 2-10 中，穷国工资-租金价格线 ω_P 比富国的更低更平缓。导致穷国的要素禀赋比 $(\overline{K}/\overline{L})_P$ 位于多样化锥形 AOC 之外。此结果导致穷国不再以由富国给出的商品价格比（$\overline{X}_R = \overline{Y}_R$）生产 X，此时 $\overline{Y}_P$ 将不再交换 $\overline{S}_P$ ，而是 $\widetilde{S}_P$ 。穷国 K/L 的选择范围将位于 OE 和 OD 之间，此时穷国的多样化锥形为 EOD ，由于 $\widetilde{S}_P > \overline{S}_P$ ，所以可以得出穷国服务品的相对价格较低的结论。

2.2.3　经济结构对相对价格的影响

关于开放经济条件下经济体相对价格决定机制的解释，除了劳动生产率差异说和要素禀赋差异说等主流观点之外，还存在许多基于不同视角的观点，其中经济结构差异说基于发展中国家的经济发展实践，认为发展中国家普遍存在的二元经济结构和隐性失业，是造成发展中国家相对价格偏低的原因之一，对于解释欠发达经济体的相对价格长期行为提供了一个新的思路。本书借助王泽填等（2009）所建立的一个理论模型对此加以说明。

该模型包含三个部门：贸易品部门（T）、非贸易品部门（N）和农业部门（A）。为了便于推导，假定农业部门自给自足，即农业部门不需要向贸易品部门与非贸易品部门购买产品。劳动力是各部门唯一的生产要素，且要素投入的边际收益递减，三部门的生产函数如式 2-8 所示：

$$Y_A = A_A L_A^{\mu} \quad Y_T = A_T L_T^{\alpha} \quad Y_N = A_N L_N^{\beta} \tag{2-8}$$

式中，$0<\mu, \alpha, \beta<1$；Y_i、A_i 和 L_i 分别表示部门 i 的产出、劳动生产率和劳动力数量。

生产者在其生产技术条件下追求利润最大化，使得工资水平等于劳动的边际产出，如式 2-9 所示：

$$W = \mu P_A A_A L_A^{\mu-1} = \alpha P_T A_T L_T^{\alpha-1} = \beta P_N A_N L_N^{\beta-1} \tag{2-9}$$

对上式两边求对数，可得：

$$w = \ln\mu + a_A + p_A - (1-\mu)\ln L_A \tag{2-10}$$

$$w = \ln\alpha + a_T + p_T - (1-\alpha)\ln L_T \tag{2-11}$$

$$w = \ln\beta + a_N + p_N - (1-\beta)\ln L_N \tag{2-12}$$

式中，w 为工资 W 的对数；a_i 为 A_i 的对数；p_i 为部门 i 的价格水平 P_i 的对数。假定贸易品和农产品价格符合一价定律，则贸易品价格与农产品价格均为常数。

模型最主要的假设是经济体存在隐性失业，且隐性失业只存在于农业部门。这一假定基本符合发展中经济体的普遍现实状况。基于这一假设，该经济体贸易品部门与非贸易品部门劳动力数量的增加可以通过减少隐性失业率来实现。令 M 代表从农业部门转移出去的劳动力数量。该转移劳动力也可能仅仅是季节性转移，当非农业部门劳动力需求增加时，该部分劳动力从农业部门转移出去，当非农业部门的劳动力需求下降时，该部分劳动力又从非农业部门回到农业部门从事农业生产。显然，M 是城市部门就业需求（$L_T + L_N$）的函数，（$L_T + L_N$）越大，M 就越大，即：

$$M = g(L_T + L_N) \tag{2-13}$$

$$g'(L_T + L_N) > 0$$

留在农业部门从事农业生产的劳动力数量是：

$$L_{\mathrm{A}} = \pi r PO - M \tag{2-14}$$

式中，r 为农村人口比重；PO 为人口总数；π 为农村劳动力占农村人口比重。农村劳动力占农村人口的比重基本上是一个常数，因此，r 就成为模型的一个关键参数：在给定的技术水平条件下，农村人口比重越大，隐性失业人口就越多。

令 C_{A}、C_{T} 与 C_{N} 分别代表消费者对农产品、贸易品与非贸易品的消费量，假设消费者效用函数的形式如下：

$$U(C_{\mathrm{A}}, C_{\mathrm{T}}, C_{\mathrm{N}}) = C_{\mathrm{A}}^{\gamma} C_{\mathrm{T}}^{\mu} C_{\mathrm{N}}^{1-\mu-\gamma} \tag{2-15}$$

根据上式，可以得出消费者对非贸易品的需求函数为：

$$c_{\mathrm{N}} = \ln(1-\mu-\gamma) + \ln I - p_{\mathrm{N}} \tag{2-16}$$

式中，c_{N} 是 C_{N} 的对数；I 表示消费者的收入。

由于假定农业部门是自给自足部门，所以 $I = (P_{\mathrm{T}}A_{\mathrm{T}}L_{\mathrm{T}}^{\alpha} + P_{\mathrm{N}}A_{\mathrm{N}}L_{\mathrm{N}}^{\beta})$，根据式 2-9，$I$ 可以表示成如下形式：

$$I = \frac{WL_{\mathrm{T}}}{\alpha} + \frac{WL_{\mathrm{T}}}{\beta} \tag{2-17}$$

因为非贸易品的需求必然等于供给，根据式 2-8，可得如下关系式：

$$c_{\mathrm{N}} = a_{\mathrm{N}} + \beta \ln L_{\mathrm{N}} \tag{2-18}$$

式 2-12 两边对 a_{T} 求导可得：

$$\frac{\partial p_{\mathrm{N}}}{\partial a_{\mathrm{T}}} = \frac{\partial w}{\partial a_{\mathrm{T}}} + \frac{1-\beta \partial L_{\mathrm{N}}}{L_{\mathrm{N}} \partial a_{\mathrm{T}}} \tag{2-19}$$

式 2-19 以及式 2-10～式 2-18 的相互关系说明，贸易品部门劳动生产率提高可以通过两个效应影响非贸易品价格：一是工资效应，即式 2-19 的第一项，其机制为“贸易品部门生产率提高→贸易品部门工资水平提高→非贸易品部门工资水平随之提高→非贸易品价格上涨”；二是财富效应，即式 2-19 的第二项，其机制为“贸易品部门生产率提高→总收入增加→消费者对非贸易品的需求增加→非贸易品价格上涨”。

可以证明：

$$\frac{1-\beta}{L_{\mathrm{N}}} \times \frac{\partial L_{\mathrm{N}}}{\partial a_{\mathrm{T}}} = \frac{1-\beta}{1-\alpha}\left(1-\frac{\partial w}{\partial a_{\mathrm{T}}}\right) \tag{2-20}$$

式2-20说明，工资效应越大，则收入效应就越小。将式2-20代入式2-19可得：

$$\frac{\partial p_{\mathrm{N}}}{\partial a_{\mathrm{T}}}=\frac{1-\beta}{1-\alpha}+\frac{\beta-\alpha}{1-\alpha}\times\frac{\partial w}{\partial a_{\mathrm{T}}} \tag{2-21}$$

由于α和β是常数，所以式2-21的含义是，非贸易品价格上涨的幅度唯一取决于工资水平随贸易品部门生产率提高而提高的幅度。一般而言，非贸易品主要集中于服务品，而贸易品主要集中于制造业产品，所以非贸易品部门的劳动密集度较高，即$\beta>\alpha$。由此，工资水平提高的幅度越大，非贸易品价格上涨的幅度也就越大。另外，可以证明：

$$\frac{\partial w}{\partial a_{\mathrm{T}}}=\frac{(1-\mu)g'(L_{\mathrm{T}}+L_{\mathrm{N}})(L_{\mathrm{T}}+L_{\mathrm{N}})}{(1-\alpha)(\pi rPO-M)+(1-\mu)g'(L_{\mathrm{T}}+L_{\mathrm{N}})(L_{\mathrm{T}}+L_{\mathrm{N}})} \tag{2-22}$$

显然，$\frac{\partial w}{\partial a_{\mathrm{T}}}>0$，因此$\frac{\partial p_{\mathrm{N}}}{\partial a_{\mathrm{T}}}>0$。然而，从式2-22可以看出，农村人口比重越大，$\frac{\partial w}{\partial a_{\mathrm{T}}}$就越小。这是由于农村人口比重越大，隐性失业就越严重，农业部门的边际产出就越低，从农业部门向非农业部门转移相同数量的劳动力所引起的工资上涨幅度就越小，非贸易品价格上涨幅度就也越小，从而经济体整体相对价格水平上涨幅度越小。或表述为其他条件相同的前提下，一个经济体农村人口比重越大，其相对价格水平就越低。

2.3 购买力平价理论

作为关于国家间价格关系的基础理论，购买力平价思想最早由16世纪的萨拉曼卡学派（School of Salamanca）提出，并由瑞典经济学家卡塞尔（Cassel）于1918年基于一价定律给出了购买力平价的现代形式。此后，购买力平价理论内容不断扩展，形成了包含绝对购买力平价与相对购买力平价两大基本内容的专门化理论体系。购买力平价理论一经产生，便成为经济学众多领域的一个研究热点，并一直持续到当代。尽管针对购买力平价理论的质疑始终不断，实证研究领域也缺乏支持购买力平价理论成立的广泛证据，但作为关于国家间相对价格或实际汇率的专门理论，其基础地位依然被广泛认可。基于传统购买力平价理论的一些扩展理论，如动态购买力平价理论等的提出，是对传统购买力平价理论的有益完善和补充，赋予了购买力平价理论新的生命力。下面对购买力平价理论的主要内容分别加以阐述。

2.3.1　一价定律

一价定律（Law of One Price，简称 LOOP）由瑞典经济学家卡塞尔于 1918 年正式提出。一价定律的主要内容是：对于竞争性市场而言，在假定不存在交易成本以及关税等官方贸易壁垒的条件下，某种商品在不同国家的售价如果折算为同一种货币，其价格应当是相同的。比如，如果美元与人民币的市场汇率为 1 美元兑换 6 元人民币，那么一件 T 恤衫在中国售价为 60 元人民币的话，其在美国的售价应该是 10 美元，即在中国以人民币标示的售价（60 元人民币）折算成美元标价，应该与其在美国以美元标价的售价（10 美元）相同。

上述含义的一价定律可表示为：

$$P_{i,\ t} = S_t P_{i,\ t}^{*} \quad (i = 1,\ 2,\ \cdots,\ N) \tag{2-23}$$

式中，$P_{i,\ t}$ 表示商品 i 在 t 时刻用本国货币表示的价格；$P_{i,\ t}^{*}$ 表示商品在 t 时刻用外国货币表示的价格；S_t 是在 t 时刻用本国货币表示的外国货币的名义汇率（即直接标价法的名义汇率）。

很显然，一价定律是建立在国际间商品同质性、忽略运输成本、不存在关税及非关税壁垒等无摩擦的商品套利思想基础上的。基于该前提假设，同种商品在不同国家间的任何价格差异都会因贸易商的商品套利活动而消除，然而现实世界中各种形式的关税、运输费用、非关税壁垒、非充分竞争市场的存在以及厂商的市场歧视与市场定价行为的客观存在等，使得一价定律在现实世界中无法普遍成立。尽管如此，一价定律的提出为从价格与汇率两个方面全面理解国别间的相对价格问题奠定了基石。

根据新古典贸易理论的相关内容，贸易品的一价定律思想与开放经济条件下国家间贸易品价格的一般均衡分析结果相一致，是建立在经济学基本原理基础之上的。

2.3.2 绝对购买力平价理论

绝对形式的购买力平价理论是由一价定律衍生出来的。绝对购买力平价理论认为，如果每种个体商品符合一价定律，并且个体商品在各国的权数相同，那么用总价格水平表示的各国货币也应具有相同的购买力，这就是购买力平价的绝对形式：

$$\sum_{i=1}^{N} \alpha_i P_{i,\ t} = S_t \sum_{i=1}^{N} \alpha_i P_{i,\ t}^* \tag{2-24}$$

式中，$P_{i,\ t}$ 为商品 i 在 t 时期用本国货币表示的价格；$P_{i,\ t}^*$ 为商品在 t 时期用外国货币表示的价格；S_t 为在 t 时刻用本国货币表示的外国货币的名义汇率（直接汇率）。α_i 为个体 i 的权重，权重总和满足 $\sum_{i=1}^{N} \alpha_i = 1$。或表示为如下形式：

$$P_t = S_t P_t^* \tag{2-25}$$

式中，P_t 为本国在 t 时期的一般物价水平；P_t^* 为外国在 t 时期的一般物价水平。可见，根据绝对购买力平价的含义，如果转换为同一种货币，各国货币应该具有相同的购买力，其暗含着用名义汇率转换为同一种货币去衡量，各国价格总水平应该相同。或者说，本国货币在国内的购买力，与用名义汇率衡量的其在外国的购买力相等时，绝对购买力平价才成立。比如存在相同可比的一揽子商品与服务，在美国购买需要 100 美元，在中国购买需要 600 元人民币，若此时美元与人民币的市场名义汇率为 1 美元兑换 6 元人民币，则意味着人民币与美元具有相同的购买力，绝对形式的购买力平价成立。

对式 2-25 两边取对数，可得到对数形式的绝对购买力平价：

$$s_t = p_t - p_t^* \tag{2-26}$$

在个体权重相同的假定下由一价定律直接扩展得到的绝对购买力平价，与一价定律一样受到诸如完全竞争、商品同质、忽略运输成本以及不存在关税壁垒等理想假定的制约，其成立条件过于严格，而现实世界对上述假设的违背，使得绝对形式的购买力平价实际上难以成立。相对而言，在绝对购买力平价基础上提出的相对购买力平价理论的前提则较为宽松，也更接近现实。

2.3.3 相对购买力平价理论

绝对购买力平价从不同国家货币应当具有相同绝对购买力的角度阐释汇率与价格水平之间的关系，要求不同国家的货币在同一时间具有相同购买力，而相对购买力平价并不要求这一点。相对购买力平价的中心思想是本国货币较外国货币汇率的变动，取决于本国与外国一般物价水平的相对变动，即报告期本国货币汇率（直接汇率）相对于基期的变动方向，与本国一般物价水平相对于外国的变动方向相同，与外国相对于本国的一般物价水平变动方向相反。具体而言，若报告期本国一般物价水平较基期的上涨幅度高于外国，则报告期本国货币汇率较基期会出现贬值（直接汇率法标示的汇率数值表现为上升，即一单位外国货币兑换本国货币的数量增加）。如果报告期外国一般物价水平较基期的上涨幅度高于本国，则本国货币会相应升值（直接汇率法标示的汇率数值表现为下降，即一单位外国货币兑换本国货币的数量减少）。相对购买力平价的一般形式可用下式表示：

$$\frac{p_t}{p_0} = \frac{s_t p_t^*}{s_0 p_0^*} \tag{2-27}$$

式中，p_0、p_t 分别为本国基期与报告期的物价总水平；p_0^*、p_t^* 分别为外国基期与报告期的物价总水平；s_0、s_t 分别为基期与报告期用本国货币表示的外国货币的名义汇率（直接汇率）。

对式 2-27 两边取对数，可得到对数形式的相对购买力平价：

$$s_t = p_t - p_t^* + k \tag{2-28}$$

式中，$k = \ln(s_0 p_0^* / p_0)$。比较式 2-26 与式 2-28 可以看出，绝对购买力平价对应着相对购买力平价 $k = 0$ 的特殊情形，因此相对购买力平价弱化了绝对购买力平价。相对购买力平价的成立并不要求绝对购买力平价成立。

对式 2-28 求一阶差分，可得到一阶差分形式的相对购买力平价：

$$\Delta s_t = \Delta p_t - \Delta p_t^* \tag{2-29}$$

一阶差分形式的相对购买力平价对相对购买力平价含义的阐释更为明显，即名义汇率的变动与本国物价水平的变动成正比，与国外物价水平的变动成反比❶。

相对购买力平价理论隐含的前提假设是市场出清、经济达到均衡状态以及基期汇率为均衡汇率等。从相对购买力平价的内涵来看，其考虑到了商品不同质、运输费用以及贸易壁垒的存在等客观现实，因而不要求两国间物价水平相同，侧重点在于揭示两国相对物价水平变动对名义汇率的影响。由于其约束条件少、更接近现实状况，所以更便于进行实证检验，因而近些年来国际上关于购买力平价理论的讨论大多集中于相对购买力平价。

与绝对购买力平价形式相比，尽管相对购买力平价条件已经放松了许多，但其多个方面依然存在缺陷，此处仅就其中之一加以说明。以一阶差分形式的购买力平价（式 2-29）为例，相对购买力平价理论要求本国名义汇率与本国物价水平成正比，而与国外物价水平的变动成反比。即使再进一步放松限制，不再要求式 2-28 中 p_t 与 p_t^* 系数分别为 1 和−1 的比例性条件，相对购买力平价理论依然要求本国名义汇率与本国物价水平同方向变动，而与国外物价水平反方向变动。然而事实上，在一个经济体内部，不同商品和服务价格变动幅度往往存在差异，尤其当一国贸易品部门与非贸易品部门价格变动幅度不一致时，相对购买力平价便可能不再成立。举一个特殊的例子，如果本国物价水平上涨完全由非贸易品部门推动，而贸易品部门价格没有变动。此时，由于本国贸易品价格没有发生变动，在贸易品一价定律机制作用下，本国名义汇率将保持不变，相对购买力平价不再成立。因而，只有在一国贸易品部门与非贸易品部门价格水平基本保持同幅度变动的情况下，才具有相对购买力平价所要求的基础条件。因此在实证检验中，支持相对购买力平价成立的证据多来自经济发展水平较为接近的发达国家，而针对经济发展水平存在较大差异的国家，以及经济增长幅度存在显著差异的国家，实证结果往往普遍不支持相对购买力平价成立。更为明显地，在巴拉萨-萨缪尔森效应显著发挥作用的场合，便意味着对购买力平价的系统偏离。

---

❶ 实证检验中还往往进一步弱化相对购买力平价的约束条件，如不要求式 2-28 中 p_t 与 p_t^* 系数分别为 1 和−1 的比例性条件。

至于动态购买力平价理论[1]，因其内容表述上更多地体现为巴拉萨-萨缪尔森效应的变形，并不具备相对独立和严谨的理论体系，此处不再单独表述。

2.4 本章小结

本章对国家间相对价格的有关理论进行了系统阐述。首先是对国家间贸易品相对价格决定机制理论的讨论。根据新古典贸易理论，需求或供给差异的存在会导致封闭条件下国家间价格差异的产生。在开放经济条件下，国家间的自由贸易会促使国家间贸易品价格趋同或差异趋于缩小。其次，通过一般均衡分析及其数理推导，阐述了生产率、要素禀赋及经济结构差异都可能导致经济体间的相对价格差异。一般来说，经济体生产率水平越低、要素禀赋中资本越稀缺、经济二元化程度越高，其非贸易品及整体相对价格也就越低，反之则越高。第三，对国际相对价格的专门理论——购买力平价理论进行了介绍和评述，指出因存在偏离现实的诸多限制条件，购买力平价理论在现实中缺乏普遍成立的基础。

[1] 动态购买力平价理论的相关内容，可参考吴俊（2005）和郑超愚（2007）等的文献。

3 国际相对价格的收敛性分析

第二次世界大战结束后，国际政治经济新秩序得以建立。尽管东西方两大阵营的冷战曾长期存在，局部战乱与纷争间歇上演，但和平与发展的大环境一直得以持续。全球经济虽然历经波折，但在整体上依然取得了长足发展。第二次世界大战后全球经济一体化进程加快，经济交往的广度与深度不断拓展。在这样一种大背景下，全球相对价格体系呈现怎样的变动特征？不同类别经济体以及不同发展阶段的经济体的相对价格变化又具有哪些类别特征？其背后隐含着怎样的变动机理？本章将围绕上述问题展开分析。

本章思路与内容安排如下：首先考察第二次世界大战后全球相对价格变迁的基本趋势特征，并对全球相对价格的 σ 与 β 收敛特征进行考察；其次对不同收入组别经济体相对价格变迁的基本趋势特征及 σ 与 β 收敛特征进行考察，以反映不同发展阶段经济体相对价格变动的类别特征；最后就第二次世界大战后全球相对价格变动特征进行总结。

3.1 基本概念、数据来源及样本说明

3.1.1 基本概念

3.1.1.1 收敛的含义

经济学意义上的收敛（Convergence）通常是指经济体之间某项经济指标（如人均收入）数值的差异随时间趋于缩小的现象，即表现为各经济体某项经济指标数值趋同的现象。

3.1.1.2 收敛的种类

经济研究中的收敛通常包括以下三种类型：

（1）σ 收敛（Sigma Convergence）。σ 收敛是指经济体横截面数据的离散程度随时间的推移出现下降的现象。通常用方差、标准差或离散系数作为经济体横截面数据离散程度的度量指标。如果某些经济

体的人均收入横截面数据的离散程度随时间推移而减小，就称这些经济体存在人均收入的 σ 收敛。由于方差与标准差的大小受到变量数量水平大小的影响，因此为消除这种影响，本书采用经济体相对价格的离散系数（相对价格标准差与相对价格平均值的比值）来度量经济体间的相对价格离散程度。

（2）β 收敛（Beta Convergence）。β 收敛是指经济体某项经济指标初始水平高低与其后续增长率呈反向变动关系的现象。仍以人均收入为例来说明，若那些初始人均收入较高的经济体后续经历较低的人均收入增长率，而那些初始人均收入较低的经济体后续经历较高的人均收入增长率，则称这些经济体的人均收入具有 β 收敛特征。

（3）俱乐部收敛（Club Convergence）。俱乐部收敛通常是指那些结构特征相似或初始水平相近的经济体（经济俱乐部）的某些经济指标（如人均收入水平）在长期发展中表现出来的收敛现象。

3.1.2　数据来源

美国宾夕法尼亚大学国际比较中心编制发布的《Penn World Table 7.0》（宾州大学世界表）提供了全球绝大多数经济体自 1950 年以来有关国际比较数据的时间序列数据，是迄今为止最权威、最全面的数据之一，在国际比较等方面被广泛应用。除另有说明外，本章主要变量如相对价格、相对人均 GDP 等数据均来源于宾夕法尼亚大学国际比较中心发布的《Penn World Table 7.0》（宾州大学世界表 7.0 版）。其中各经济体 GDP 等经济总量以及人均 GDP 等数据均为购买力平价数据。

3.1.3　样本说明

《Penn World Table 7.0》涵盖了全球大大小小 190 个经济体，除朝鲜等有限几个经济体以外，全球绝大多数经济体都包括在内。由于本研究的目的在于探究经济发展过程中相对价格变动的普遍性规律，所以在样本选择上要求所选样本应该能够代表第二次世界大战后全球经济的主流趋势。根据这一指导思想，显然某些经济体不适于纳入样本，比如经历长期战乱、经济仍处于赤贫状态的索马里，其 2009 年 PPP 法人均 GDP 仅为 512 美元。同处非洲南部的津巴布韦 2009 年

PPP 法人均 GDP 只有 167 美元。此类经济体由于受长年战乱等因素的影响，经济发展水平低下，非经济因素对货币汇率和物价的影响过大，其相对价格变动难以反映市场经济的一般规律。此外，人口规模过小的经济体的相对价格也容易受其他因素的影响。因此本研究在样本选取上以经济发展水平和人口规模为标准剔除了部分经济体。具体处理方式为：首先，以 2009 年人均 PPP 法 GDP 为标准，将人均 GDP 低于 3000 美元的经济体剔除出样本，即所选样本为 2009 年人均现价 PPP 法 GDP 为大于或等于 3000 美元的经济体；其次，以人口规模为标准，将人口大于或等于 100 万人的经济体作为样本。此项处理旨在剔除那些人口规模过小的经济体，如帕劳 2009 年末总人口仅为 21000 人，此类微型经济体往往结构单一，个性特征很强，其相对价格易受非正常因素影响，难以反映普遍性特征，故将其剔除。于是，本研究最终确定的样本总体是指 2009 年末人口规模在 100 万人及以上，且 2009 年现价人均 PPP 法 GDP 在 3000 美元及以上的经济体，共包括 106 个经济体[1]。

3.2 全球相对价格收敛性分析

3.2.1 全球相对价格的整体变动状况

依据巴拉萨–萨缪尔森效应等相关理论的论述，经济体发展过程中的相对价格变动与其贸易品部门与非贸易品部门的相对劳动生产率相对于基准国的变动有关，即所谓“相对的相对”。具体而言，若本国贸易品部门相对于非贸易品部门的劳动生产率相对于外国增长更快，则本国与外国的相对价格会上升。由于目前各国普遍没有开展区分贸易品部门与非贸易品部门的相关统计，所以要得到贸易品部门与非贸易品部门相对劳动生产率数据存在一定困难。按照巴拉萨–萨缪尔森效应理论的描述，一国劳动生产率的增长主要来源于贸易品生产部门，而非贸易品部门劳动生产率增长缓慢。由此，相关研究中往往使用一国人均产出作为该国贸易品部门与非贸易品部门相对劳动生产

[1] 106 个经济体详细国别（地区）列表见附录。

率的替代指标，将本国相对于外国的相对人均产出，作为两国贸易品部门与非贸易品部门相对劳动生产率比值的替代指标。本书采用相同处理方式，将各经济体相对人均产出与相对价格一并纳入考察范围。相对人均产出与相对价格均以美国为基准国，美国数据作为基准数据，取值为100。若某个经济体相对人均产出为60，表示其人均产出水平是同期美国人均产出水平的60%，若某个经济体相对价格为30，代表其价格水平为同期美国价格水平的30%。

106个经济体自1950年以来的平均相对人均产出与平均相对价格变动状况如图3-1所示。从整体上看，106个经济体平均相对人均产出[1]在1950~2009年期间基本呈水平波动，意味着106个经济体平均人均产出水平基本与美国保持了同步增长。具体来看，1950年106个经济体相对人均产出平均值为39.52，即平均人均产出水平为美国的39.52%。此后虽有所波动，但波动幅度不大，1950~2006年期间，始终在34~40之间波动，其中最低值出现在1953年，为34.39，最高值出现在1960年，为39.81。自2003年开始，由于美国经济增长步伐相对放缓以及美元贬值的影响，106个经济体相对人均产出出现加速上升趋势，在2006年首次突破40，达到41.17，并在2008年达到45.5的历史高位。

与平均相对人均产出的水平波动相比，106个经济体平均相对价格[2]波动则要剧烈得多。在1950~2009年的样本期内，106个经济体平均相对价格水平在波动中呈下降趋势。1952年，样本平均相对价格为88，为整个样本期的最高值。此后便经历了明显的下降过程并在1959年下降到68。1959~1969年期间，样本平均相对价格基本稳定在70附近波动。1970年样本平均相对价格开始向上爬升，在1980年上升到86的阶段高点。1980年之后，样本平均相对价格又经历了一段明显的下降过程，直到2002年这一下降过程结束。2002年样本平均相对价格为54，是整个样本期间的最低值。这一趋势的宏观经济背景是1980年以来美国经济的复苏及1990年代由信息技术带动的

[1] 相对人均产出平均值为简单算术平均数。

[2] 平均相对价格为简单算术平均数。

强劲增长。2002年以后，在美国经济增长放缓以及美元贬值的背景下，106个经济体的平均相对价格也出现了显著回升趋势，由2002年的54上升到2009年的74。

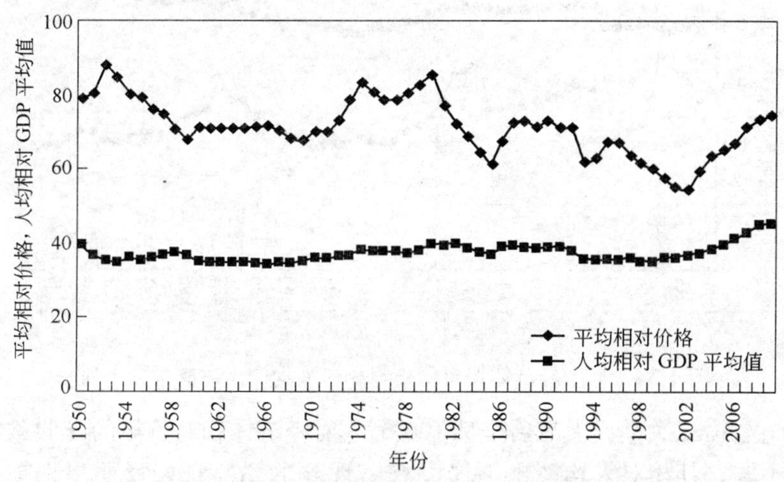

图3-1 106个经济体相对人均产出及相对价格变动

3.2.2 全球相对价格的σ收敛分析

如果多个经济体相对价格横截面数据离散系数随时间推移而减小，则说明其相对价格具有σ收敛特征。为考察第二次世界大战后全球经济体相对价格是否具有σ收敛特征，本书测算了1950~2009年期间全球106个主要经济体各年度的相对价格离散系数序列（如图3-2所示），为了与相对人均产出水平比较，图3-2同时绘制了106个经济体相对人均GDP离散系数序列。

图3-2显示，自1950年以来，106个经济体相对价格出现了明显的σ收敛特征。其相对价格离散系数由1950年的0.58（期间最高值为1954年的0.82）一路震荡下降到2009年的0.39，该数值也是样本期间的最低值。2009年与1950年相比，下降幅度达33%。可见，第二次世界大战后全球相对价格变动具有明显的σ收敛特征，其隐含意义或许是第二次世界大战后随着全球经济一体化广度与深度的推进，一价定律及巴拉萨-萨缪尔森效应等机制作用越发明显的结果。

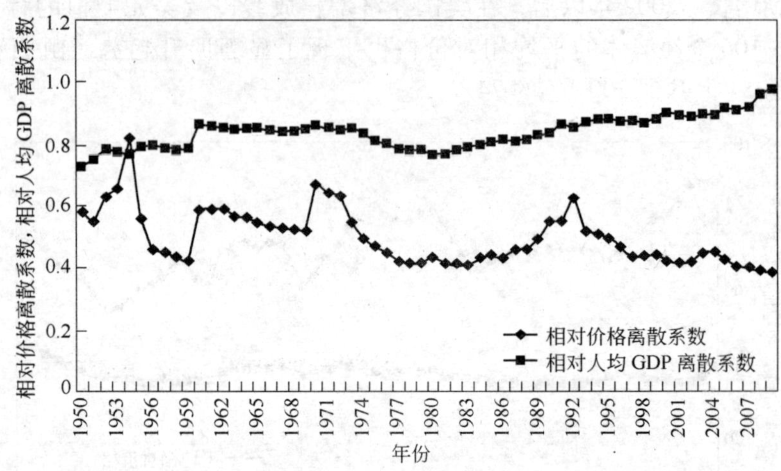

图 3-2 106 个经济体相对价格与相对人均产出离散系数序列

与第二次世界大战后全球 106 个主要经济体相对价格的 σ 收敛特征不同，其相对人均产出不仅没有出现 σ 收敛特征，反而出现扩散特征。106 个经济体 1950 年相对人均 GDP 离散系数为 0.73，该数值也是样本期最低值。自 1950 年开始，106 个经济体相对人均 GDP 离散系数在波动中保持持续上扬，尤其是在 1980 年以后上升速率明显加快，2009 年达到样本期间的最高值 0.98，样本期间累计上升幅度达 34%，表明第二次世界大战后全球各经济体间的人均产出水平差距呈拉大趋势。

第二次世界大战后全球 106 个经济体相对价格离散程度与相对人均产出离散程度出现了相反走势，显示全球经济体间相对价格的收敛趋势显然难以用经济收敛或人均产出的收敛加以解释。

3.2.3 全球相对价格的 β 收敛分析

3.2.3.1 检验模型的设定

如果初始相对价格水平较高的经济体后续相对价格上升幅度较小（或下降幅度较大），而初始相对价格水平较低的经济体后续相对价格上升幅度较大（或下降幅度较小），则说明相对价格变化具有 β 收敛特性。本书使用下面的线性回归模型（式 3-1）对第二次世界大战

后全球相对价格的 β 收敛特性进行检验：

$$\ln\left(\frac{p_{i,\ T}}{p_{i,\ t}}\right) = \alpha + \beta \ln(p_{i,\ t}) + \varepsilon_{i,\ t} \tag{3-1}$$

式中，$p_{i,\ t}$ 表示第 i 个经济体样本期起始年的相对价格水平；$p_{i,\ T}$ 表示第 i 个经济体样本期末年的相对价格水平；$p_{i,\ T}/p_{i,\ t}$ 是第 i 个经济体样本期相对价格水平定基发展速度，代表第 i 个经济体在样本期间相对价格水平的总变动，为消除和降低异方差，对数据取自然对数处理。α 与 β 为待估的模型参数，$\varepsilon_{i,\ t}$ 为随机误差项。

若回归方程通过检验，且系数 β 的符号为负，则表明相对价格在样本期具有 β 收敛特性，实证检验中采用的统计软件为 SPSS16.0。

3.2.3.2 样本说明

《Penn World Table 7.0》中数据的时间跨度为 1950~2009 年，但各经济体相关数据的时间跨度不尽相同，有的经济体具有 1950~2009 年期间的完整数据，有些经济体数据始自 1955 年，有的经济体数据起始于 1960 年，还有的经济体数据起点为 1993 年和 1994 年，这部分主要是东欧和原苏联解体后形成的经济体，如爱沙尼亚、乌克兰等。由于本书样本中的 106 个经济体相关数据的时间跨度不尽相同，即 1950~2009 年期间不同年度所包含的样本个体数量不完全相同，所以无法直接以这 106 个经济体为样本测度其 1950~2009 年期间相对价格的 β 收敛特征。为了尽量全面反映第二次世界大战后全球相对价格的 β 收敛特征，本书分以下四个阶段分别进行了考察：第一个阶段是 1955~2009 年，该子样本包含 57 个经济体；第二个阶段是 1960~2009 年，该子样本包含 68 个经济体；第三个阶段是 1970~2009 年，包含 84 个经济体；第四个阶段是 1994~2009 年，包含 106 个经济体[1]。

3.2.3.3 实证检验结果

1955~2009 年 57 个经济体子样本、1960~2009 年 68 个经济体子样本、1970~2009 年 84 个经济体子样本以及 1994~2009 年 106 个经济体子样本样本期初始相对价格水平与样本期间相对价格发展速度散

---

[1] 各组样本所含详细国别（地区）列表见附录。

点图如图 3-3 所示。图 3-3 显示，尽管四个子样本样本期及样本容量各不相同，但四个样本均呈现明显的相对价格 β 收敛特征，即那些样本期初相对价格水平较高的经济体在样本期间相对价格发展速度较低，而那些样本期初相对价格水平较低的经济体在样本期间相对价格发展速度较高，即各样本均显示了初始相对价格水平与样本期相对价格发展速度之间呈现明显的负线性相关关系。

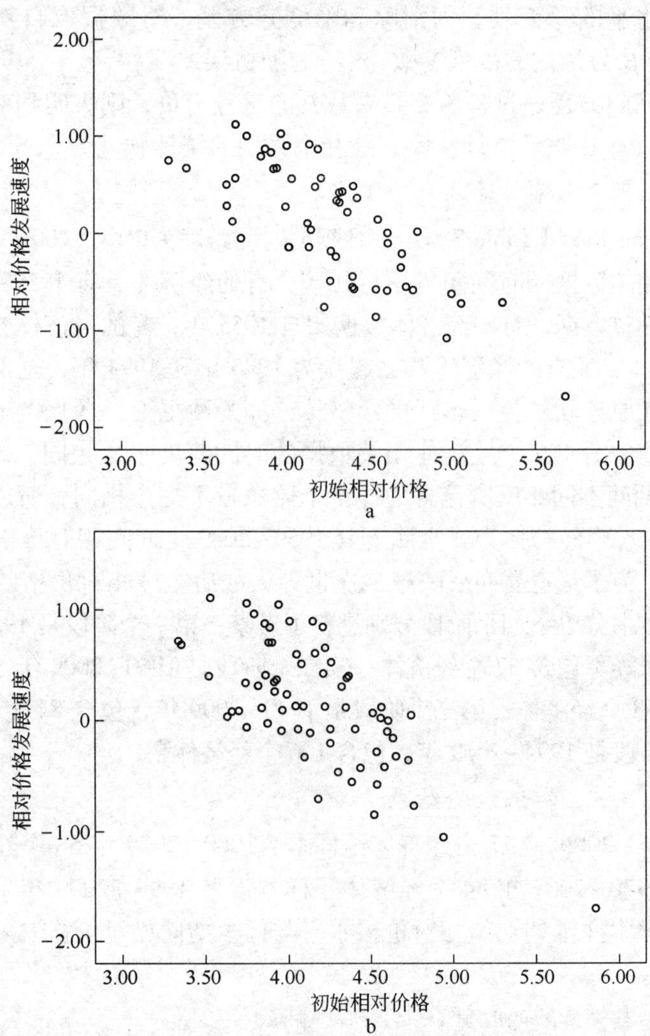

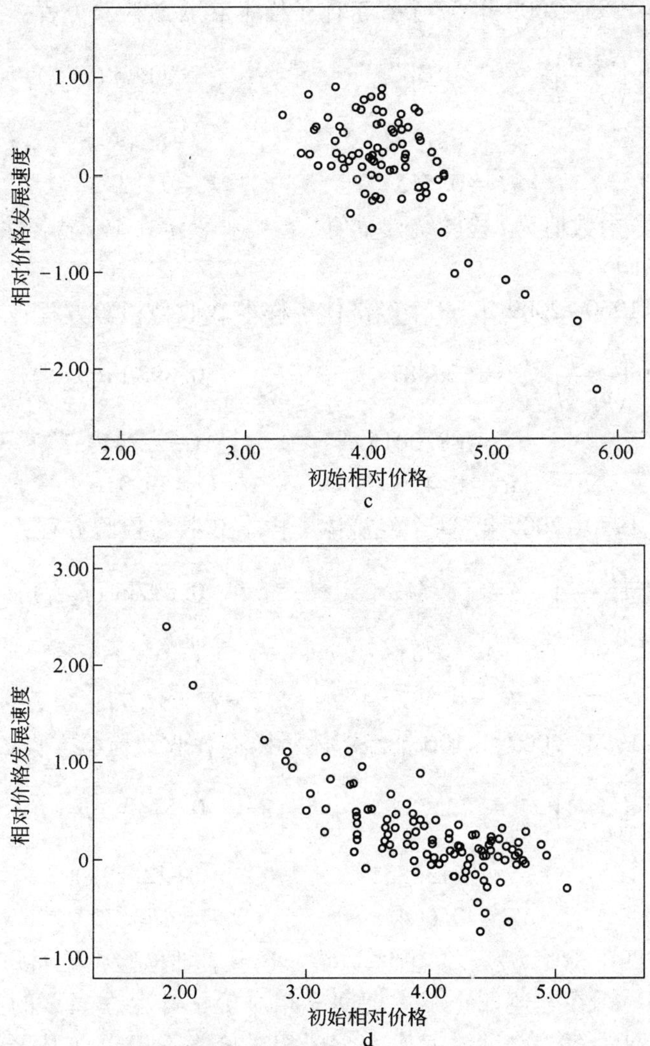

图 3-3 经济体相对价格 β 收敛散点图

a—1955~2009 年 57 个经济体；b—1960~2009 年 68 个经济体；
c—1970~2009 年 84 个经济体；d—1994~2009 年 106 个经济体

进一步采用式 3-1 检验模型，对各样本相对价格发展速度与初始相对价格变量进行 OLS 回归，得到如下四个检验方程：

（1）1955~2009 年 57 个经济体子样本 β 收敛检验方程：

$$\ln\left(\frac{p_{i,T}}{p_{i,t}}\right) = 4.382 - 1.009\ln(p_{i,t}) \tag{3-2}$$

$$(8.571)^{***} \qquad (-8.449)^{***}$$

$$R^2 = 0.565 \qquad F = 71.393^{***}$$

（ ）内数值为 t 检验统计量值，＊＊＊表示在 1‰显著性水平上显著（下同）。

（2）1960~2009 年 68 个经济体子样本 β 收敛检验方程：

$$\ln\left(\frac{p_{i,T}}{p_{i,t}}\right) = 3.887 - 0.898\ln(p_{i,t}) \tag{3-3}$$

$$(8.001)^{***} \qquad (-7.741)^{***}$$

$$R^2 = 0.476 \qquad F = 59.916^{***}$$

（3）1970~2009 年 84 个经济体子样本 β 收敛检验方程：

$$\ln\left(\frac{p_{i,T}}{p_{i,t}}\right) = 3.512 - 0.817\ln(p_{i,t}) \tag{3-4}$$

$$(9.415)^{***} \qquad (-9.095)^{***}$$

$$R^2 = 0.502 \qquad F = 82.719^{***}$$

（4）1994~2009 年 106 个经济体子样本 β 收敛检验方程：

$$\ln\left(\frac{p_{i,T}}{p_{i,t}}\right) = 2.534 - 0.573\ln(p_{i,t}) \tag{3-5}$$

$$(13.855)^{***} \qquad (-12.599)^{***}$$

$$R^2 = 0.604 \qquad F = 158.730^{***}$$

上述四个检验方程及方程系数均通过显著性检验，且回归系数符号为负，显示在上述四个样本期间，相对价格都存在显著的 β 收敛特征。可见，第二次世界大战后全球相对价格不仅出现显著的 σ 收敛特征，同时也呈现显著的 β 收敛特征。四个回归方程均通过统计检验，一是表明全球相对价格 β 收敛行为自 1950 年已经开始显现，并贯穿整个样本期；二是显示随时间的推移，全球相对价格收敛速度趋于下降。这是因为四个子样本相对价格 β 收敛回归方程回归系数的绝对值随样本期缩短而减小。

3.3 不同收入组别相对价格的收敛性分析

3.2 节针对全球 106 个经济体第二次世界大战后相对价格的收敛性进行了考察，结果显示：在样本期间全球相对价格经历了明显的 σ 收敛特征与 β 收敛特征。在揭示了全球相对价格变化的整体特征之后，还需要进一步对 106 个经济体进行分类考察，以便检验相对价格变动是否存在俱乐部收敛特征等。根据相关理论与现有研究成果，处于不同经济发展水平的经济体，相对价格的长期行为往往会有很大差异。比如王泽填等（2009）通过对全球 184 个经济体 1974~2004 年期间相关数据的观察发现：发达经济体在经济赶超过程中往往经历实际汇率升值（相对价格上升），而经济发展水平较低的经济体在经济追赶进程中却往往经历实际汇率的贬值（相对价格下降）。因此，本节将首先按照人均产出水平对 106 个经济体进行分组，并对不同收入组别经济体的相对价格变动特征作进一步考察。本节内容安排如下：首先按照人均产出水平，将 106 个经济体进行分组；其次对不同收入组别经济体第二次世界大战后相对价格基本变动特征以及 σ 收敛特征与 β 收敛特征分别加以考察，以反映不同收入组别经济体相对价格变化的类别特征。

3.3.1 收入组别的划分

对经济体发展阶段的划分标准有多种版本，比如世界银行《世界发展报告》按名义汇率法人均国民总收入将所有经济体分为高收入组、中高收入组、中低收入组和低收入组四组。由于《Penn World Table7.0》采用的是购买力平价法而非名义汇率换算法，其中的人均 GDP 等核心指标均为购买力平价数据，因而本书以 2009 年购买力平价法人均 GDP 数据为标准，参照世界银行的分组方式，将 106 个经济体分为高收入组、中高收入组、中低收入组和低收入组四组。具体分组方式为：2009 年人均购买力平价 GDP 低于 1 万美元的经济体归为低收入组，包括 39 个经济体；不小于 1 万美元而低于 2 万美元的归入中低收入组，包括 28 个经济体；不小于 2 万美元而低于 3 万美元的归入中高收入组，包括 12 个经济体；不小于 3 万美元的为高收入组，包括 27 个经济体[1]。

3.3.2 低收入经济体相对价格的收敛性分析

3.3.2.1 低收入经济体相对价格与相对人均 GDP 变动基本特征

低收入经济体 1950~2009 年平均相对价格与平均相对人均 GDP 变动状况如图 3-4 所示。图 3-4 显示，第二次世界大战后低收入经济体平均相对价格水平呈现明显下降趋势。尤其是 1950~2002 年期间，低收入经济体平均相对价格水平由 1950 年的 77.05 一路震荡下降到 2002 年的 37.67，降幅达 50%以上。2002 年之后平均相对价格则出现持续回升，2009 年回升至 55.69。可见，大幅下降是第二次世界大战后低收入经济体整体相对价格水平变动的基本趋势。

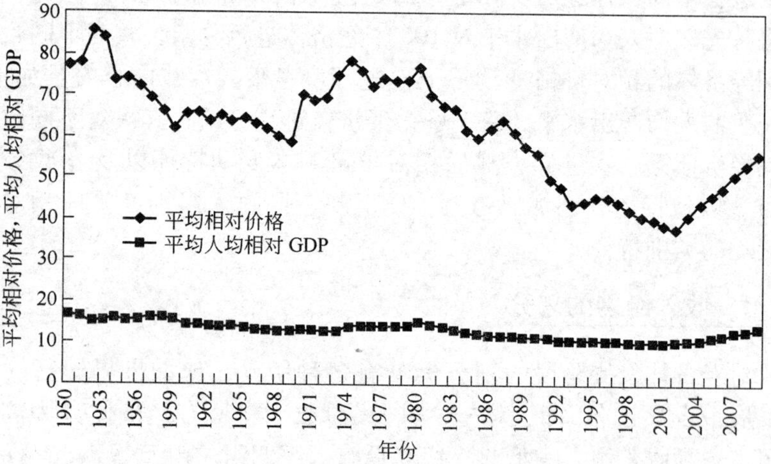

图 3-4 1950~2009 年低收入经济体相对价格与相对人均 GDP

与相对价格水平的显著下降趋势不同，战后低收入经济体平均相对人均产出水平则基本保持平稳，其发展变动大致可分为以下三个阶段：第一阶段为 1950~1980 年，这一阶段低收入经济体平均相对人均 GDP 围绕 14 上下小幅度波动；第二阶段为 1981~2004 年，该阶段

[1] 各收入组别所包含的详细国别（地区）列表见附录。

初期低收入经济体相对人均 GDP 出现明显下降，由 1980 年的 14.82 下降到 1986 年的 11.69，之后一直在 10~11 之间波动；第三阶段为 2005~2009 年，其相对人均 GDP 出现小幅回升，在 2009 年回升至 13.23。总体来看，中低收入经济体平均相对人均 GDP 波动中值在 1980 年以后显著下降。可见，第二次世界大战后低收入经济体整体人均产出水平的增长落后于基准国美国，与美国差距有所拉大，未出现赶超趋势。

3.3.2.2 低收入经济体相对价格变动的 σ 收敛分析

1950~2009 年低收入经济体相对价格与相对人均 GDP 离散系数变动状况如图 3-5 所示。图 3-5 显示，第二次世界大战后低收入经济体相对价格离散系数整体上呈显著的持续下降态势，由 1950 年的 0.45 下降到 2002 年的 0.27，之后略有回升，2009 年为 0.33，累计下降 27%。其中 1969~1970 年出现异常波动，由 1969 年的 0.38 大幅上升到 1970 年的 0.84，是由 1970 年样本量增加所致。1970 年共新增阿尔巴尼亚、安哥拉、伊拉克、老挝、蒙古、斯威士兰和越南七个经济体，其中阿尔巴尼亚与蒙古相对价格数值分别为 192.27 和 342.61，远高于其他经济体的平均值（58），导致 1970 年相对价格

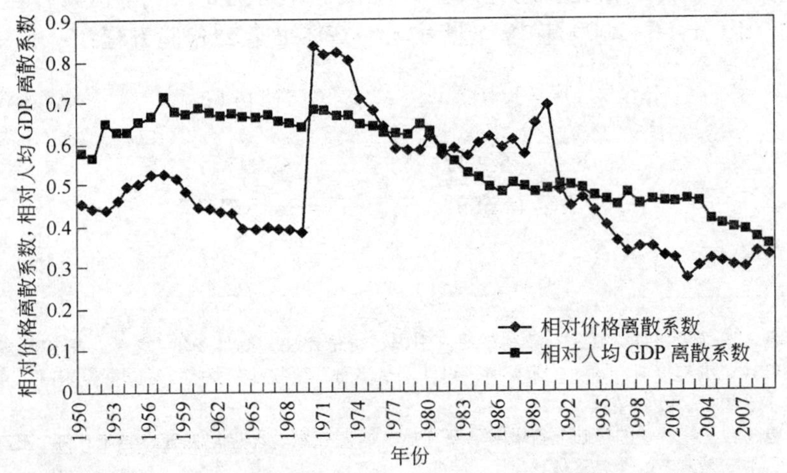

图 3-5 1950~2009 年低收入经济体相对价格与相对人均 GDP 离散系数

离散系数异常放大。因此，剔除样本变动异常影响后，第二次世界大战后低收入经济体相对价格离散系数序列的持续下降趋势将更为明显。综上所述，第二次世界大战后低收入经济体相对价格 σ 收敛特征明显，表明战后低收入经济体间的价格水平差异明显趋于缩小。

战后低收入经济体相对人均产出也出现明显收敛趋势。1950 年低收入经济体相对人均 GDP 离散系数为 0. 58，随后一路震荡下降至 1959 年的 0. 35，下降幅度为 40%。

3. 3. 2. 3　低收入经济体相对价格变动的 β 收敛分析

根据《Penn World Table7. 0》所列低收入经济体数据的时间跨度，本书在对低收入经济体相对价格进行 β 收敛检验时，分三个子样本分别展开。子样本一的样本期为 1956~2009 年，包括 19 个经济体❶。子样本二的样本期为 1960~2009 年，包括 25 个经济体❷。子样本三的样本期为 1970~2009 年，包括 33 个经济体❸。

各子样本样本期初始相对价格水平与样本期间相对价格发展速度散点图如图 3-6 所示。

图 3-6 显示，各子样本相对价格发展速度与期初相对价格水平呈显著负线性相关。采用式 3-1 的检验模型，对各样本相对价格发展速度与初始相对价格变量进行 OLS 线性回归，得到如下三个检验方程：

（1）1956~2009 年 19 个低收入经济体 β 收敛检验方程：

$$\ln\left(\frac{p_{i,\ T}}{p_{i,\ t}}\right) = 3.012 \quad - \quad 0.771\ln\left(p_{i,\ t}\right) \tag{3-6}$$

$$(5.647)^{***} \qquad (-6.047)^{***}$$

$$R^2 = 0.683 \qquad F = 36.567^{***}$$

❶ 19 个经济体分别是：玻利维亚、中国、哥伦比亚、厄瓜多尔、埃及、萨尔瓦多、危地马拉、洪都拉斯、印度、牙买加、约旦、摩洛哥、巴拉圭、秘鲁、菲律宾、南非、斯里兰卡、泰国、委内瑞拉。

❷ 在子样本一的基础上新增阿尔及利亚、博茨瓦纳、印度尼西亚、纳米比亚、巴布新几内亚和叙利亚 6 个经济体。

❸ 在子样本二的基础上新增阿尔巴尼亚、安哥拉、伊拉克、老挝、蒙古、斯威士兰、突尼斯和越南 8 个经济体。

1.00
0.50
0
−0.50
−1.00
−1.50
相对价格发展速度
3.00
3.50
4.00
4.50
5.00
5.50
初始相对价格

a

1.00
0.50
0
−0.50
−1.00
−1.50
相对价格发展速度
3.00
3.50
4.00
4.50
5.00
初始相对价格

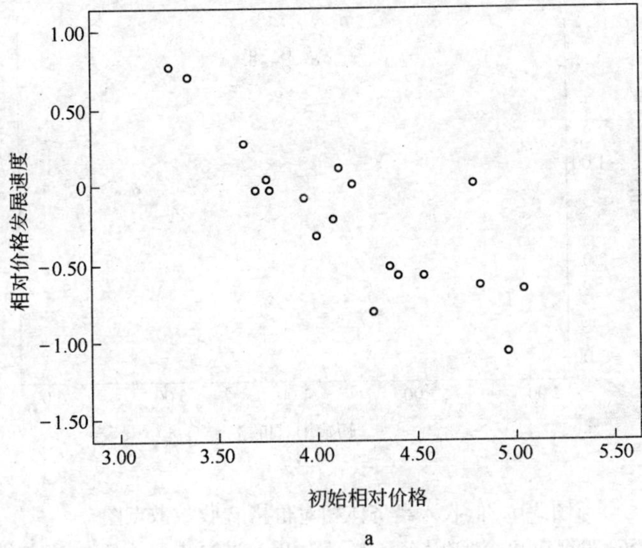

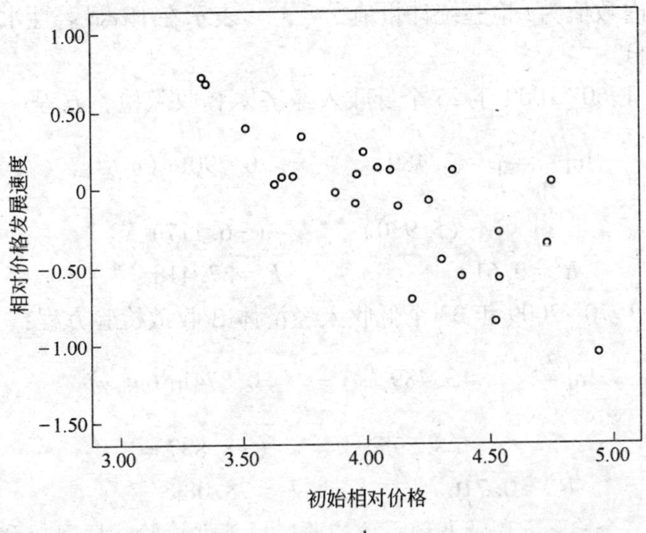

b

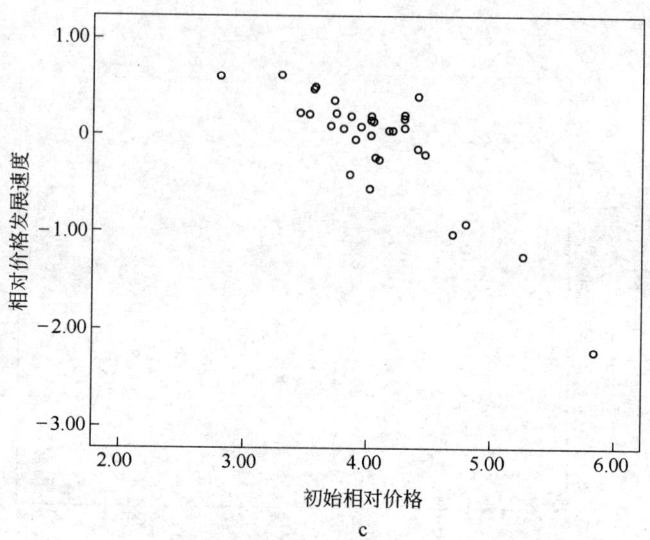

图 3-6　低收入经济体相对价格 β 收敛散点图

a—1956~2009 年 19 个低收入经济体；b—1960~2009 年 25 个低收入经济体；c—1970~2009 年 33 个低收入经济体

（）内数值为 t 检验统计量值，* * * 表示在 1‰显著性水平上显著（下同）。

（2）1960~2009 年 25 个低收入经济体 β 收敛检验方程：

$$\ln\left(\frac{p_{i,T}}{p_{i,t}}\right) = 3.489 - 0.790\ln(p_{i,t}) \tag{3-7}$$

$$(5.930)^{***} \quad (-6.117)^{***}$$

$$R^2 = 0.619 \qquad F = 37.418^{***}$$

（3）1970~2009 年 33 个低收入经济体 β 收敛检验方程：

$$\ln\left(\frac{p_{i,T}}{p_{i,t}}\right) = 3.489 - 0.874\ln(p_{i,t}) \tag{3-8}$$

$$(8.595)^{***} \quad (-8.837)^{***}$$

$$R^2 = 0.716 \qquad F = 78.089^{***}$$

上述三个检验方程及方程系数均通过显著性检验，且回归系数符号为负，显示第二次世界大战后低收入经济体相对价格 β 收敛特征显著。

3.3.3 中低收入经济体相对价格的收敛性分析

3.3.3.1 中低收入经济体相对价格与相对人均 GDP 变动基本特征

中低收入经济体 1950~2009 年平均相对价格与平均相对人均 GDP 变动状况如图 3-7 所示。图 3-7 显示，第二次世界大战后中低收入经济体平均相对价格水平经历了大幅下降过程。20 世纪 50 年代初期，中低收入经济体平均相对价格水平在 130 附近，即大约相当于当时美国价格水平的 130%，而同期人均 GDP 平均值仅为美国的 25%，显示样本初期低收入经济体总体价格水平显然处于高估状态。从 20 世纪 50 年代初期开始，中低收入经济体相对价格水平便开始了震荡下跌过程，且期间并未出现大的反向波动，一路下降到 2002 年的 44，降幅达 66%，显示出相对价格由高估状态向合理估值回归的特征。于 2002 年达到最低值后，中低收入经济体平均相对价格水平后续有所反弹，2009 年回升至 64。可见，战后中低收入经济体相对价格变动基本特征是由高位一路震荡下降。

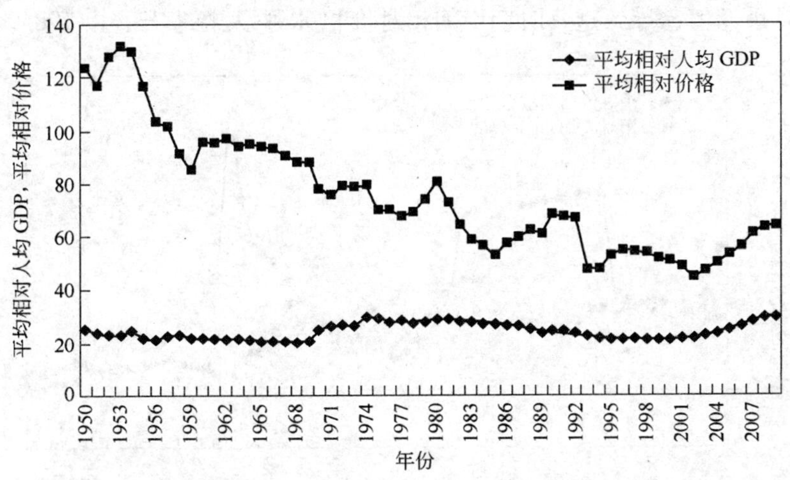

图 3-7 1950~2009 年中低收入经济体相对价格与相对人均 GDP

从人均产出水平观察，战后中低收入经济体平均相对人均 GDP

在波动中有所上升。1970 年以前，基本围绕中间值 22 波动，1970 年之后波动中间值上升到大约 26，2009 年为 29.8。总体来看，第二次世界大战后中低收入经济体人均产出增长幅度略高于基准国美国，但并未出现显著的赶超趋势。

3.3.3.2 中低收入经济体相对价格变动的 σ 收敛分析

1950~2009 年中低收入经济体相对价格与相对人均 GDP 离散系数序列如图 3-8 所示。图 3-8 显示，与低收入经济体样本组的趋势基本一致，第二次世界大战后中低收入经济体相对价格离散系数整体上也呈持续的大幅下降态势，由 20 世纪 50 年代初期的 0.64 一路震荡下降到 2009 年的 0.24，降幅达 62%。期间出现了 1959~1960 年和 1992~1993 年两次大的异常波动。其中 1959~1960 年的异常波动是由样本在 1960 年新增加罗马尼亚异常数据所致。罗马尼亚 1960 年相对价格水平为 351，远远大于前一年（1959 年）样本平均值 85，导致 1960 年中低收入经济体样本相对价格离散系数异常增大。1992~1993 年的异常波动则主要是由于伊朗数据的异动。1985~1992 年期间伊朗发生恶性通货膨胀，但伊朗当局没有及时调整汇率，反而使伊朗货币升值，导致这一时期伊朗相对价格水平大幅攀升，由 1984 年

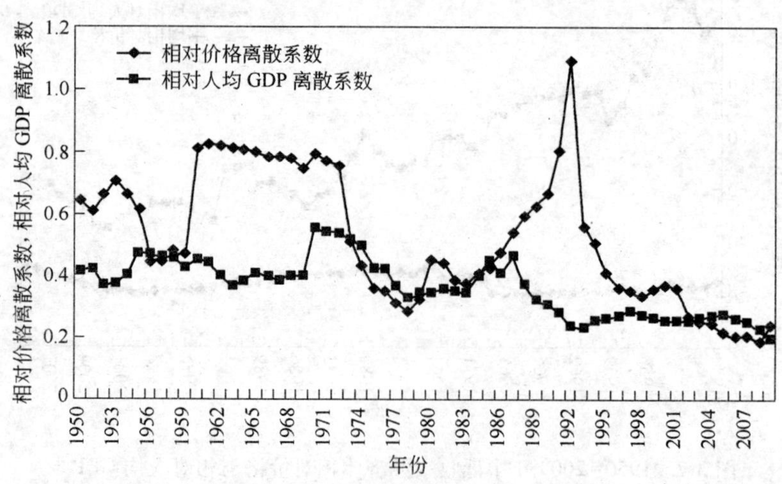

图 3-8 1950~2009 年中低收入经济体相对价格与相对人均 GDP 离散系数

的86猛增到1992年的380，为1984年的4.4倍，使得该阶段中低收入经济体相对价格离散系数由0.43迅速增大到1.09。1993年伊朗货币里亚尔大幅贬值，由1992年的65.552兑换1美元贬值为1993年的1267.772里亚尔兑换1美元，导致伊朗相对价格由1992年的380暴跌到1993年的24.8，使得中低收入经济体相对价格离散系数由1992年的1.09直线下降到1993年的0.56。可见，如果剔除异常样本数据的影响，中低收入经济体战后相对价格离散程度减小的趋势会更加明显。相对价格离散系数的大幅下降，显示战后中低收入经济体相对价格水平σ收敛特征显著。第二次世界大战后中低收入经济体相对人均GDP也出现显著的σ收敛特征，其离散系数由1950年的0.42震荡下降到2009年的0.19，降幅为45%。

3.3.3.3 中低收入经济体相对价格变动的β收敛分析

根据《Penn World Table 7.0》所列中低收入经济体数据的时间跨度，本书在对中低收入经济体相对价格进行β收敛检验时，分两个子样本分别展开。子样本一的样本期为1955~2009年，包括12个经济体❶。子样本二的样本期为1970~2009年，包括19个经济体❷。从两个子样本样本期初始相对价格水平与样本期间相对价格发展速度散点图（图3-9）可以发现，两个子样本相对价格发展速度与期初相对价格水平呈显著负线性相关形态，符合β收敛特征。

进一步采用式3-1的检验模型，对各样本相对价格发展速度与初始相对价格变量进行OLS线性回归，得到如下两个检验方程：

（1）1955~2009年12个中低收入经济体β收敛检验方程：

$$\ln\left(\frac{p_{i,T}}{p_{i,t}}\right) = 3.557 \quad - \quad 0.872\ln(p_{i,t}) \tag{3-9}$$

$$(5.254)^{***} \quad (-5.976)^{***}$$

$$R^2 = 0.781 \qquad F = 35.717^{***}$$

---

❶ 12个经济体分别是：阿根廷、巴西、智利、哥斯达黎加、多米尼加、伊朗、马来西亚、毛里求斯、墨西哥、巴拿马、土耳其和乌拉圭。

❷ 在子样本一的基础上新增保加利亚、古巴、加蓬、匈牙利、黎巴嫩、波兰和罗马尼亚等7个经济体。

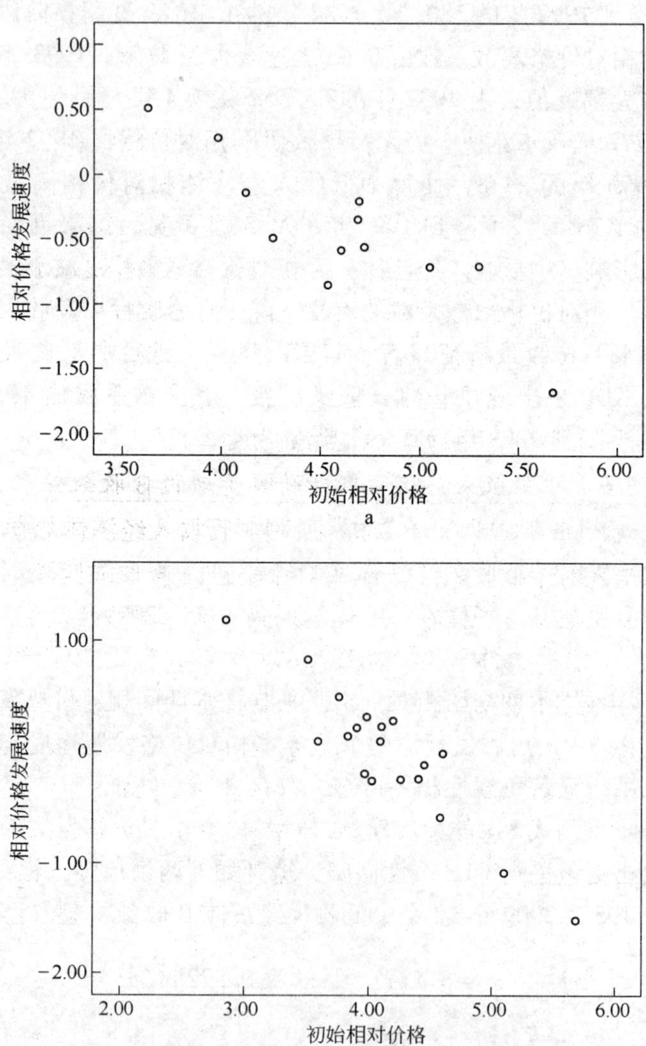

图 3-9　中低收入经济体相对价格 β 收敛散点图

a—1955~2009 年 12 个中低收入经济体；b—1970~2009 年 19 个中低收入经济体

（）内数值为 t 检验统计量值，＊＊＊表示在 1‰显著性水平上显著（下同）。

（2）1970~2009 年 19 个中低收入经济体 β 收敛检验方程：

$$\ln\left(\frac{p_{i,T}}{p_{i,t}}\right) = 3.839 \quad - \quad 0.928\ln(p_{i,t}) \qquad (3\text{-}10)$$

$$(9.612)^{***} \quad (-9.764)^{***}$$

$$R^2 = 0.619 \qquad F = 95.334^{***}$$

上述两个检验方程及方程系数均通过显著性检验，且回归系数符号为负，表明第二次世界大战后中低收入经济体相对价格β收敛特征显著。

3.3.4 中高收入经济体相对价格的收敛性分析

3.3.4.1 中高收入经济体相对价格与相对人均 GDP 变动基本特征

中高收入经济体包括塞浦路斯、捷克、以色列、韩国、阿曼、葡萄牙、波多黎各、沙特阿拉伯、斯洛伐克、斯洛文尼亚、特立尼达和多巴哥 11 个国家。《Penn World Table 7.0》中各经济体数据的时间跨度不尽相同，其中塞浦路斯、以色列、葡萄牙、波多黎各和特立尼达和多巴哥数据的时间跨度为 1950~2009 年，韩国数据时间跨度为 1953~2009 年，阿曼数据时间跨度为 1970~2009 年，其他四个经济体数据时间起点为 1986 年及之后。为了能够全过程地反映第二次世界大战后中高收入经济体相对价格的变动，本书将中高收入经济体样本进一步浓缩为塞浦路斯、韩国、以色列、葡萄牙、波多黎各和特立尼达和多巴哥等 6 个经济体。由于受以色列建国战争和朝鲜战争的影响，20 世纪 50 年代初期以色列与韩国相对价格等数据出现异常波动，因此本书将 6 个中高收入经济体样本期确定为 1955~2009 年。

样本期中高收入经济体平均相对价格与平均相对人均 GDP 变动状况如图 3-10 所示，与低收入经济体和中低收入经济体第二次世界大战后整体相对价格的显著下降趋势相反，中高收入经济体相对价格水平在第二次世界大战后呈现明显的上升趋势，由 1955 年的 70 附近上升到 2009 年的 86。其中，在 20 世纪 70 年代初之前的布雷顿森林固定汇率体系下，中高收入经济体相对价格水平呈震荡下降趋势，由 1955 年的 70 下降到 1971 年的 62 附近。在之后的浮动汇率机制下，中高收入经济体相对价格水平在波动中向上爬升，由 62 上升到 2009 年的 86。

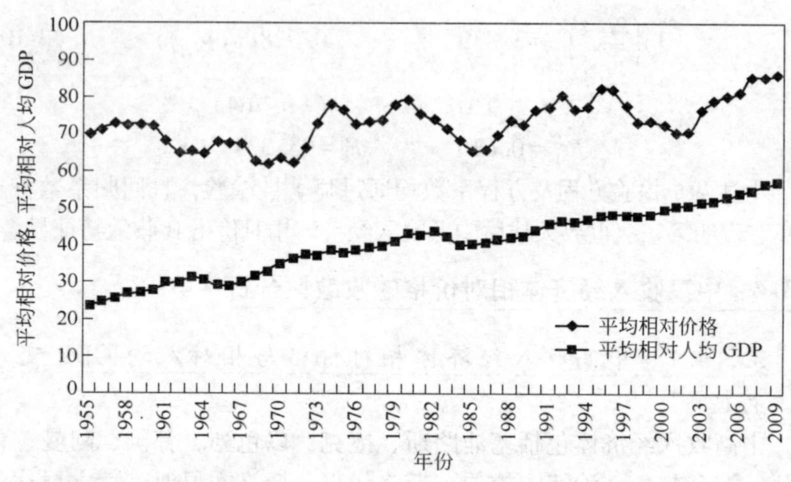

图 3-10 1955~2009 年 6 个中高收入经济体相对价格与相对人均 GDP

从相对人均 GDP 的变动来看，中高收入经济体相对人均 GDP 水平在战后呈显著上升趋势，其平均相对人均 GDP 从 1955 年的 22. 88 大幅上升到 2009 年的 56. 72，显示中高收入经济体人均产出水平在战后出现了显著的追赶态势，这一趋势特征与第二次世界大战后低收入经济体人均相对产出水平呈明显下降以及中低收入经济体人均相对产出水平基本持平的趋势特征存在显著差异。

从数据本身观察，第二次世界大战后中高收入经济体相对价格水平出现上升态势有以下两方面原因：一是样本期初中高收入经济体相对价格水平比较合理。1955 年中高收入经济体平均相对价格为 70，不仅显著低于中低收入经济体 117 的平均水平，也低于中低收入经济体 74 的平均水平。再与人均相对产出水平相对照，则进一步表明中高收入经济体期初相对价格水平的相对合理性。1955 年中高收入经济体平均相对人均 GDP 为 24，低收入经济体为 15，中低收入经济体为 22，其平均相对人均产出水平高于低收入和中低收入经济体，而平均相对价格水平却低于两者。二是中高收入经济体相对人均产出水平在样本期大幅提高，对相对价格水平具有推升作用，而低收入经济体与中低收入经济体相对人均产出却呈下降与持平趋势。

3.3.4.2 中高收入经济体相对价格变动的σ收敛分析

中高收入经济体1955~2009年期间相对价格与相对人均GDP离散系数变动状况如图3-11所示，战后中高收入经济体相对价格也呈显著的σ收敛特征，其相对价格离散系数由1955年的0.31下降到2009年的0.21，降幅为32%。但与低收入经济体样本组和中低收入经济体样本组战后相对价格的持续收敛有所不同，中高收入经济体相对价格的收敛在20世纪80年代初期已基本完成。1955~1980年期间，6个中高收入经济体相对价格收敛特征明显，其相对价格离散系数由0.31下降到0.17，已经下降到一个相对低的水平。1980年之后，其相对价格离散程度不再继续缩小，而是围绕约0.18的中间值呈水平波动状，且波动幅度逐渐缩小，其中1980~1992年期间在0.14~0.31之间波动，1992年之后波动的峰值和谷值分别为0.25和0.15。可见，战后中高收入经济体相对价格的σ收敛主要在1955~1980年期间完成。

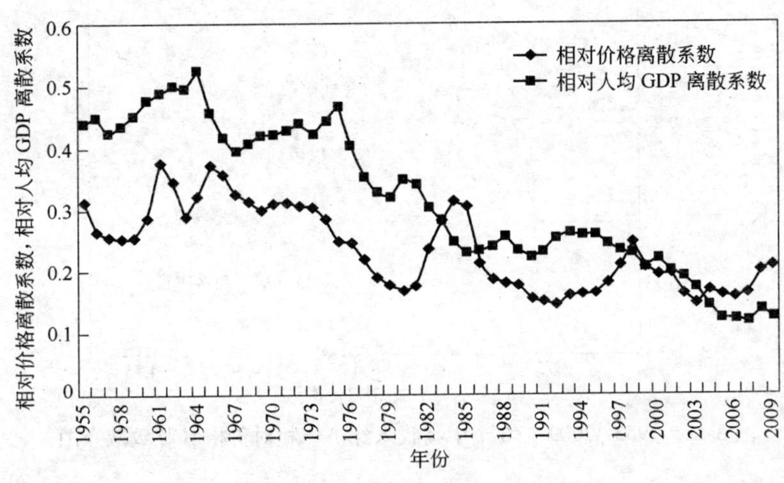

图3-11 1955~2009年6个中高收入经济体相对价格与相对人均GDP离散系数

战后中高收入经济体相对人均产出也出现明显的σ收敛趋势，并且贯穿整个样本期。1955年6个中高收入经济体相对人均GDP离散系数为0.44，之后便一路在波动中不断缩小，2009年降低到

0.13，下降幅度达 70%。可见，战后中高收入经济体相对人均产出水平呈显著的 σ 收敛特征。

3.3.4.3 中高收入经济体相对价格变动的 β 收敛分析

1955~2009 年期间 6 个中高收入经济体相对价格发展速度与初始相对价格水平散点图如图 3-12 所示。从散点图观察，两个变量表现为一定程度的负相关关系，初始价格水平较高的经济体，如波多黎各与特立尼达和多巴哥，在样本期内经历较低的相对价格发展速度，而初始相对价格水平较低的经济体，如韩国和葡萄牙，则经历了较高的相对价格发展速度，即第二次世界大战后 6 个中高收入经济体相对价格表现为一定程度的 β 收敛特征。

由于中高收入经济体样本量较小，不适于进行相对价格 β 收敛的回归方程检验，故未对其进行此项检验。

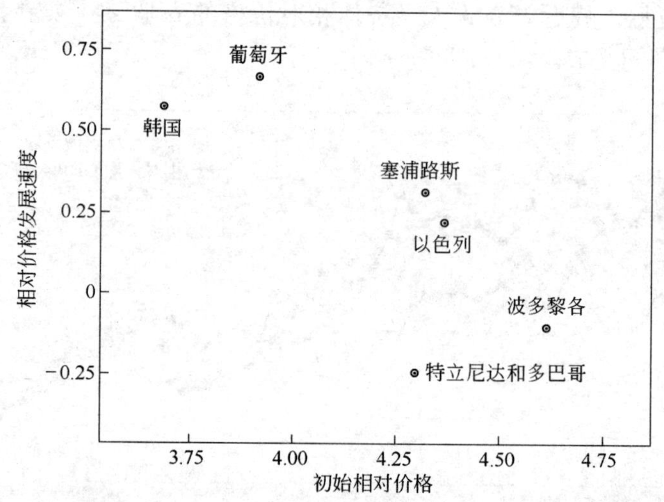

图 3-12 1955~2009 年 6 个中高收入经济体相对价格 β 收敛散点图

3.3.5 高收入经济体相对价格收敛性分析

3.3.5.1 高收入经济体相对价格与相对人均 GDP 变动基本特征

2009 年人均购买力平价 GDP 在 3 万美元及以上的高收入经济体共有 25 个，其中大部分为老牌西方发达国家如美国、英国、加拿大和澳大利亚等，此外还包括3个亚洲新兴高收入经济体中国香港、中国台湾和新加坡以及科威特和阿联酋2个中东产油国。《Penn World Table 7.0》中有20个高收入经济体数据始自1951年，分别是澳大利亚、奥地利、比利时、加拿大、丹麦、芬兰、法国、希腊、爱尔兰、意大利、日本、荷兰、新西兰、挪威、西班牙、瑞典、瑞士、中国台湾、英国和美国。中国香港和新加坡数据始自1960年，德国数据始自1970年，科威特和阿联酋数据始自1987年。在描述战后高收入经济体相对价格与相对人均GDP的基本变动特征时，为尽可能实现全过程反映，从而保持样本数据的前后可比性，将德国、科威特和阿联酋排除在高收入经济体样本外，于是高收入经济体样本量缩减为22个，并将样本期确定为1951~2009年，其中1951~1959年有20个经济体，1960~2009年有22个经济体。

高收入经济体第二次世界大战后相对价格与相对人均产出变动状况如图3-13所示。战后高收入经济体人均产出增长速度显著高于基准国美国，总体表现为经济发展的持续追赶过程。高收入经济体1951年平均相对人均GDP为66.62，2009年为90.47，增长了36%。虽然整体上尚未达到美国人均产出水平，但已非常接近，2009年已达到美国人均产出水平的90%。

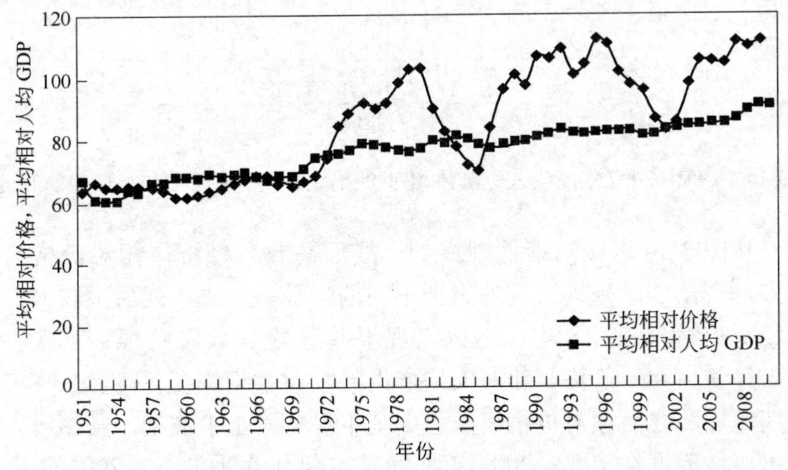

图3-13　1951~2009年高收入经济体相对价格与相对人均GDP

与人均产出变动趋势相一致，战后高收入经济体平均相对价格水平也经历了显著上升，由 1951 年的 63 上升为 2009 年的 112，上升幅度达 78%。其中，在布雷顿森林体系解体之前，即 20 世纪 70 年代初期以前，高收入经济体平均相对价格基本保持了稳定，维持在 65 附近波动。自 20 世纪 70 年代初进入浮动汇率机制后，高收入经济体相对价格水平波动明显增大，并在大幅波动中不断向上爬升，于 2009 年达到 112。

3.3.5.2 高收入经济体相对价格变动的 σ 收敛分析

第二次世界大战后高收入经济体相对价格离散系数与相对人均 GDP 离散系数变动状况如图 3-14 所示。

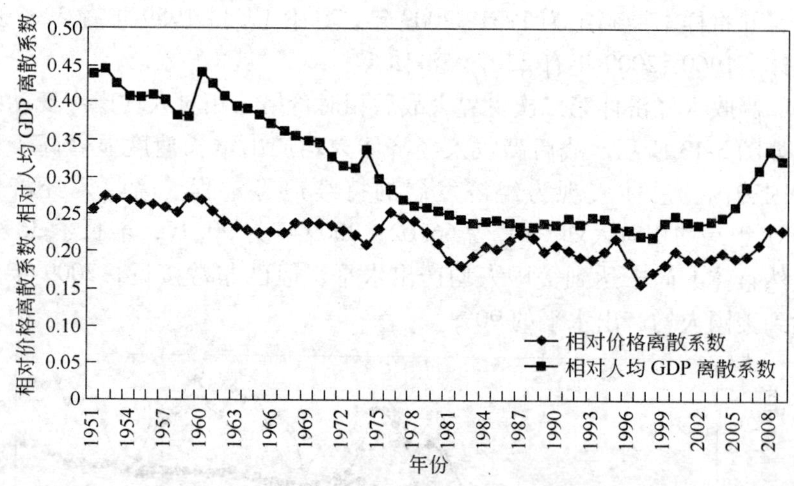

图 3-14 1951~2009 年高收入经济体相对价格离散系数与相对人均 GDP 离散系数

从图 3-14 可以清晰地观察到，战后高收入经济体相对价格与相对人均产出变动呈现与其他组别不同的特征。首先，战后高收入经济体相对价格与相对人均产出也出现了明显的 σ 收敛特征；其次，高收入经济体相对价格与相对人均产出的收敛过程均在 20 世纪 80 年代初期完成，之后相对价格离散程度基本保持了水平波动。其相对人均产出离散程度在 1982~2004 年期间基本保持水平波动，2004 年之后呈扩大趋势。从具体数据来看，高收入经济体 1951 年相对价格离散系数为0.26，1982年收敛过程完成时为0.18，下降了31%，并且已达到一个相对较低的水平。1982年之后围绕大约0.2的中间值上下波动。相对人均GDP离散系数1951年为0.44，1983年收敛过程基本完成时为0.24，降低了45%。1982~2004年期间围绕0.23的中间值水平波动。2004年之后呈扩大趋势，2009年的离散系数达到0.32。

3.3.5.3 高收入经济体相对价格变动的β收敛分析

在对高收入经济体第二次世界大战后相对价格变动的β收敛特征进行分析时，为保持样本量的一致，同样将其样本期确定为1951~2009年，即样本包括20个经济体。1951~2009年期间20个高收入经济体相对价格发展速度与初始相对价格水平散点图如图3-15所示。从散点图观察，战后20个高收入经济体相对价格发展速度与其初始相对价格间的负线性相关特征非常明显，直观地显示存在相对价格变动的β收敛特征。

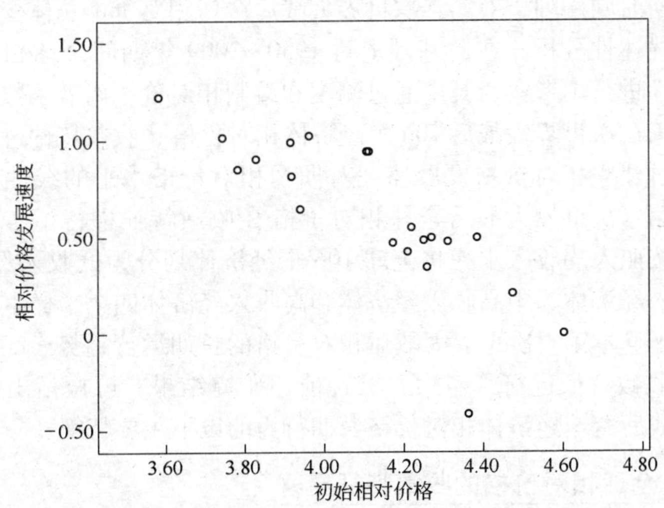

图3-15 1951~2009年20个高收入经济体相对价格β收敛散点图

进一步采用式3-1的检验模型，对战后20个高收入经济体相对价格发展速度与初始相对价格变量进行OLS线性回归，得到如下检验方程：

1951~2009 年 20 个高收入经济体 β 收敛检验方程：

$$\ln\left(\frac{p_{i,\ T}}{p_{i,\ t}}\right) = 5.648 \quad - \quad 1.223\ln(p_{i,\ t}) \qquad (3\text{-}11)$$

$$(7.179)^{***} \qquad (-6.412)^{***}$$

$$R^2 = 0.684 \qquad F = 41.118^{***}$$

（）内数值为 t 检验统计量值，*** 表示在 1‰显著性水平上显著。

检验方程及方程系数均通过显著性检验，且回归系数符号为负，表明第二次世界大战后高收入经济体相对价格 β 收敛特征显著。

3.4　国际相对价格变动特征的概括总结

本章以全球 106 个经济体为样本、以《Penn World Table 7.0》提供的数据为依据，首先测算并编制了 106 个经济体样本总体的平均相对价格时间序列，对第二次世界大战后全球相对价格总体变动趋势进行了描述性分析。在此基础上对 1950~2009 年期间全球相对价格收敛特性进行了考察，其中通过测度和编制相对价格离散系数时间序列，对第二次世界大战后 106 个经济体相对价格 σ 收敛特性进行了分析；通过建立相对价格发展速度对期初相对价格水平的线性回归方程，对第二次世界大战后全球相对价格 β 收敛特征进行了考察。其次，又按照人均收入水平将全球 106 个经济体划分为低收入经济体、中低收入经济体、中高收入经济体和高收入经济体四个子样本，并分别对各子样本第二次世界大战后相对价格的长期运行趋势、σ 收敛特征与 β 收敛特征进行了考察，综合前述研究结果，可概括出第二次世界大战后全球经济体相对价格长期行为的以下主要特征。

3.4.1　全球相对价格的收敛特征显著

对第二次世界大战后全球 106 个经济体相对价格收敛特征所做的分析表明，战后全球经济体相对价格 σ 收敛特征与 β 收敛特征显著。其中 106 个经济体相对价格离散系数在样本期下降幅度约为 1/3，显示出第二次世界大战后全球相对价格存在明显的 σ 收敛特征；在相

对价格 β 收敛特征考察中，分别针对 1955~2009 年 57 个经济体子样本、1960~2009 年 68 个经济体子样本、1970~2009 年 84 个经济体子样本以及 1994~2009 年 106 个经济体子样本，建立相对价格发展速度对期初相对价格水平的线性回归方程进行相对价格 β 收敛特征检验，上述四个回归方程均通过显著性检验，表明整个样本期相对价格都存在显著的 β 收敛特征。进一步将全球 106 个经济体按人均收入水平分组，并针对不同收入组别经济体进行相对价格 σ 收敛特征与 β 收敛特征分析，分析结果显示，无论是低收入组、中低收入组经济体，还是中高收入及高收入经济体，其相对价格在战后均呈显著的 σ 收敛特征与 β 收敛特征。

3.4.2 组内收敛是导致整体收敛的主要原因

第二次世界大战后全球相对价格经历了显著的收敛过程，各经济体间的相对价格差异趋于缩小。从方差、标准差和离散系数等离散程度测度指标的计算原理可知：在一个样本总体可分解为多个子样本组的情况下，样本总体的离散程度可进一步分解为各子样本组内的差异和各组之间的差异。因此，全球 106 个经济体的相对价格差异也可进一步分解为各收入组组内差异和组间差异。分别测算出组内差异和组间差异并加以比较，可得到这两种差异对总体差异的影响。前文已测算出各收入组内的相对价格离散系数，测算结果显示，各组内的相对价格离散系数在 1950~2009 年期间均呈下降态势，其中低收入组和中低收入组相对价格离散系数下降幅度较大，中高收入组和高收入组相对价格离散系数下降幅度较小。可见，各收入组内相对价格差异的缩小是导致样本总体离散程度缩小的一个直接原因。接下来的问题是：各收入组间相对价格差异是如何变动的？其对样本总体相对价格差异具有多大的影响？为分析各收入组间相对价格差异对样本总体相对价格差异的影响，本书进一步测算了 1950~2009 年期间各收入组间相对价格离散系数（图 3-16），发现 1950~1973 年期间各收入组间相对价格离散系数经历了明显的下降过程，离散系数由 0.32 下降至 0.06，1973 年之后则经历了显著上升过程，并在 20 世纪 90 年代初达到峰值 0.4 附近，此后呈高位震荡态势，2009 年为 0.3。由此可见，从整个样本期来看，各收入组间的相对价格差异程度并没有下降，期末与期初基本处在同一水平。因此可以得出，第二次世界大战后全球相对价格收敛主要是由各收入组内相对价格收敛所导致的。

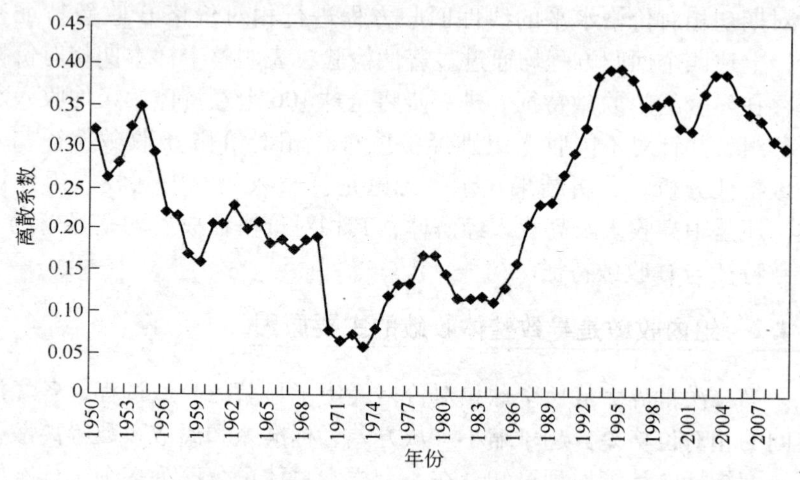

图 3-16　各收入组间相对价格离散系数变动

3.4.3　欠发达经济体与发达经济体相对价格呈相反走势

通过比较第二次世界大战后各收入组别经济体平均相对价格的变动趋势可以发现，低收入经济体与中低收入经济体的平均相对价格水平在 1950~2009 年期间经历了较大幅度的下降过程，而中高收入经济体和高收入经济体的平均相对价格水平在 1950~2009 年期间则经历了明显的上升过程。显示第二次世界大战后各收入组的相对价格存在一定的俱乐部收敛特征。由于低收入经济体和中低收入经济体第二次世界大战后相对价格变动的基本趋势相同，而中高收入经济体与高收入经济体第二次世界大战后相对价格变动的基本趋势相同，因此可将低收入经济体与中低收入经济体归并为欠发达经济体，而将中高收入经济体与高收入经济体归并为发达经济体，对合并后的两类经济体的相对价格变动特征进行总结。显然，这两类经济体在第二次世界大战后的相对价格基本变动趋势截然不同，其中欠发达经济体的整体相对价格水平在战后出现大幅回落的趋势，而发达经济体的整体相对价格水平则出现了明显的上升趋势。

为进一步揭示欠发达经济体与发达经济体第二次世界大战后相对价格变动的类别特征，从两类经济体中各自选取部分典型经济体，分别绘制其战后相对价格与相对人均 GDP 的变动趋势图如图 3-17 与图 3-18 所示。

3.4.3.1　欠发达经济体战后相对价格变动特征

结合图 3-17 中 8 个典型的欠发达经济体的相对价格变动状况，可总结出战后欠发达经济体相对价格的变动特征：

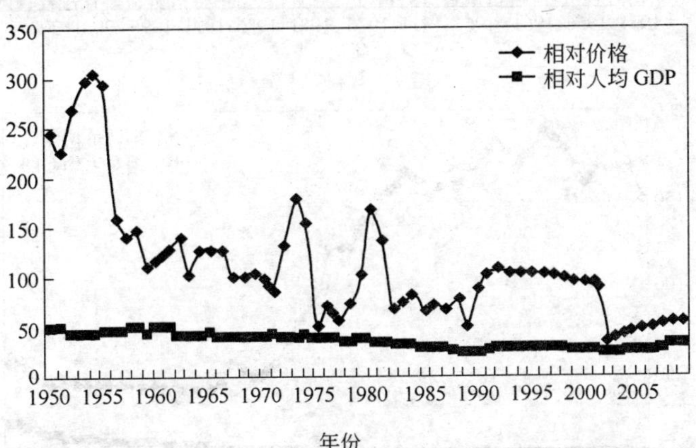

阿根廷

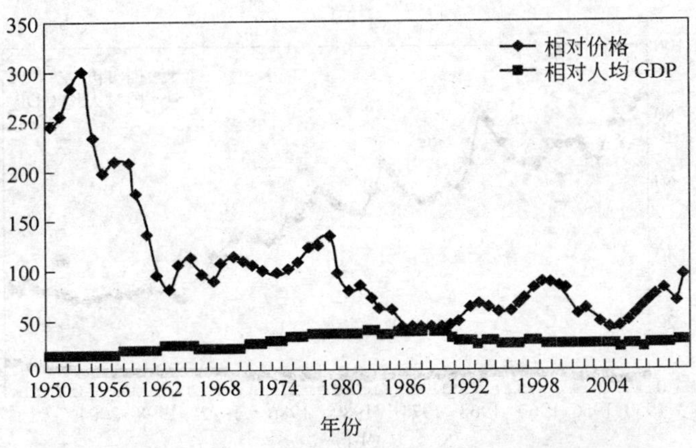

巴西

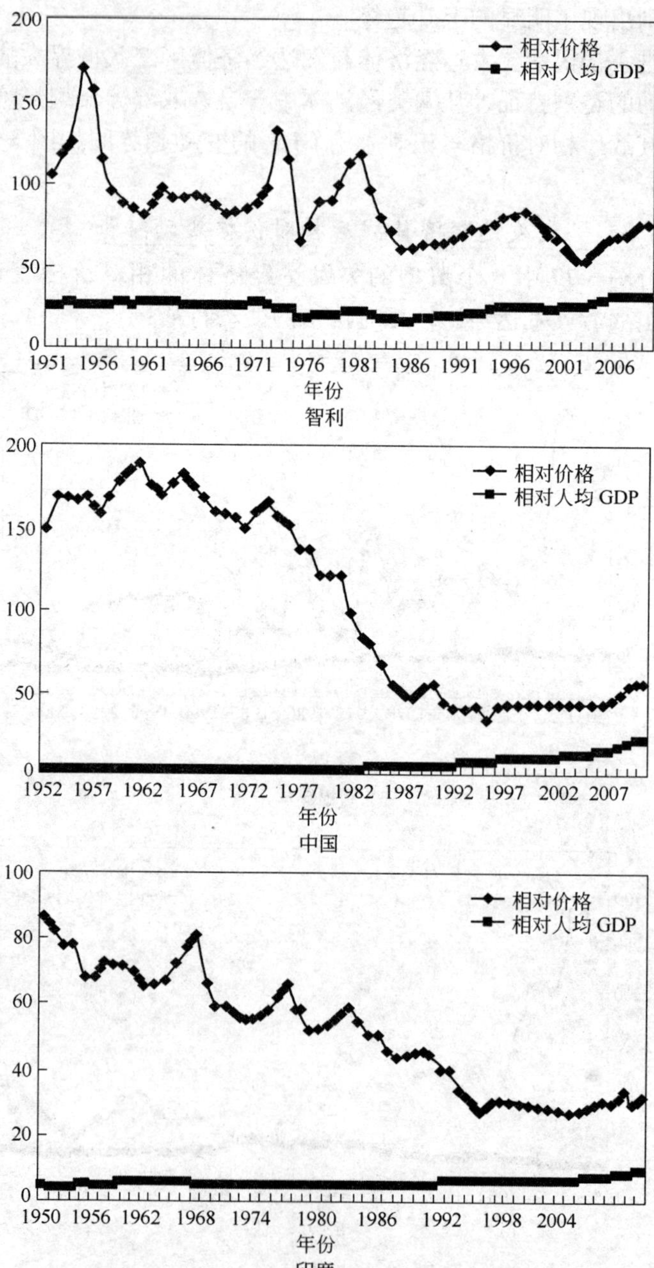

200
150
100
50
0
相对价格
相对人均 GDP
1951 1956 1961 1966 1971 1976 1981 1986 1991 1996 2001 2006
年份
智利
200
150
100
50
0
相对价格
相对人均 GDP
1952 1957 1962 1967 1972 1977 1982 1987 1992 1997 2002 2007
年份
中国
100
80
60
40
20
0
相对价格
相对人均 GDP
1950 1956 1962 1968 1974 1980 1986 1992 1998 2004
年份
印度

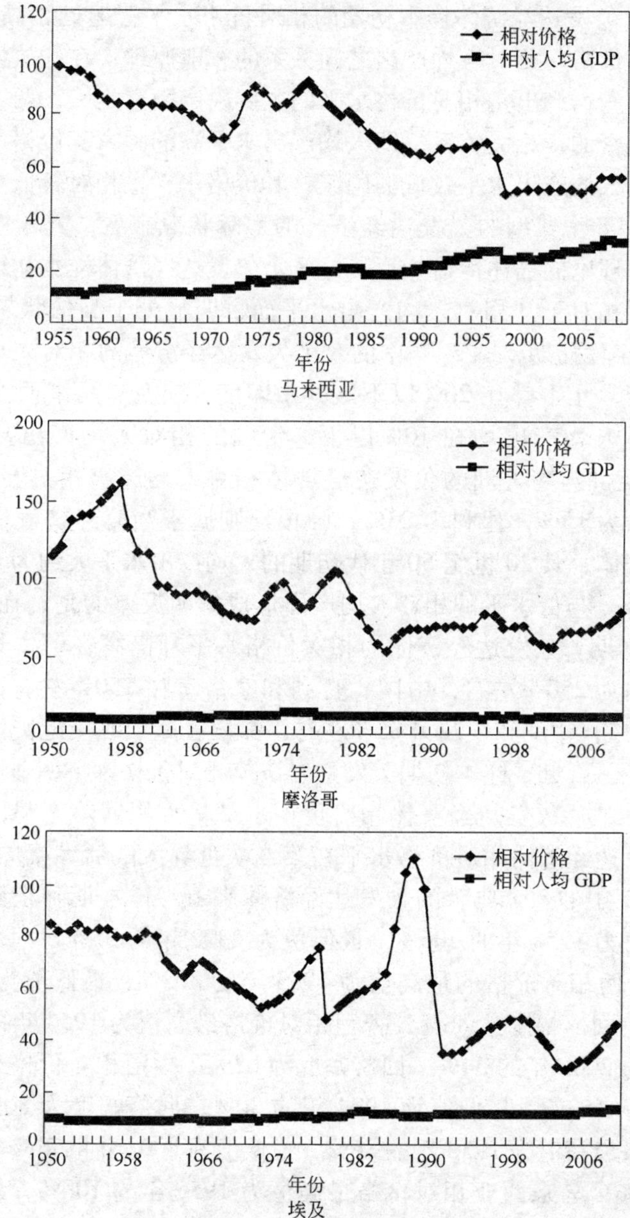

图 3-17 部分欠发达经济体相对价格与相对人均 GDP 的变动

（1）欠发达经济体样本初期的相对价格水平普遍处于高估状态。根据相对价格与相对人均产出之间关系的一般原理，在开放经济条件下，相对人均产出是相对价格水平的主要决定因素之一，两者间应该存在较紧密的正相关关系，即人均产出水平高的国家其价格水平相应也高，而人均产出水平较低的国家，其价格水平也相对较低。然而从图 3-17 中 8 个典型的欠发达经济体的实际状况来看，其相对价格水平与经济理论的描述恰恰相反，这 8 个欠发达经济体样本初期的相对价格水平相对于其相对人均产出水平而言明显处于高估状态。在 20 世纪 50 年代初期，图 3-17 中的 8 个欠发达经济体的相对人均产出水平都很低，几乎都在 20%以下。其中印度、埃及、马来西亚和摩洛哥的相对人均产出均在 10%以下，中国的相对人均产出甚至不到 2%。中美洲与南美洲的欠发达经济体相对人均产出相对要高一些，其中巴西为 15%，智利为 23%，阿根廷则属于当时经济发展程度较高的经济体，其 20 世纪 50 年代初期的人均产出水平大约为基准国美国的 45%。与低水平的相对人均产出形成鲜明反差的是，在 20 世纪 50 年代初期，欠发达经济体的相对价格水平却高高在上，其中阿根廷和巴西为 250%左右，中国、智利和摩洛哥在 150%左右，马来西亚为 100%，印度和埃及为 85%左右，都显著高于或接近美国当时的价格水平。可见，样本初期欠发达经济体相对价格水平明显高估。

（2）战后欠发达经济体相对价格水平呈大幅回落态势。几乎所有的欠发达经济体相对价格水平在第二次世界大战后大幅向下回落。以图 3-17 中的 8 个典型的欠发达经济体来看，样本期阿根廷相对价格最高值为 1954 年的 306%，最低值为 2002 年的 35%，回落幅度达 89%；巴西相对价格的最高值为 1953 年的 302%，最低值为 1984 年的 41%，回落幅度达 86%；智利相对价格最高值为 1954 年的 170%，最低值为 2002 年的 54%，回落幅度为 68%；中国相对价格最高值为 1961 年的 153%，最低值为 1994 年的 30%，回落幅度为 80%；印度相对价格最高值为 1950 年的 86%，最低值为 2002 年的 26%，回落幅度为 70%；马来西亚相对价格最高值为 1955 年的 100%，最低值为 1998 年的 49%，回落幅度为 51%；摩洛哥相对价格最高值为 1957 年的 159%，最低值为 1985 年的 52%，回落幅度为 67%；埃及剔除 20

世纪 80 年代的异常波动后其相对价格最高值为 1950 年的 84%，最低值为 2004 年的 29%，回落幅度为 62%。可见，8 个典型欠发达经济体的相对价格在第二次世界大战后均经历了幅度达 50% 以上的大幅下降。

（3）战后欠发达经济体相对价格变动趋势与经典理论相违背。战后欠发达经济体相对价格水平的大幅回落首先与购买力平价理论相违背，既不符合绝对购买力平价理论所描述的情景，也不符合相对购买力平价理论所描述的情景。绝对购买力平价要求经济体相对价格水平应该围绕 100% 波动，相对购买力平价则要求经济体相对价格水平应围绕某个常数波动。显而易见，欠发达经济体战后相对价格变动不符合购买力平价理论所描述的情景。其次，战后欠发达经济体相对价格变动与巴拉萨-萨缪尔森效应理论不相符合。如果相对人均产出的变化能够反映贸易品部门与非贸易品部门劳动生产率的变化，那么第二次世界大战后那些相对于美国经历更快人均产出增长的经济体应该经历相对价格的上升而不是下降，但欠发达经济体的实际情况却并非如此。从图 3-17 中的 8 个典型欠发达经济体来看，除阿根廷相对人均产出在战后有所下降以外（从 1950 年的 45% 下降为 2009 年的 30%），其他经济体相对人均产出均有所增长，其中巴西相对人均 GDP 由 1950 年的 15% 增长到 2009 年的 23%，智利由 1951 年的 23% 增长到 2009 年的 30%，中国由 1952 年的 1.6% 增长到 2009 年的 18%，印度由 1950 年的 4.5% 增长到 2009 年的 8%，马来西亚由 1955 年的 9% 增长到 2009 年的 28%，摩洛哥由 1950 年的 7% 增长到 2009 年的 8%，埃及由 1951 年的 8% 增长到 2009 年的 11.5%。相对人均产出水平经历显著提高的 7 个经济体，其相对价格水平却经历了大幅下降，与巴拉萨-萨缪尔森效应理论描述的情形正好相反。

3.4.3.2 发达经济体战后相对价格变动特征

图 3-18 列示了具有典型代表意义的 8 个发达经济体第二次世界大战后相对价格与相对人均产出的变动状况。发达经济体第二次世界大战后相对价格变动特征可概括为以下三个方面：

（1）发达经济体样本初期的相对价格普遍处于较合理水平。发达经济体中多数属于传统西方发达国家，如英国、法国、德国、意大

相对价格
相对人均 GDP
120
100
80
60
40
20
0
1950 1955 1960 1965 1970 1975 1980 1985 1990 1995 2000 2005
年份

葡萄牙

相对价格
相对人均 GDP
90
80
70
60
50
40
30
20
10
0
1953 1958 1963 1968 1973 1978 1983 1988 1993 1998 2003 2008
年份

韩国

相对价格
相对人均 GDP
200
180
160
140
120
100
80
60
40
20
0
1950 1955 1960 1965 1970 1975 1980 1985 1990 1995 2000 2005
年份

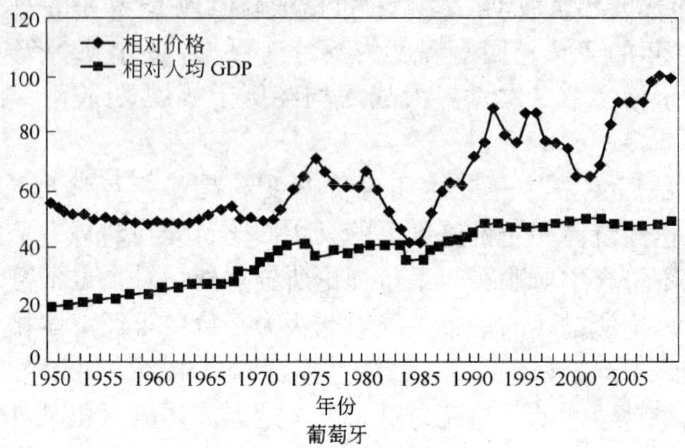

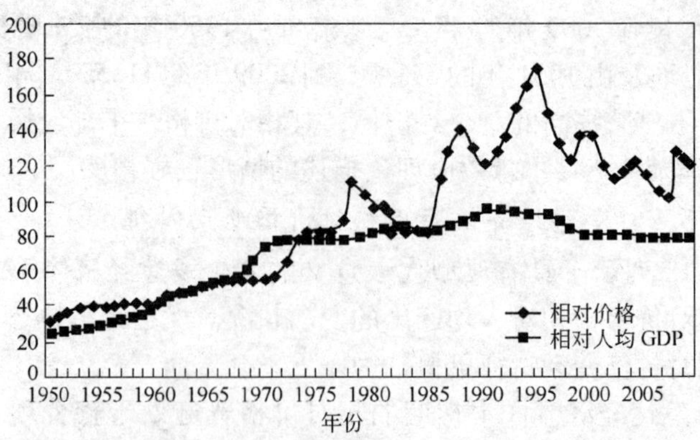

日本

120
100
80
60
40
20
0
1950 1955 1960 1965 1970 1975 1980 1985 1990 1995 2000 2005
相对价格
相对人均 GDP
年份

加拿大

140
120
100
80
60
40
20
0
1950 1955 1960 1965 1970 1975 1980 1985 1990 1995 2000 2005
相对价格
相对人均 GDP
年份

法国

120
100
80
60
40
20
0
1960 1965 1970 1975 1980 1985 1990 1995 2000 2005
相对价格
相对人均 GDP
年份

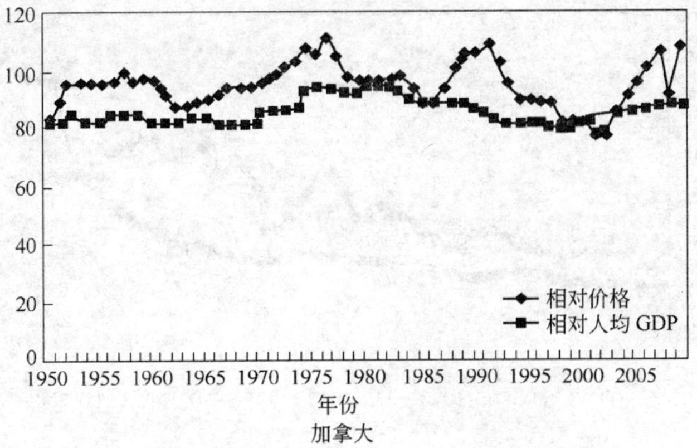

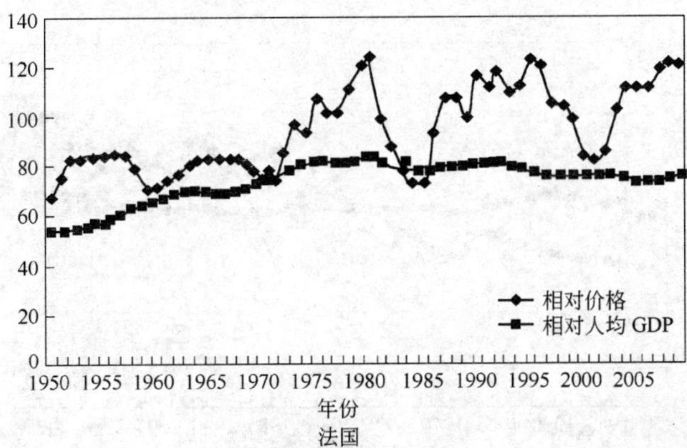

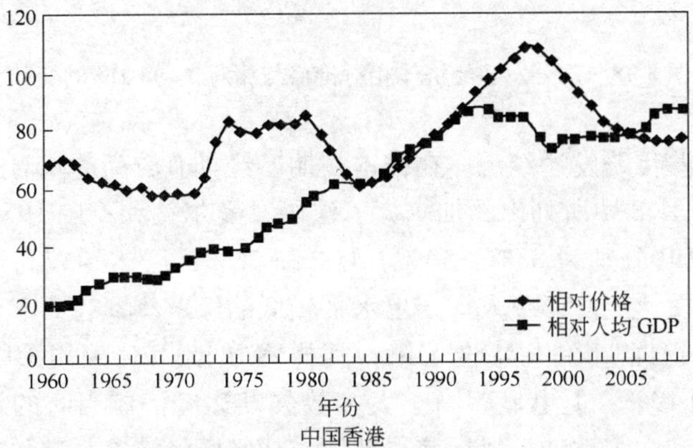

中国香港

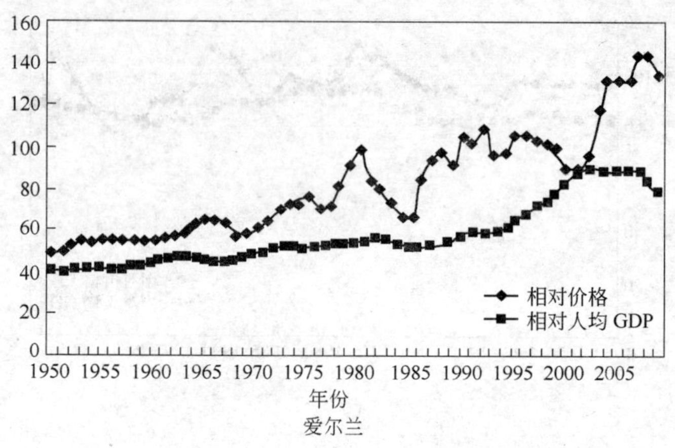

爱尔兰

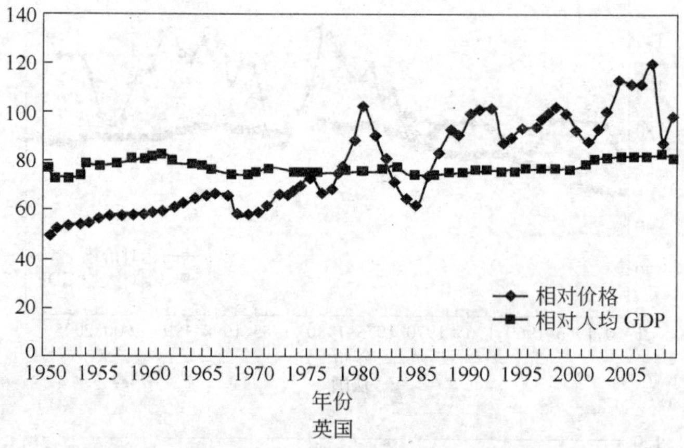

英国

图 3-18 部分发达经济体相对价格与相对人均 GDP 的变动

利等。这些传统发达经济体在样本初期已经具有较高的相对人均产出水平，图 3-18 中所列出的加拿大、法国、爱尔兰和英国 1950 年的相对人均 GDP 分别为 83%、54%、41%和 76%，已达到较高水平。葡萄牙属于发达经济体中人均产出水平较低的经济体，在 3.3 节按照收入等级分组时归在中高收入组，其样本初期相对人均 GDP 较低，1950 年为 19%，但也显著高于大多数欠发达经济体当时的水平。韩国、日本和中国香港是战后起点低而成功经历经济追赶进程的典型经济体，其中日本1950年相对人均GDP为24%，韩国1953年相对人均GDP为10%，中国香港1960年相对人均GDP为20%。可见，除少数经济体如韩国在样本初期的相对人均产出水平相对较低之外，其他多数发达经济体在样本初期已具有较高的相对人均产出水平。

相对于较高的相对人均产出水平，发达经济体样本初期的相对价格基本处于合理水平。其中相对价格水平明显偏低的葡萄牙、日本、法国、爱尔兰和英国1950年的相对价格分别为55%、24%、67%、49%和49%。加拿大1950年的相对价格为82%，略显偏高，但相对于其83%的相对人均产出水平而言则并无高估之嫌。中国香港1960年的相对价格为68%，对于其20%的相对人均产出水平有高估嫌疑。韩国1953年相对价格水平为53%，相对于其10%的相对人均产出水平也略显高估。可见，与图3-17中8个欠发达经济体样本初期普遍高于100%，甚至部分经济体高达300%的相对价格水平相比，图3-18中的8个发达经济体样本初期的相对价格水平基本处于合理区间，即使是略显偏高的韩国和中国香港，其样本初期的相对价格水平也大大低于图3-17中的欠发达经济体的同期值。

（2）几乎所有的发达经济体相对价格水平在战后呈显著上升趋势。以本书前述标准[1]确定的全球发达经济体共有38个（不含基准国美国）。《Penn World Table 7.0》中有26个发达经济体相关数据起始于20世纪50年代初期，有2个经济体（中国香港与新加坡）数据起始于1960年，其他经济体数据均起始于1970年及以后，即具有相对完整的样本期数据（起始于1960年及以前）的发达经济体共有27个（不含基准国美国）[2]。在数据比较齐全的27个发达经济体中，样本期间相对价格主体变动趋势呈上升态势的有25个，呈下降趋势的只有2个，分别是波多黎各以及特立尼达和多巴哥，而且其相对价格下降幅度非常有限，也显著区别于欠发达经济体相对价格大幅下降的

[1] 2009年人均PPP法GDP大于或等于2万美元的经济体确定为发达经济体。

[2] 数据较为齐全的27个发达经济体分别是：塞浦路斯、以色列、韩国、波多黎各、特立尼达和多巴哥、澳大利亚、奥地利、比利时、加拿大、丹麦、芬兰、法国、希腊、中国香港、爱尔兰、意大利、日本、卢森堡、荷兰、新西兰、挪威、新加坡、西班牙、瑞典、瑞士、中国台湾和英国。

普遍特征。

（3）战后发达经济体相对价格变动的主流趋势符合经典理论的描述。发达经济体战后相对价格主流变动与经典理论相符合的特征体现在以下两个方面：首先，从整体上看，发达经济体平均相对价格与平均相对人均 GDP 变动方向一致（图 3-10、图 3-13）。无论是发达经济体中的中高收入经济体，还是高收入经济体，其平均相对价格与平均相对人均 GDP 在战后均呈上升趋势，与巴拉萨-萨缪尔森效应理论描述的情形相符合。其次，从个体层面来看，发达经济体相对价格变动从表象来看主要分为两种类型，其中一种是符合巴拉萨-萨缪尔森效应模型所描述的情形，其相对价格与相对人均产出均呈上升趋势，如图 3-18 中的葡萄牙、韩国、日本、法国、中国香港、爱尔兰和英国。该类型也是发达经济体第二次世界大战后相对价格长期行为的主流类型。绝大多数发达经济体都属于此类型。另一种是符合购买力平价理论所描述的情形，即相对价格基本围绕某一水平值波动，典型的如图 3-18 中的加拿大。

3.5　本章小结

本章以《Penn World Table 7.0》为数据来源，对全球 106 个经济体以及不同收入组别经济体第二次世界大战后相对价格变动特征进行了考察。针对全球 106 个经济体考察结果显示：战后全球平均相对价格水平有所下降，并存在显著的 σ 收敛特征和 β 收敛特征，说明战后全球各经济体相对价格之间的差异趋于缩小。战后全球平均相对人均产出略有增长，相对人均产出间的差异则有所扩大。

针对不同收入组别经济体相对价格与相对人均产出的考察结果显示，不同收入组相对价格变动存在一定的俱乐部特征。低收入经济体和中低收入经济体第二次世界大战后平均相对价格水平均经历了大幅下降过程，显示样本初期这两组经济体价格水平存在高估嫌疑。低收入经济体整体价格水平向下回归调整的过程大约终结于 20 世纪 90 年代初期。中低收入经济体结束这一进程的时间则要提前大约 10 年，即大约在 20 世纪 80 年代初期完成了高估价格的向下回归调整过程。中高收入经济体与高收入经济体平均相对价格水平在样本期均呈上升趋势。进一步结合平均相对人均产出的变动来看，低收入经济体与中低收入经济体战后相对人均产出分别呈小幅下降与小幅上升趋势。显示低收入经济体与中低收入经济体第二次世界大战后相对价格的变动趋势与经典理论不相符合。中高收入经济体与高收入经济体第二次世界大战后相对人均产出水平呈上升趋势，与其相对价格变动趋势一致，与经典理论的描述相一致。

针对不同收入组别经济体相对价格收敛状况的考察结果显示，各收入组别相对价格均存在显著的σ收敛特征和β收敛特征，表明无论经济发展水平高低，价格收敛是共性特征。各样本组相对价格收敛方面的主要区别在于收敛过程持续的时间有所差异，且收敛过程长短与人均产出高低呈反向关系。若以0.2作为相对价格离散系数的参考目标值，高收入经济体相对价格离散系数在1974年降到这一数值，中高收入经济体与中低收入经济体相对价格离散系数分别在1978年和2005年下降到0.2附近，而低收入经济体相对价格离散系数尽管在样本期经历了显著的下降过程，但其2009年的相对价格离散系数仍在0.3以上，显示低收入经济体的相对价格调整过程仍未完成。

4 国际相对价格体系演变的机理分析

第 3 章对第二次世界大战后国际相对价格体系的变动特征进行了系统分析。其中针对全球 106 个经济体样本的考察结果显示：第二次世界大战后全球整体相对价格水平有所下降，相对价格离散系数在 1950~2009 年期间下降了约 1/3，表现出显著的 σ 收敛特征，表明第二次世界大战后全球各经济体之间的价格水平差异趋于缩小。此外，1950~2009 年期间 106 个经济体的相对价格也存在显著的 β 收敛特征，与其 σ 收敛特征形成了相互验证，表明那些在样本期初相对价格水平较高的经济体，在样本期间经历了较低的相对价格发展速度，而那些在样本期初相对价格水平较低的经济体，则经历了较高的相对价格发展速度，从而使得经济体之间的价格水平差异趋于缩小。针对不同收入组别经济体的考察显示，首先各收入组经济体的相对价格在第二次世界大战后都存在显著的 σ 收敛特征与 β 收敛特征，表现出相对价格收敛的共同特征。其次，各收入组别经济体的整体相对价格水平的变动趋势存在显著差别，其中欠发达经济体（低收入经济体与中低收入经济体）第二次世界大战后的整体相对价格水平经历了大幅度下降过程，而发达经济体（高收入经济体与中高收入经济体）的整体相对价格水平则表现为上升过程。

战后国际相对价格体系在内部差异方面呈现出收敛性的共性特征，在相对价格水平的变动趋势方面则表现为迥异的类别特征。本章将针对第二次世界大战后全球相对价格体系演变的内在机理展开分析，具体安排如下：首先，结合第二次世界大战后经济全球化的发展实践，对第二次世界大战后全球范围的相对价格收敛特征进行解释；其次，从自身经济发展模式及外部环境的变化入手，对欠发达经济体的相对价格水平在战后普遍出现大幅下降的原因进行讨论；第三，对战后发达经济体相对价格的变动特征作进一步梳理，在此基础上讨论其相对价格演变的内在机理。

4.1　经济全球化对相对价格收敛的影响

4.1.1　第二次世界大战后的经济全球化进程

4.1.1.1　经济全球化的内涵

一般认为，“经济全球化”一词最早是由美国学者 Levitt 在 1983 年发表于哈佛商业评论（*Harvard Business Review*）上的一篇文章中提出来的。Levitt 用“全球化”一词描述了此前 20 年商品、服务、资本以及技术在全球性生产、消费和投资领域中的快速扩散现象。

经合组织（OECD）前首席经济学家 Sylvia 在 1990 年将全球化描述为生产要素以空前速度和规模在全球范围内流动，以寻找适当的地点进行最佳配置。全球化意味着跨越民族国家政治疆界的经济活动的扩展，以及各国开放度的增加、相互依赖关系的加深，它强调生产要素在世界范围内的自由流动与合理配置，逐步最终完全消除国家之间各种壁垒，使其相互渗透、相互影响，互相依存不断加深，从而实现经济上的世界一体化。

国际货币基金组织（1997）对全球化的定义为：“全球化是指跨国商品与服务交易及国际资本流动规模与形式的增加，以及技术的广泛传播使世界各国经济的相互依赖性增强”。

4.1.1.2　第二次世界大战后的经济全球化进程

虽然对于经济全球化具体始于何时存在不同观点，但多数学者把 1492 年哥伦布发现新大陆作为经济全球化的开端，并将 1492 年到 19 世纪末这一段时期界定为经济全球化的第一个阶段。美洲新大陆的发现，开启了西方列强武力殖民扩张的历史。随着西方借助武力等手段在全球范围内迫使越来越多的民族国家打开国门开放市场，世界市场得以形成和快速发展，促进了国际贸易的大发展。根据 W. Rostow（1978）的估计，1720~1870 年期间，世界贸易量增长了约 21 倍。

经济全球化的第二阶段始于 19 世纪末，结束于 1914 年第一次世界大战爆发。这一阶段的经济全球化与西方列强的资本输出有着密切的关系。由于该阶段各主要资本主义国家的货币由复本位制过渡到金本位制，黄金变成单一的世界货币，被作为各国的储备手段和国际间的结算手段，使得国际支付和国际结算大为便利，纳入到世界市场中的国家越来越多。这一时期，由于金本位制使得汇率保持稳定，刺激了国际贸易的发展。同时，国际资本和劳动力的流动规模也越来越大。

资本主义经济政治发展的不平衡导致了第一次世界大战的爆发。1915 年英国制定保护性关税，1917 年法国颁布禁止普通进口令，由此各国贸易保护主义兴起，蓬勃发展的经济全球化进程中断。1918 年第一次世界大战结束，新诞生的苏联共产主义政权没收了西方投资者的财产，更引起西方国家恐慌，对外投资急剧降低。20 世纪 20 年代末至 30 年代初席卷西方国家的经济危机爆发，各国纷纷实行更为严厉的贸易保护政策，发达国家间的贸易战、经济战不断上演，全球市场开放度急剧收缩，经济全球化陷入严重困境，这种状况一直持续到第二次世界大战爆发。

两次世界大战以及期间全球经济衰退的惨痛教训，使得世界各国普遍意识到贸易保护不但导致全球经济的衰退，而且由此引发的军国主义扩张引发了两次世界大战的爆发。要实现世界的长期和平发展，就必须破除各国贸易保护、恢复和发展全球市场，才能保证世界经济的繁荣和共赢。第二次世界大战后，在美国的主导下，在世界推行由其倡导并控制的自由贸易和投资政策，第三次经济全球化浪潮逐渐形成。1944 年 7 月，在美国、英国的主导下召开了决定战后世界经济格局的“布雷顿森林会议”，签订了布雷顿森林协定，建立了以美元为中心的国际货币体系。1945 年国际货币基金组织和国际复兴开发银行（世界银行）成立，1947 年关税与贸易总协定签订。布雷顿森林协定确定了以美元为基础的固定汇率体制，对于战后世界经济稳定与贸易发展起到了积极作用。国际货币基金组织和世界银行在促进各国经济沟通协调、维护全球经济繁荣稳定和全球经济协调发展等方面发挥了积极作用。在关贸总协定的推动下，越来越多的国家逐步降低关税，促进了全球贸易流通。

第二次世界大战后由美国主导的全球化进程是一个范围不断扩

大的过程。1947年美国推出的以援助西欧恢复重建和经济发展为目的，但以各国开放市场为前提条件的马歇尔计划的实施，使得欧洲经济的复兴掌控在美国手中。此后，美国以提供援助等为手段，促使更多的包括发展中国家在内的国家实行美国式的自由市场经济体制，使得美国为中心的市场开放体制的范围在全球不断扩展。第二次世界大战后经济全球化也是一个程度不断加深的过程，不仅表现在传统的国际贸易方面，也体现在生产全球化和金融全球化等方面。随着战后世界市场的形成和迅速发展，跨国公司和外国直接投资的发展尤为突出。各国开放程度的提高、对资本管制的放松以及国际分工的细化，使得资本能够便捷地实现在全球范围内优化配置，从而实现生产的全球化。20世纪70年代，西方国家先后发生了滞涨，促使其进一步放松了对经济的管制，在金融、运输、信息通讯等行业采取自由化政策并进一步放松国际资本流动。20世纪70年代初布雷顿森林体系崩溃后，在全球范围内逐步确立了以浮动汇率为主的国际汇率体制，市场机制开始主导货币汇率，增强了汇率灵活性，为各国解决国际收支不平衡问题找到了途径。西方一些学者认为，正式固定汇率体制的瓦解、浮动汇率体系的形成，带来了全球资本市场的新生。20世纪60年代以来，包括中国在内的部分社会主义计划经济国家，先后开始尝试进行以市场化为特征的经济改革。尤其是20世纪80年代末至90年代初苏东巨变后，原社会主义计划经济阵营的国家大多转向市场经济。作为经济全球化的体制基础，市场经济体最终促成了真正意义上世界市场体系的形成。而以信息技术为核心的新一轮科技革命使全球市场各组成部分之间的时间和空间距离都大大缩短，为全球性贸易、投资和金融业务的开展提供了更为便捷的手段，从而使经济全球化达到一个崭新阶段和前所未有的程度。

4.1.2 经济全球化对相对价格收敛的影响

国际贸易的发展是经济全球化的起点。国际贸易越发展，各国之间的国际分工就越深化，各国之间的相互依赖和协作程度就高，世界经济全球化程度就越高。因此，作为世界经济全球化先导的国际贸易的发展程度如何，成为世界经济全球化的重要标志。世界银行和其他一些国际经济组织通常把国际贸易额与全球生产总值的比值，作为衡量经济全球化的重要指标。可见，贸易全球化是经济全球化的主要组成内容。除此之外，生产全球化与金融全球化也是经济全球化的重要内容。由第二章的相关理论可知，开放经济条件下国际贸易的开展，会促使国家间价格趋同或趋于收敛。此外，跨国生产及国际金融业务范围的扩展，也有助于国家间供给与需求因素差异的缩小，从而导致国家间的价格收敛。因此，由贸易全球化、生产全球化以及金融全球化等构成的经济全球化进程，都会促使全球相对价格的收敛。由于贸易全球化是经济全球化的直接和最终体现，所以本书主要从贸易全球化角度，分析第二次世界大战后贸易全球化进程对全球相对价格收敛行为的影响。具体来看，又可将这一影响分解为两个方面：全球贸易规模的扩大对全球相对价格收敛行为的影响，以及全球贸易自由化程度的提高对全球相对价格收敛行为的影响。

4.1.2.1 贸易规模扩大对相对价格收敛的影响

第二次世界大战之后，随着战后各国经济恢复重建进程的展开以及国际贸易新体制的建立和完善，全球贸易得以迅速发展。1950~1960 年期间，全球商品贸易总额由 563 亿美元增长到 1283 亿美元，增长了 1.28 倍，年均增长 8%。20 世纪 60 年代以后，世界贸易发展速度进一步加快。1970 年全球商品贸易总额达到 3183 亿美元，比 1960 年增长了 1.45 倍，年均增长率达到 8.5%。这一时期国际贸易范围也不断扩展。第二次世界大战后国际贸易首先在大西洋两岸迅速扩展。20 世纪 70 年代以后，国际贸易快速增长的态势扩散到整个太平洋沿岸地区，并进一步在全球范围扩散，形成了全球范围的贸易大发展局面。20 世纪 80 年代以后，特别是 90 年代以来，国际贸易继续保持强劲发展势头，贸易的全球化进程获得了跨越式发展，迎来了全球贸易大发展的崭新时期。贸易全球化的程度，可以通过全球贸易规模的扩大、贸易结构的变化以及贸易流向的地理分布等方面加以体现。其中 2001~2011 年全球贸易总额与商品、服务贸易额如表 4-1 所示。

表 4-1 2001~2011 年全球贸易状况 （亿美元）

年 份	商品出口额	服务出口额	出口贸易总额
2001	61910.3	14950.5	76860.8
2002	64920.4	16090.1	81010.5
2003	75850.6	18430.5	94290.1
2004	92170.8	22400.1	114570.9
2005	104940.6	25060.8	130010.4
2006	121190.6	28410.9	149610.5
2007	140120.0	34200.3	174320.3
2008	161400.0	38460.7	199860.7
2009	125410.7	34200.7	159620.4
2010	152730.9	37640.9	190380.8
2011	182550.2	41680.8	224240.0

资料来源：世界贸易组织（WTO）网站数据库。

首先，从国际贸易规模来看，根据世界贸易组织（WTO）的相关统计资料，1995 年世界贸易总额突破 6 万亿美元，其中商品贸易额为 4.88 万亿美元，服务贸易额为 1.23 万亿美元。2000 年，世界贸易总额为 7.7 万亿美元，其中商品贸易额为 6.23 万亿美元，服务贸易额为 1.47 万亿美元。进入 21 世纪后，虽然由于受到“9·11”事件和美国金融危机的影响，全球贸易额分别在 2001 年和 2009 年出现了暂时的衰退，但整体上仍保持了快速增长态势。2001 年全球贸易总额为 7.69 万亿美元，其中商品出口额为 6.19 万亿美元，服务出口额为 1.5 万亿美元。2011 年全球商品和服务出口总额达到 22.42 万亿美元，几乎是 2000 年的 3 倍，可见进入新世纪以来，全球贸易增长进一步加快。

第二次世界大战后全球贸易增速显著高于同期全球产出的增速。1950~2011 年期间全球商品出口量与全球 GDP 增速如图 4-1 所示。从图 4-1 可以观察到，除个别年度外，1950 年以来，绝大多数时间段的全球商品出口量增速均明显高于 GDP 增速。这一趋势特征也可以从 1950~2011 年期间全球商品出口量与 GDP 定基指数序列（2005 年指数为 100）中体现出来（见图 4-2）。1950 年全球商品出口实物量定基指数为 4，1960 年为 8，显示 1960 年的全球商品出口总量比 1950 年翻了一番。1970 年该指数值为 17，较 1960 年增长了 125%。1980 年为 29，比 1970 年增长 71%。1990 年为 42，比 1980 年增长 45%，可见在 20 世纪七八十年代，全球贸易增速有所放缓。进入 20 世纪 90 年代后，全球贸易增速再次加快，2000 年全球商品出口总量定基指数达到 79，比 1990 年增长 88%。进入 21 世纪后，由于受到“9 · 11”事件和美国金融危机等的负面影响，全球商品出口总量在 2001 年和 2009 年分别出现-0. 2%和-12. 1%的负增长，导致 2001 年以来的全球贸易增速下降。2011 年全球商品出口实物量定基指数值为 124，比 2000 年增长 57%。从整个时期来看，2011 年全球商品出口总量达到 1950 年的 31 倍，比 1950 年增长了 30 倍，年均增长 5. 8%。同一时期全球 GDP 定基指数由 1950 年的 13 增长到 2011 年的 113，增长了 8. 7 倍，年均增长率为 3. 6%。可见，第二次世界大战后

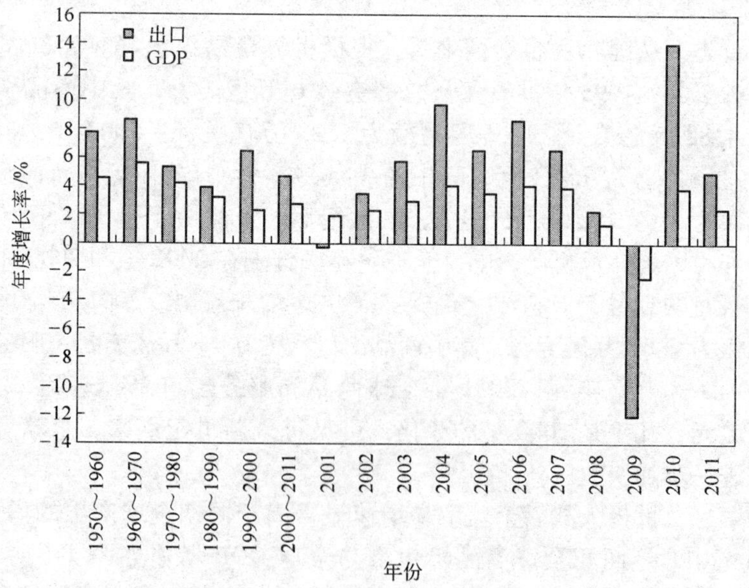

图 4-1　1950~2011 年全球商品出口量与 GDP 增长率

（资料来源：世界贸易组织（WTO）网站数据库）

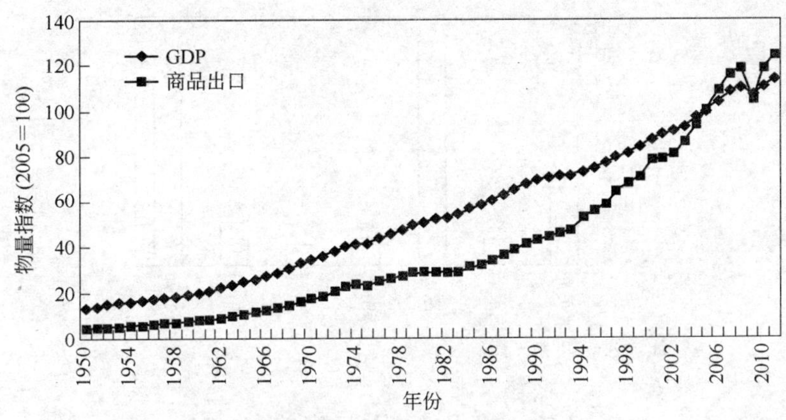

图 4-2 1950~2011 年全球商品出口与 GDP 物量指数（2005 年指数为 100）
（资料来源：世界贸易组织（WTO）网站数据库）

全球贸易增速显著高于全球经济增速。由于第二次世界大战后全球贸易增速显著高于全球经济增速，使得全球商品与服务出口总额占同期 GDP 的比重，由 1950 年的 6%上升到 32%。

从国际贸易结构来看，第二次世界大战后服务贸易在全球贸易中的比重不断上升，2011 年服务出口贸易额已达到出口贸易总额的 19%。另外，在商品贸易中，初级产品比重大幅下降，工业制成品所占比重则快速上升。1950 年，初级产品在商品贸易中的比重高达 57%，工业制成品占 43%。1973 年两者比重分别为 38%和 62%。2011 年两者比重分别为 35%和 65%。可见，工业制成品已占据国际商品贸易中的主体。从国际贸易的地区分布来看，虽然发达工业国仍占据国际贸易的主体地位，但其在国际贸易中的比重在第二次世界大战后已显著下降，而发展中国家在国际贸易中的份额则不断提高。2011 年各地区在全球商品出口额中的比重如图 4-3 所示。

第二次世界大战后国际贸易规模的扩大、贸易结构的不断升级以及贸易地理分布的变化，使得全球贸易对全球经济的影响力显著提高，其中也包括国际贸易对国家间相对价格收敛的影响。由于国际贸易能够降低国家间相对价格水平差异，所以第二次世界大战后随着国际贸易规模的扩大，这种影响机制作用越发明显，使得全球相对价格

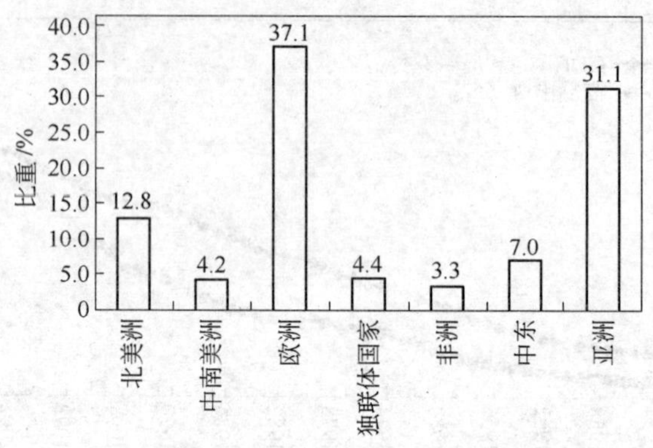

图 4-3 2011 年全球商品出口额的地区构成
（资料来源：世界贸易组织（WTO）网站数据库）

出现显著的收敛特征。

4.1.2.2 贸易自由化程度的提高对相对价格收敛的影响

贸易自由化，是指一个国家通过国内立法和国际协议，在对外经贸领域减少对商品、服务以及与贸易相关的资本、技术等要素在国际间流动的行政干预，转向主要依靠自由市场实现商品与资源等的跨国流动。贸易自由化是以全球市场经济的形成为前提，以生产社会化程度的提高为背景，以国际间经济贸易行为为基础，以政府行政干预弱化为标志的贸易发展过程。

第二次世界大战后，以 1948 年关税及贸易总协定（GAT T）的正式实施为标志，全球性贸易自由化进入快速发展阶段。由于关贸总协定是在以美国为首的西方发达国家主导下产生的，所以贸易自由化趋势首先在发达国家间形成。随着越来越多的发展中国家成为关贸总协定缔约国，贸易自由化逐步在世界范围蔓延，特别是 20 世纪 80 年代以来，发展中国家纷纷实行贸易自由化政策，消减关税和非关税壁垒。这种贸易自由化趋势随着 1995 年世界贸易组织（WTO）的成立得到进一步加强。截止到 2013 年 2 月，世贸组织已有 158 个正式成员和 26 个观察成员。

关税及贸易总协定建立了一套处理成员国之间贸易关系的原则及

规章。关税及贸易总协定通过签署大量协议，不断丰富、完善多边贸易体制的法律规范，对国际贸易进行全面的协调和管理。在关税及贸易总协定组织主持下，从 1947 年开始，共举行了八轮多边贸易谈判。第一轮谈判于 1947 年 4~10 月在日内瓦举行，使占发达资本主义国家进口值54%的商品平均降低关税 35%；第二轮谈判于 1949 年 4~10 月在法国安纳西举行，使占应征税进口值 5.6%的商品平均降低关税 35%；第三轮谈判于 1950 年 9 月~1951 年 4 月在英国托基举行，使占进口值 11.7%的商品平均降低关税 26%；第四轮谈判于 1956 年 1~5 月在日内瓦举行，使占进口值 16%的商品平均降低关税 15%；第五轮谈判于 1960 年 9 月~1961 年 7 月在日内瓦举行，被称为“迪龙回合”，使占进口值 20%的商品平均降低关税 20%；第六轮谈判于 1964 年 5 月~1967 年 6 月在日内瓦举行，被称为“肯尼迪回合”，使关税税率平均水平下降 35%；第七轮谈判于 1973 年 9 月~1979 年 4 月在日内瓦举行，被称为“东京回合”，这次谈判的重心已从关税转移到非关税壁垒上，并达成七个非关税壁垒方面的守则；第八轮谈判于 1986 年 9 月开始，被称为“乌拉圭回合”。自总协定成立以来，共进行了八大回合的多边贸易谈判，关税税率有了较大幅度的下降。发达国家的平均关税已从 1948 年的 36%降到 20 世纪末的 3.8%，发展中国家和地区的平均关税水平降至 12.3%，经济转轨国家的平均关税水平降低至 6%。

世界贸易组织成立后，进一步加强了国际贸易体系的法制化和规范化，强化了全球性多边贸易机制，形成了多边贸易体制坚实的法律和组织基础，并进一步扩大了国际贸易相关领域的自由化。

贸易自由化程度越高，国家间价格差异就越小，这种影响突出地体现在以下两个方面：其一，贸易自由化程度越高，国家间的关税及非关税壁垒就越低，对贸易品价格的影响就越小，贸易品在进口国与出口国的价格差异就越小；其二，贸易自由化程度越高，政府对国际贸易的干预就越少，贸易品价格由市场决定的成分越大，因政府干预而扭曲的程度和可能性就越小、国家间贸易价格差异就越小。因此，随着第二次世界大战后全球贸易自由化程度的提高，全球相对价格间的差异便趋于缩小，导致收敛行为的发生。

4.2　欠发达经济体相对价格变动机理分析

4.2.1　非市场因素导致相对价格扭曲

相对价格决定机制的相关理论解释表明，在开放经济条件下，一个经济体的相对价格水平主要（但不限于）取决于其相对劳动生产率水平、要素禀赋及其经济结构特征。一般来说，低收入经济体的劳动生产率水平低于高收入经济体，其要素禀赋中资本相对不足而劳动相对充裕，并且普遍具有二元经济结构特征，这些经济特征决定了在开放经济条件下欠发达经济体应当具有较低的价格水平。然而从本书的研究样本来看，欠发达经济体在样本初期的相对价格水平却普遍偏高，其中相当数量的欠发达经济体样本初期的相对价格水平甚至远高于发达经济体。战后初期欠发达经济体的相对价格表现与一般经济理论的解释相背离，显示欠发达经济体在样本初期的相对价格存在严重扭曲，其相对价格水平明显被高估。这一现象在理想的开放市场经济环境下是不可能出现的，究其原因，很可能是由理论前提不成立所导致的，即由欠发达经济体在第二次世界大战后初期根本不具备开放的市场经济条件所致的。首先，从经济体的内部环境来看，如果不具备市场经济体制或市场经济不完善，政府在价格、汇率、国际贸易等领域过多的干预和管制，都会导致一个经济体相对价格的扭曲；其次，从经济体外部环境来看，封闭的经济状态或极为有限的对外经济往来，或存在较为严重的国际贸易及非贸易壁垒，也会导致经济体相对价格的扭曲。下面将结合战后欠发达经济体的经济发展实践，对欠发达经济体的价格水平在战后初期存在显著高估的现象进行具体分析。

从战后欠发达经济体的发展实践来看，在 20 世纪 50～60 年代，欠发达经济体普遍不具备相对完善的市场经济体制，是造成其相对价格扭曲的内部原因，而相对封闭的经济状态则是外部原因。

首先以较为典型的转轨经济体为例加以说明。转轨经济体是指那些由计划经济体制向市场经济体制转轨的国家。第二次世界大战后至 20 世纪 90 年代，全球曾并存了两大鲜明的经济模式：一种是以原苏联为代表的社会主义国家所实行的计划经济模式，另一种则是以西方国家为代表的市场经济模式。计划经济模式以生产资料的公有制为基础，由政府制订经济计划，按照政府计划组织全社会的生产、分配、交换和消费等经济活动。由于政府直接干预微观经济活动，在计划经济模式下，必然导致全社会价格信息的混乱和扭曲，中国在计划经济时代广泛存在的工农业产品价格“剪刀差”即是一个典型例子。所谓工农业产品“剪刀差”是政府在资源非常有限的条件下，为尽快通过自力更生的方式实现工业化，而人为压低农产品价格以降低工业发展成本，加速工业发展的一种手段。另外，从外部环境来看，由于东西方阵营的长期冷战状态，原东西方经济基本处于割裂的相互封闭状态，双方仅存在很少的经济往来。在这样一种状态下，根本就不存在所谓的外部经济均衡，反映外部经济均衡的汇率也必然严重失真，形成贸易品一价定律的机制都无从谈起，更不用说非贸易品以及整体相对价格的决定机制了。因此，归结起来，非市场因素导致的内部价格失真，以及对外经济封闭导致的汇率扭曲，综合起来造成了转轨国家在计划经济时期的相对价格水平被严重高估。Ito et al（1997）的研究也持有相同的观点。图 4-4 列示了阿尔巴尼亚、蒙古、罗马尼亚和保加利亚四个转轨经济体在第二次世界大战后相对价格和相对人均 GDP 的变动状况。

从图 4-4 中可以清晰地观察到，这些转轨经济体在经济转轨之前的计划经济时代，尤其是在较早的样本初期，相对价格普遍处于高估水平。其中，1970 年阿尔巴尼亚的相对价格接近 200，高出基准国美国近一倍，而当年其相对人均 GDP 仅为 11，即大约为美国的十分之一，可见其相对价格被严重高估。蒙古 1970 年相对价格为 350，相对人均 GDP 为 7，罗马尼亚 1960 年相对价格为 351，相对人均 GDP 为 10，保加利亚 1970 年相对价格为 165，相对人均 GDP 为 13。可见，在计划经济时代，这四个典型的转轨经济体的相对价格处于扭曲状态，其相对价格水平被严重高估。随着其中央集权的计划经济模式的松动，以及向市场经济模式的逐步转轨，后续其相对价格水平则呈现向下大幅回归的态势。其他转轨经济体也具有相似的特征。

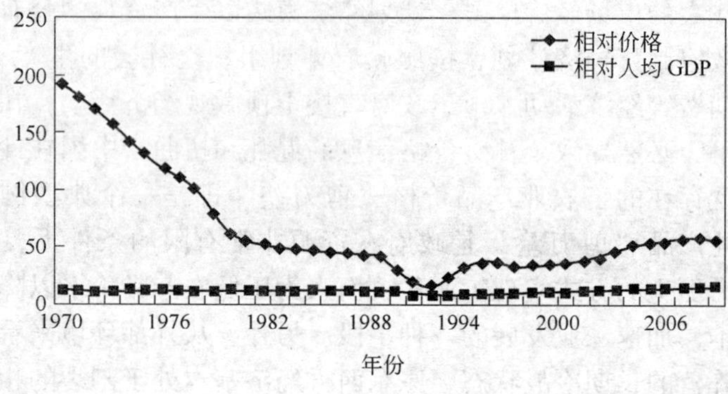

阿尔巴尼亚

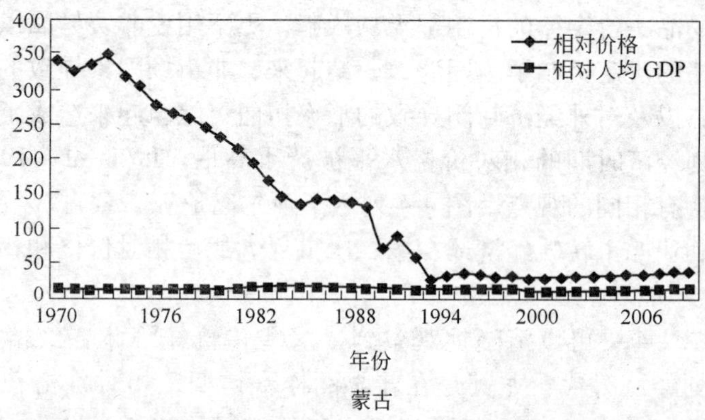

蒙古

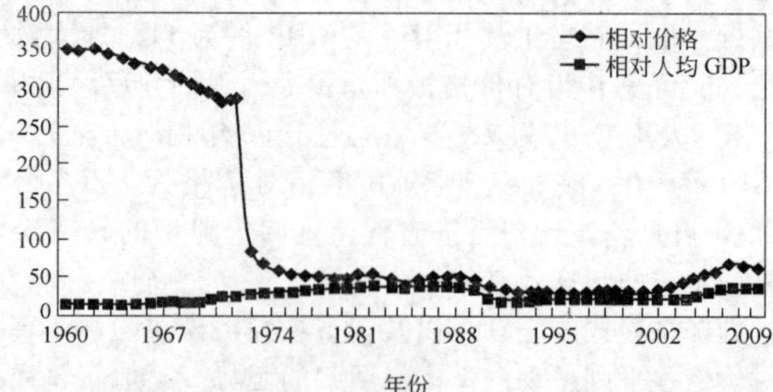

罗马尼亚

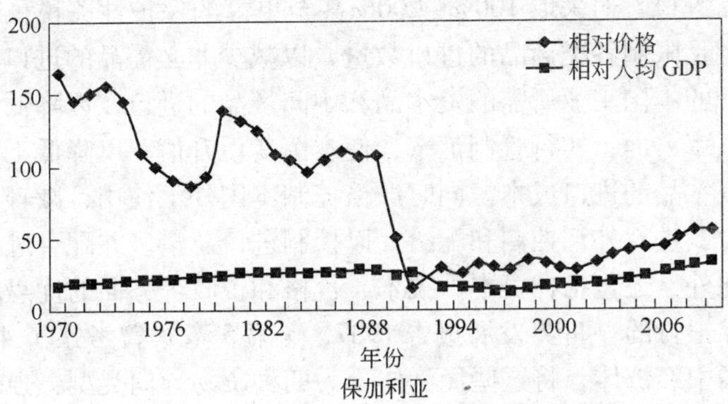

图 4-4 部分转型经济体相对价格的变动

由于转轨经济体在计划经济时代具有特色鲜明的经济模式，所以很容易从非市场机制导致内部价格扭曲，以及封闭的对外经济状况而导致的汇率扭曲两方面总结出导致其相对价格在样本初期高估的原因。与转轨经济体相比，其他欠发达经济体在样本初期的情况则要复杂得多，它们的经济模式更为复杂和多样化，开放程度也不尽相同。但从主要的欠发达经济体的发展实践来看，其在样本初期普遍采取强调政府干预的经济发展模式，并采取保护性贸易政策，由此导致内外部价格的双重扭曲，是其相对价格高估的主要原因。

第二次世界大战后到 20 世纪 70 年代期间，主流的发展理论认为之所以发展中国家不能拥有发达国家的产业、技术，是因为市场存在失灵，于是提出了结构主义，认为按照市场配置资源，发展中国家不能发展现代化的产业，所以应该推行进口替代战略，由国家主导发展产业。在这一时期，许多发展中国家尤其是一些发展中大国，如印度、巴基斯坦、阿根廷、尼日利亚、智利等国家，纷纷选择进口替代战略来实现工业化。这些国家为配合进口替代战略的实施，普遍选择实行保护性关税、进口配额以及高估本国货币的保护性贸易政策。其中的保护性关税，是对最终消费品，尤其是工业品的进口征收高关税，对本国工业生产所需的资本品和中间产品征收低关税或免税。比如在 20 世纪 50 年代，在印度、巴基斯坦、阿根廷和尼日利亚等国，对工业品进口普遍采取100%~200%甚至更高的保护性关税税率。进口配额则是限制各类商品的进口数量，以减少非必需品的进口，并保证受保护的本国工业所需的资本品和中间产品的进口，以降低生产成本。在汇率方面，实行管制汇率，使本国货币升值，以降低工业生产所需的资本品的进口成本。同时严格控制本国外汇使用，减轻外汇不足的压力。进行外汇控制和配给，以控制进口总量，并配合进口配额制度。此外，还包括在资本、技术、价格和税收等方面的优惠政策。

世界银行的《世界发展报告1987》（第5章）曾考察了41个当时的发展中经济体，将这些经济体分为四种贸易导向类型：强外向型经济（Strongly-Outward-Oriented Economy）、中度外向型经济（Moderately-Outward-Oriented Economy）、中度内向型经济（Moderately-Inward-Oriented Economy）和强内向型经济（Strongly-Inward-Oriented Economy）。其中中度内向型经济和强内向型经济都可归为进口替代模式类型。世界银行报告将这41个经济体在1963~1973年期间的贸易战略进行了分组，其中列入强外向型经济的只有中国香港、韩国和新加坡，被列入中度外向型经济的为以色列、巴西、马来西亚、泰国等10个国家，其余包括墨西哥、菲律宾、突尼斯、阿根廷、智利、多米尼加、印度、巴基斯坦、秘鲁、乌拉圭和土耳其等在内的28个经济体均被列入中度内向和强内向型经济体。如果按照本书对欠发达经济体的划分标准，应将中国香港、韩国、新加坡和以色列从中扣除，这样剩余的38个发展中经济体无一属于强外向型经济，中度外向型为9个，其余28个均属进口替代模式的内向型经济体。可见，在第二次世界大战后至20世纪70年代期间，多数欠发达经济体采取的是进口替代发展战略。

进口替代工业化战略的普遍实施，造成欠发达经济体内外部经济扭曲，普遍高企的进口关税以及严重高估的货币汇率使得本国相对价格处在不合理的较高水平上。

4.2.2 市场化促使相对价格合理回归

进口替代模式虽然在一定程度上起到了保护本国幼稚工业的作用，但这种模式的缺点也显而易见：首先，受保护的国内工业由于缺乏国外竞争而普遍缺乏效率和动力；其次，国内市场相对狭小无法实现规模经济优势，致使工业效率低下；第三，高估本币抬高了本国出口品的价格，阻碍了传统初级产品的出口，外汇短缺日益严重，造成国际收支恶化，进口替代战略难以为继。从实际发展效果来看，那些采取进口替代战略的国家的经济增长率要显著低于开放型国家，经过一段时期的发展，其和发达国家的差距反而拉大了。随着进口替代战略暴露出越来越多的缺陷，从20世纪70年代中期开始，越来越多的发展中国家逐渐开始转向贸易自由化并采用外向型的出口促进战略。此外，以原苏联和东欧为代表的社会主义计划经济模式的弊端也越发显现，经济发展普遍陷入困境，促使这些计划经济国家也纷纷开始经济改革，向开放的市场经济转型。

政府干预经济模式的失败催生了一股新的经济发展思潮，到了20世纪70年代末至80年代初，新自由主义成为主流的发展理论。根据新自由主义的主张，提出了华盛顿共识的政策组合，主张私有化、市场化、自由化的配套改革，以建立现代市场经济体系，提高资源配置的效率。在这样一股自由化浪潮的推动下，欠发达经济体纷纷转向外向型市场经济模式，逐渐融入世界经济体系。发展中经济体向自由市场模式的转型，加速了经济全球化进程。而经济全球化的发展反过来进一步促进了发展中经济体市场机制的完善和贸易自由化程度的提高。

随着欠发达经济体向开放市场经济的全面转型的深入，以及经济全球化程度的加深，对于越来越多的欠发达经济体来说，其相对价格的决定机制也越发接近经典的开放经济理论所描述的情形。首先，贸易自由化的开展，迫使欠发达经济体为保持其外部经济平衡，必须采取更为灵活和有竞争力的汇率政策。这就必然要求其本国货币贬值，以使之前高估的货币汇率回到合理的水平。事实上，欠发达经济体在由封闭向开放的转型中普遍下调了其货币估值，比如阿根廷货币1980年与美元的汇率（直接标价法，下同）是其1950年汇率的5万倍，贬值幅度之大令人瞠目。转型经济体保加利亚在经济转轨后的1997年其货币兑美元汇率为1.68，转轨之前的1989年为0.00084，贬值达2000倍。由于自由贸易的开展，促使欠发达经济体的货币汇率向合理水平回归，使得其国内贸易品价格逐步与国际市场价格一致。其次，经济全球化进程使得全球关税税率大幅降低。又加上科技进步使得运输费用相对降低。这样，由于贸易自由度的提高，在市场机制的作用下，欠发达经济体的贸易品价格逐渐向国家市场价格靠拢，作为理论分析关键前提假设的贸易品一价定律趋于成立。此外，自由市场环境的具备，使得欠发达经济体的非贸易品价格越发符合理论描述的决定机制，即显著低于高收入国家。于是，欠发达经济体整个相对价格水平便出现了显著的下降态势。这一过程实际上是欠发达经济体之前高估的相对价格水平向合理水平的回归。

4.3 发达经济体相对价格变动的机理分析

4.3.1 对发达经济体的再梳理：从一般到个体

发达经济体市场体系较为完善、开放程度更高，其相对价格长期变动最能体现开放经济条件下的一般特征，因而有必要在第三章针对发达经济体整体特征考察的基础上，进一步对发达经济体第二次世界大战后的相对价格的变动进行个体层面的考察，然后总结其战后相对价格的变动机理。

发达经济体共有36个，包括11个中高收入经济体❶和25个高收入经济体❷。在36个发达经济体中，有22个为传统的西方发达经济体（包括日本），4个亚洲新兴工业化经济体：韩国、中国香港、新加坡和中国台湾，4个中东产油国：阿曼、沙特阿拉伯、科威特和阿联酋，3个原东欧社会主义国家分离出的经济体：捷克、斯洛伐克和斯洛文尼亚。剩余的3个经济体分别是特立尼达和多巴哥、波多黎各和以色列。特立尼达和多巴哥为中北美洲的小国，2009年底人口为120多万，也是一个主要依赖石油生产的产油国。同样位于中北美洲

❶ 11个中高收入经济体为：塞浦路斯、捷克、以色列、韩国、阿曼、葡萄牙、波多黎各、沙特阿拉伯、斯洛伐克、斯洛文尼亚、特立尼达和多巴哥。

❷ 25个高收入经济体为：澳大利亚、奥地利、比利时、加拿大、丹麦、芬兰、法国、德国、希腊、中国香港、爱尔兰、意大利、日本、科威特、荷兰、新西兰、挪威、新加坡、西班牙、瑞典、瑞士、中国台湾、阿联酋、英国和美国。

的波多黎各则属于美国的一个自由邦，2012 年 11 月 7 日，经过全民公投，波多黎各即将成为美国的第 51 个州。以色列则是一个典型的在资源匮乏的情况下成功发展为发达经济体的国家。

由于发达经济体组成较为混杂，为了使分析结论更一般性，有必要将其中部分不具备普遍意义的个体加以剔除，进一步精炼发达经济体样本。具体处理如下：由于产油国独特的经济模式不具备普遍性，故将 5 个产油国阿曼、沙特阿拉伯、科威特、阿联酋和特立尼达和多巴哥剔除。波多黎各则由于其与美国的特殊联系，也被排除到最终样本之外。捷克、斯洛伐克和斯洛文尼亚由于成立于 20 世纪 90 年代初，历史数据欠缺，因而也从样本中剔除。此外，美国作为《Penn World Table》中的基准国，也从样本中剔除。于是，精炼后的发达经济体共有 26 个，分别是塞浦路斯、以色列、韩国、葡萄牙、澳大利亚、奥地利、比利时、加拿大、丹麦、芬兰、法国、德国、希腊、中国香港、爱尔兰、意大利、日本、荷兰、新西兰、挪威、新加坡、西班牙、瑞典、瑞士、中国台湾和英国。

第 3 章的分析结果显示，发达经济体的平均相对价格水平在第二次世界大战后呈显著的上升趋势。其中，6 个中高收入经济体的平均相对价格由 1955 年的 70 上升到 2009 年的 86。高收入经济体平均相对价格水平则由 1951 年的 63 上升为 2009 年的 112，上升幅度达 78%。实际上，筛选出的 26 个发达经济体除加拿大以外，其他 25 个发达经济体的相对价格水平在第二次世界大战后无一例外地经历了明显的上升过程。在相对人均产出水平的表现上，26 个经济体中，有 22 个经历了相对人均产出的显著增长，即在第二次世界大战后实现了对基准国美国的经济追赶甚至超越。除“亚洲四小龙”外的另外 18 个赶超型发达经济体第二次世界大战后相对价格及相对人均 GDP 的变动如图 4-5 所示。

从图 4-5 可以观察到，18 个发达经济体的相对人均 GDP 在第二次世界大战后经历了显著增长，其中日本的表现最为突出，相对人均 GDP 由 1950 年的 24 增长到 2009 年的 77，增长了 2 倍多。增长幅度在 100%以上的国家有塞浦路斯、以色列、西班牙、葡萄牙、奥地利、希腊、爱尔兰以及德国（图中德国数据起始于 1970 年，当时德

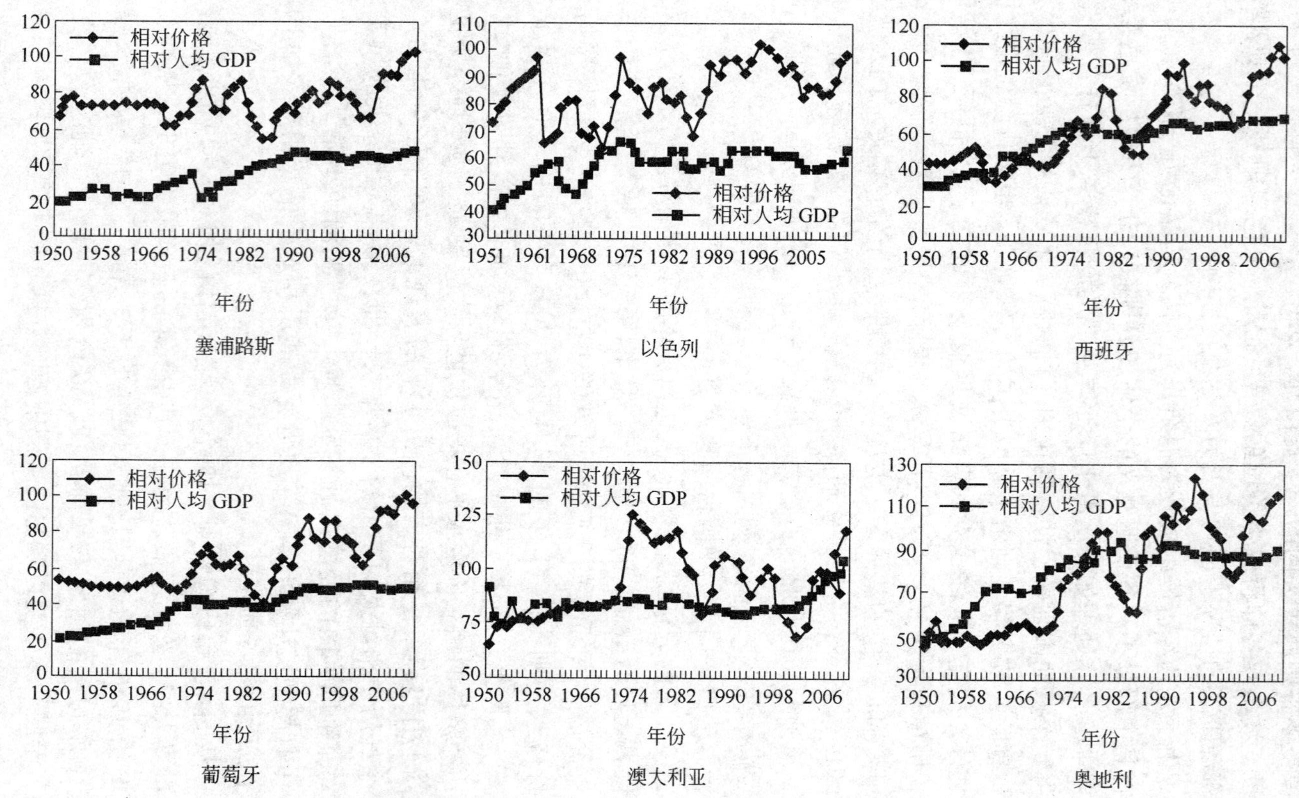

相对价格
相对人均 GDP
年份
塞浦路斯
相对价格
相对人均 GDP
年份
以色列
相对价格
相对人均 GDP
年份
西班牙
相对价格
相对人均 GDP
年份
葡萄牙
相对价格
相对人均 GDP
年份
澳大利亚
相对价格
相对人均 GDP
年份
奥地利

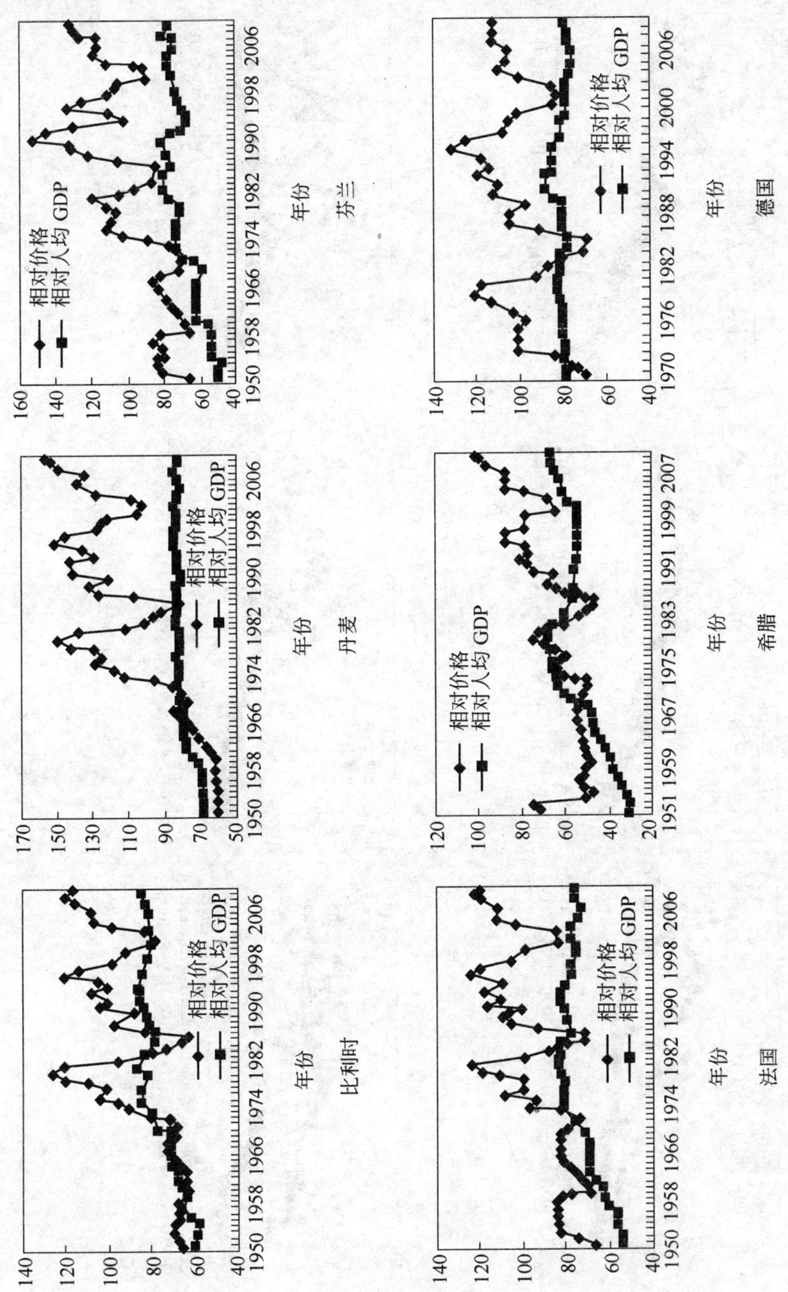
相对价格
相对人均 GDP
年份
比利时
丹麦
芬兰
法国
希腊
德国

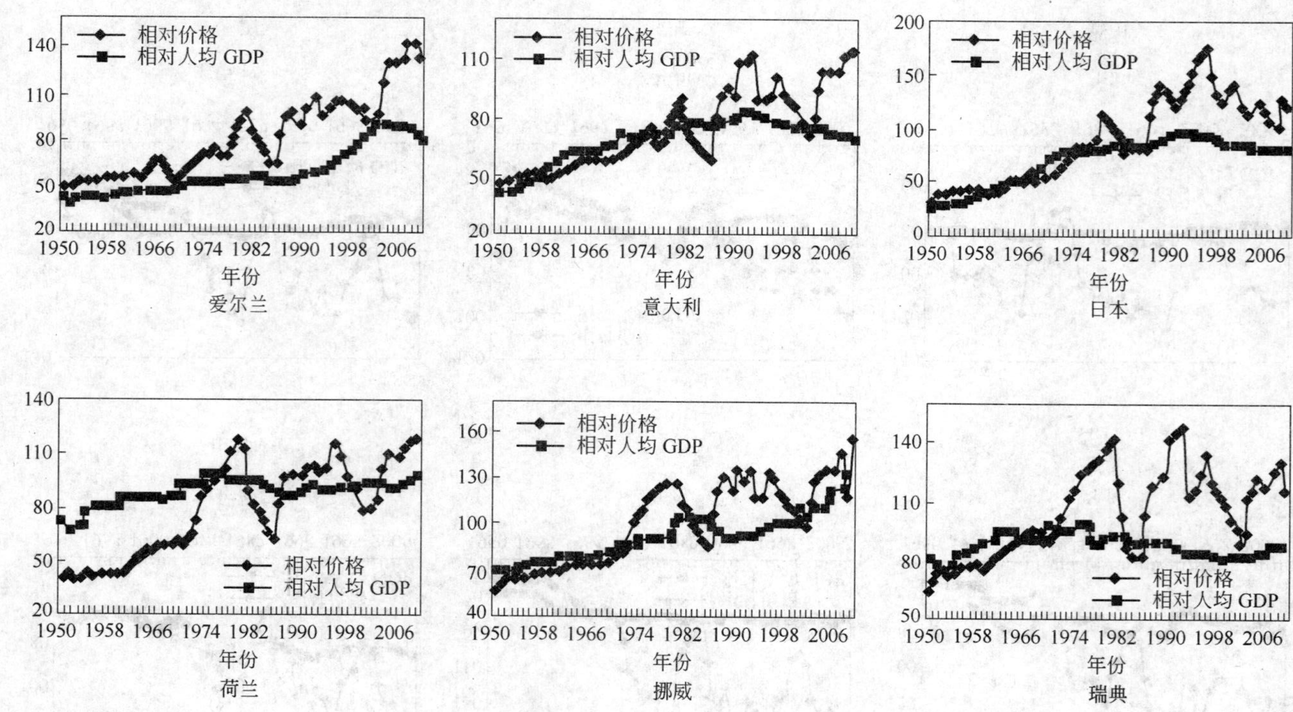

图 4-5 相对人均产出经历显著增长的 18 个发达经济体

国已基本完成经济追赶过程，因此图中的增长趋势不太明显）。其他经济体大都实现了 50%～100%的增幅。瑞典在 20 世纪 70 年代之前追赶态势较为显著，相对人均 GDP 由 80 附近增长到 90 以上。20 世纪 70 年代之后增长速度显著降低，在 2009 年回落到 86 附近。总体来看，这些经济体的人均产出也表现为一定程度上的 β 收敛特征，即那些在初期相对人均产出水平较低的经济体，如塞浦路斯、以色列、葡萄牙等国，后期增长幅度较大，而那些在初期就具有较高的人均产出水平的经济体，如瑞典，后期则经历了较低幅度的增长。在相对价格的表现上，除均有显著上升的共同特征外，各经济体相对价格水平上升幅度有所差异。上升幅度较大的经济体，其相对价格水平的上升幅度超过 1 倍，如日本的相对价格水平从 1950 年 的 31 上升到 2009 年的 122，上升了约 2 倍。上升幅度较小的经济体如塞浦路斯和以色列，相对价格水平大约上升了 50%（分别从 75 上升到 103 以及 73 上升到 98）。总体来看，那些在初期具有较低相对价格水平的经济体（如日本）后续上升幅度较大，而那些在初期相对价格水平就比较高的经济体（如塞浦路斯与以色列）的上升幅度则较小，即表现为 β 收敛特征。

“亚洲四小龙”是第二次世界大战后由落后经济体成功实现工业化的典范，其相对价格与相对人均 GDP 的表现如图 4-6 所示。

四个亚洲新兴工业化经济体的相对人均 GDP 水平在战后均实现了大幅增长，其中韩国相对人均 GDP 由 10 附近增长到接近 60，增长了大约 5 倍，中国香港从 1960 年的 20 增长到 2009 年的 85，增长了 3 倍多，新加坡从 1960 年的 28 增长到 2009 年的 112，也增长了 3 倍，中国台湾的相对人均 GDP 从 1951 年的 8.4 增长到 2009 年的 68，增长了大约 8 倍。在相对价格变动方面，由于“亚洲四小龙”在 20 世纪 50 年代初都属于落后经济体，与欠发达经济体的状况类似，期初的相对价格水平也存在程度不同的高估，其中韩国 20 世纪 50 年代初的价格水平大约相对于当时美国的 70%，中国台湾则接近 100%，而其当时的人均产出水平仅分别为美国的 10% 和 8.4%。可见与期初较低的相对人均产出水平相比，其相对价格水平被明显高估。随着市场化发展模式的推进，其相对价格首先经历了一段时期的向下合理调整，这一调整过程结束后，随着经济的快速增长，“亚洲四小龙”的相对价格在经济追赶期间均出现了显著的上升过程。

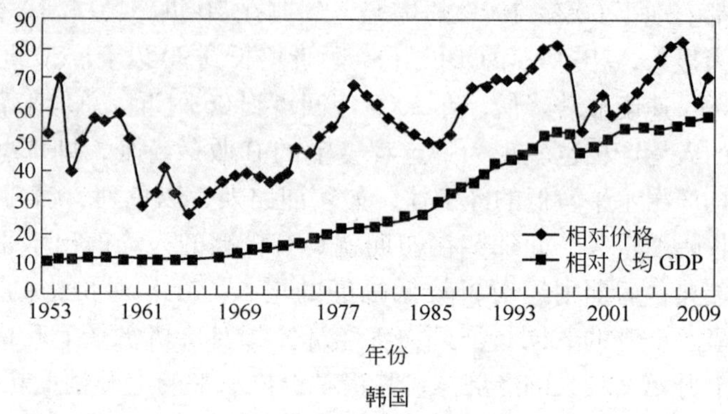

韩国

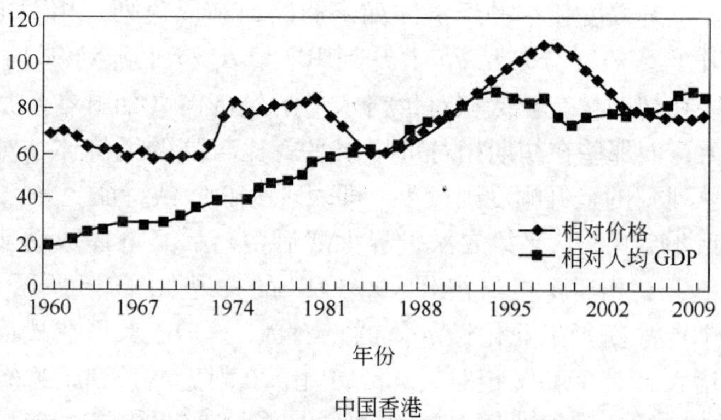

中国香港

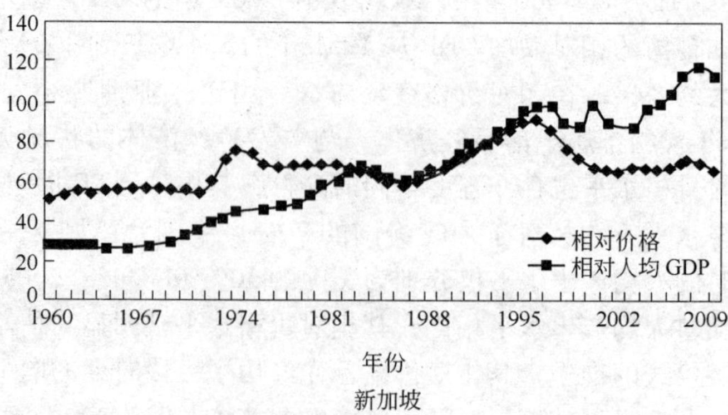

新加坡

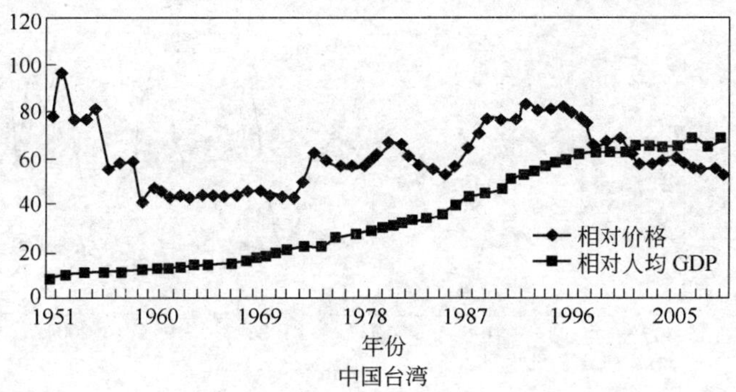

图 4-6 “亚洲四小龙”战后相对价格及相对人均 GDP 的变动

在遴选出的 26 个发达经济体中，除了上述在第二次世界大战后比基准国美国经历更快经济增长的 22 个经济体之外，还有 4 个经济体的人均产出增幅基本与美国保持同步或低于美国，分别是加拿大、新西兰、瑞士和英国。这四个经济体战后相对价格与相对人均产出变动状况如图 4-7 所示。

在上述四个经济体中，除新西兰外，加拿大、瑞士和英国第二次世界大战后的人均相对 GDP 变化不大，基本保持了同一水平。其中加拿大 1950 年的相对人均 GDP 为 83，2009 年为 87，期间相对人均 GDP 水平基本在 80~90 之间波动，显示战后加拿大人均产出的增长

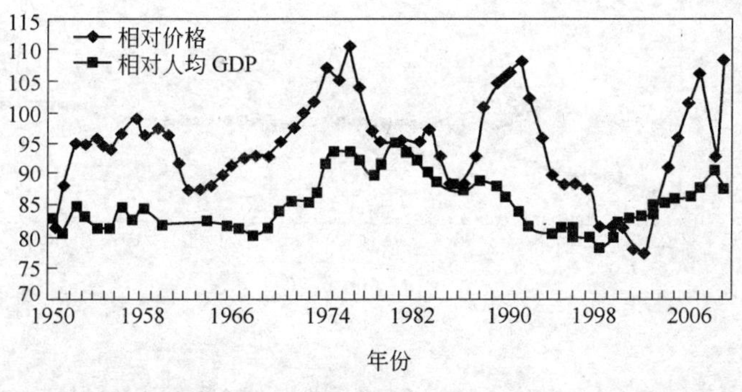

新西兰

瑞士

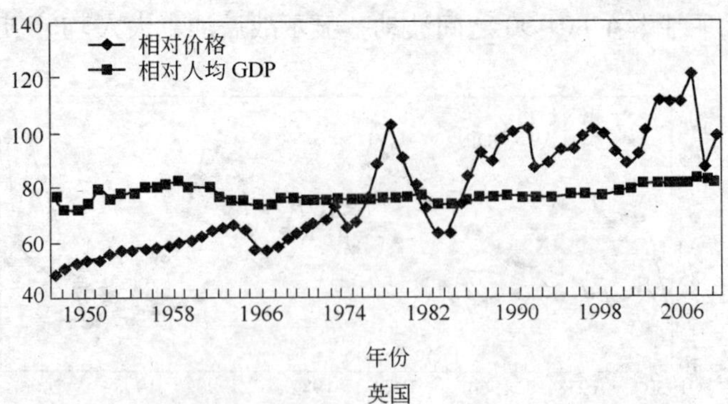

英国

图 4-7　相对人均产出未显著增长的 4 个发达经济体

幅度与美国基本相同。加拿大的相对价格水平在1950~1970年期间围绕95小幅度波动，在1970年之后的浮动汇率时期波动幅度有所扩大，基本在90~110之间波动，波动中枢上升至100附近，2009年的相对价格水平为109。可见，战后加拿大相对价格波动中枢虽然由95上升至100附近，但波动幅度很小，总体上保持了水平波动，与其相对人均产出的水平波动相一致。瑞士1950年的相对人均GDP为100，2009年为97，显示战后瑞士人均产出增长幅度基本与美国相同。在20世纪50年代，瑞士的相对人均GDP增长较快，由100增长至120附近。20世纪60年代初期至90年代初期，瑞士的相对价格水平基本在100~120区间波动。20世纪90年代以后，瑞士人均产出增长放缓，相对人均GDP经历了一段明显的下降过程，进入21世纪后则基本在90~100之间波动。战后瑞士的相对价格则呈显著上升趋势，从1950年的53一路上升到2009年的146，上升了几乎2倍。英国战后的相对人均GDP基本在80一线波动，基本与美国保持了相同的经济增幅。相对价格则呈显著的上升趋势，从1950年的46持续上升到2009年的98。新西兰是26个发达经济体中唯一的一个在战后相对人均GDP水平明显下降的经济体，其1950年时的相对人均GDP已经达到90的较高水平，在20世纪60年代中期以前基本在80~90区间波动，从20世纪60年代中期开始，其经济增速显著落后于基准国美国，相对人均GDP一路下滑到60附近，2009年为68。新西兰的相对价格水平在战后则呈显著上升趋势，由1950年的64一路震荡上行到2009年的103。

上述四个在第二次世界大战后没有经历人均产出水平显著增长的经济体，其相对人均产出与相对价格变动同样表现出较强的β收敛特征。首先这四个经济体在样本初期的人均产出水平均处在较高水平，加拿大与英国1950年的相对人均GDP已达到80，新西兰为90，瑞士人均产出水平则已与美国相当，而多数发达经济体当时的相对人均GDP在50及以下，因而后期这四个经济体的相对人均产出增长较为缓慢，新西兰甚至显著下降。其次，这四个经济体的相对价格变动也非常符合β收敛特征。战后初期相对价格水平较高的加拿大，期间相对价格水平表现为幅度较大的水平变动。期初相对价格水平较低的新西兰、瑞士和英国，期间相对价格则经历了较大幅度的上升。如果说加拿大期初的相对价格水平基本处于合理状态的话（略高于其相对人均 GDP 水平），新西兰、瑞士和英国期初的相对价格则有明显的低估嫌疑。其中新西兰 1950 年的相对价格为 64，显著低于其相对人均 GDP 水平（90），英国 1950 年的相对价格为 46，也显著低于其相对人均 GDP 水平（80），瑞士期初相对价格的低估程度最为明显，1950 年其相对价格为 46，还不到其相对人均 GDP 数值（100）的一半。可见，新西兰、瑞士和英国战后相对价格水平的显著上升，在某种意义上是对其期初低估状态的一种合理回归。

4.3.2　相对生产率变化对相对价格的影响

通过对 26 个发达经济体个体层面的观测，发现其中有 22 个经济体第二次世界大战后的相对价格与相对人均 GDP 之间显示了较强的正向关联关系，具体表现为共同上升趋势。由于发达经济体之间的经济结构比较相似，要素禀赋状况也比较接近，因此从生产率差异角度解释其相对价格变动似乎更为合理。事实上，主要发达经济体相对价格在第二次世界大战后的变动，可以说比较完美地呈现了巴拉萨-萨缪尔森效应所描述的情形。

发达经济体战后相对价格变动特征与巴拉萨-萨缪尔森效应假说高度相吻合，是由其经济发展过程中的内外部环境共同决定的。首先，发达经济体都采取市场经济模式，并且在战后初期已经相当完善，即便是当时经济发展水平还比较低的中国香港，已经是世界著名的自由港了。由于发达经济体从一开始便具有较为完善的市场经济体系，经济系统中的价格决定主要依赖于市场机制，因政府干预管制而产生价格扭曲的范围很小，因而其内部价格的形成比较合理。其次，从发达经济体的外部环境来看，发达经济体一直是战后全球化进程的主体，发达国家间的贸易自由度要远高于其他经济体，在战后初期尤其如此。第二次世界大战后，开启全球自由经济体系与第三次经济全球化高潮的布雷顿森林协定的首批缔约国、在国际经济协调机制中扮演重要角色的几大国际经济组织——国际货币基金组织、国际复兴开发银行（世界银行）以及 1947 年关税与贸易总协定的首批成员或缔约国主要是发达经济体。发达经济体在战后一直占据全球贸易的多数份额。布雷顿森林体系崩溃后，多数发达经济体采取了更为灵活的浮动汇率机制，更加有助于其实现国际收支平衡。同时，充分且自由化程度较高的国际贸易及其他经济交往的开展，使得国际间价格传递机制较为通畅，导致国家间产生相对价格扭曲的可能大大降低。

综上所述，与欠发达经济体相比，发达经济体较早地具备了相对自由开放的外部市场经济环境和自身内部自由市场机制，使得发达经济体更早地接近内外部经济均衡状态，作为内外部经济状况的综合反映，其相对价格的形成和变动自然也更加接近市场机制的要求。因此，正是由于发达经济体一直具备相对完善的内外部市场环境，才使得其战后的相对价格变动更加符合经济理论的描述。并且，从发达经济体战后经济发展实践来看，绝大多数发达经济体经历了显著的赶超过程，其人均产出的增长快于基准国美国，来自于理论与实证两方面的大量证据显示，人均产出的增长主要来源于贸易品部门生产率的提高，因此，战后发达经济体相对价格的变动与巴拉萨-萨缪尔森效应理论的描述非常接近。

4.4 本章小结

本章对第二次世界大战后国际相对价格体系的演变机理进行了系统分析。第二次世界大战后经济全球化程度的不断提高，是推动国际相对价格收敛的主要原因。通过对第二次世界大战后欠发达经济体发展实践的梳理，发现战后初期欠发达经济体普遍采用的强调政府干预的经济发展模式。这一模式中过多的非市场因素导致了其相对价格水平存在扭曲，使其初期的相对价格水平明显被高估。而后续的市场化改革以及经济全球化进程，使得市场机制作用逐渐增强，促使其相对价格水平向下合理回归。通过在个体层面对发达经济体更为细致的考察，发现战后发达经济体的相对价格变动普遍与巴拉萨-萨缪尔森效应描述的情形相符。由于发达经济体具备相对完善的内外部市场环境，市场机制是其相对价格的主要决定机制，因而其相对价格的变动与经典理论的描述最为接近。

5 追赶型经济体的相对价格变动

自1978年改革开放以来，中国经济保持了30多年的快速增长，与发达经济体的差距明显缩小，成为20世纪80年代以来成功实现经济追赶的典型经济体之一。然而，尽管中国已经步入中等收入国家[1]行列，但与发达国家依然存在较大的差距，未来仍然面临较长的追赶路程。因此，揭示经济追赶全过程中相对价格变动的普遍性规律，对于仍处在这一进程中的中国来说，无疑具有非常现实的指导和借鉴意义。鉴于此，在对第二次世界大战后全球及各收入组经济体的相对价格变动特征及其机理作了系统分析之后，本章将关注的焦点转到开放经济条件下追赶型经济体相对价格变动特征的考察上，以期提炼出经济追赶期间相对价格变动的普遍特征。本章具体内容结构安排如下：首先，根据前面章节总结出的全球相对价格体系的变动特征及其机理，提出开放经济条件下全球相对价格体系静态分布的假设并加以验证；其次，提出开放经济条件下追赶型发达经济体与追赶型欠发达经济体的相对价格动态变动符合BS效应的假设并进行实证检验；最后对追赶型经济体相对价格的变动途径进行考察。

5.1 追赶型经济体的相对价格：总结与假设

5.1.1 关于全球相对价格体系的假设

自20世纪80年代在全球范围掀起经济市场化、开放化与自由化的浪潮以来，经济全球化程度不断提高，全球意义上的开放市场经济体系初步形成。在这样一种趋势背景下，开放经济条件下的市场机制

---

[1] 世界银行的统计数据显示，2011年中国现价汇率法人均GDP为5445美元，现价PPP法人均GNI为8390美元。

在相对价格形成中的主导作用越发增强（对发展中经济体来说尤为如此）。第 4 章的分析结果显示，战后初期欠发达经济体相对价格水平的高估，主要是政府管制和干预等非市场因素的结果。中后期欠发达经济体相对价格水平的向下调整，则是从封闭走向开放、从管制过渡到自由的转型过程中，市场机制作用逐渐增强的结果。因此第二次世界大战后欠发达经济体的相对价格变动，更多地体现为一种对初期扭曲价格的矫正过程。到了 20 世纪 90 年代中期之后，这种趋势显然有所变化。无论是欠发达经济体整体，还是部分典型个体，其相对价格的下降趋势陆续消失，相对价格不再持续探底，许多经济体的相对价格转而出现回升趋势。因此，有理由怀疑：随着涵盖广大欠发达经济体的真正意义上的全球开放市场经济体系的初步形成，多数欠发达经济体相对价格的回归之路已经结束或接近结束，其相对价格已普遍接近合理水平。就横截面数据代表的全球相对价格体系来看，由于战后初期欠发达经济体的相对价格水平普遍因非市场因素而扭曲高估，因而全球各经济体相对价格水平的分布不符合巴拉萨-萨缪尔森效应。随着全球范围的开放市场经济体系的逐步形成，欠发达经济体的相对价格水平普遍回归至合理水平附近，因而全球相对价格体系越来越符合巴拉萨-萨缪尔森效应。基于这样一种判断，便产生了如下关于战后全球相对价格体系的假设：

假设 1：第二次世界大战后的全球相对价格体系，初期与 BS 效应相背离，中后期则逐步趋向于符合 BS 效应。

5.1.2 关于追赶型发达经济体相对价格的假设

相对于欠发达经济体，多数发达经济体在第二次世界大战后初期便基本具备了开放市场经济环境，因而其相对价格变动更多地反映了开放市场经济条件下市场机制的作用。正因为如此，在诸多研究中，发达经济体自然地成为提炼总结开放经济条件下相对价格规律性特征的主要对象。在第 4 章，通过对发达经济个体相对价格变动的深入考察梳理，发现诸多迹象表明战后发达经济体相对价格变动符合巴拉萨-萨缪尔森效应的描述：首先，从发达经济体整体的相对价格变动来看，其平均相对价格与平均相对人均 GDP 的变动方向一致，无论是发达经济体中的中高收入经济体还是高收入经济体，其平均相对价格与平均相对人均 GDP 在战后均呈上升趋势；其次，从个体层面来看，绝大多数发达经济体在第二次世界大战后经历了人均产出对基准国美国的追赶过程，同时其相对价格也经历了显著的上升过程，该现象与 BS 效应理论描述的情形非常相似。由此，可提出关于战后追赶型发达经济体相对价格变动的假设：

假设 2：第二次世界大战后追赶型发达经济体经济追赶期间的相对价格变动符合 BS 效应。

5.1.3　关于追赶型欠发达经济体相对价格的假设

与发达经济体相比，欠发达经济体的情况更为复杂。由前文的相关内容可知，在第二次世界大战后的相当一段时间内，欠发达经济体相对价格变动的主要决定因素不是市场因素，而是政府经济管制等非市场因素。在这样一种状况下，显然难以对相对价格的变动给出规范的经济学解释。自 20 世纪 70 年代以来，欠发达经济体陆续采取的市场化经济改革使得市场机制在其相对价格决定中的作用逐渐增强，则促使其相对价格向下合理回归。如果一个欠发达经济体最终能够实现向较充分的开放市场模式的转变，其相对价格必然回归到与其生产水平相一致的合理水平上。有迹象表明多数欠发达经济体相对价格的回归之路已经结束或接近结束，那么可以推断：在开放经济条件下，当欠发达经济体的相对价格回归至合理区间之后，市场机制将成为其相对价格的主要决定机制，其相对价格的变动特征也将逐渐趋向于符合经典理论。基于这一逻辑推断，可提出关于开放市场经济条件下追赶型欠发达经济体相对价格变动的假设：

假设 3：开放条件下追赶型欠发达经济体的相对价格变动趋向于符合 BS 效应。

5.2　全球相对价格体系变动的 BS 效应检验

5.2.1　实证设计

5.2.1.1　模型与变量选择

假设 1 是关于全球经济体相对价格体系静态分布特征的一种表

述，即验证某个时间上众多经济体相对价格体系分布是否符合 BS 效应，是借助静态横截面数据所开展的一种检验。利用横截面数据所进行的 BS 效应实证检验，多采用一般回归方法。Balassa（1964）在其首次提出 BS 效应假说的文章中，以相对价格作为被解释变量，以人均国民收入为解释变量，以 12 个经济体为样本，对其 1960 年的横截面数据作了一般线性回归分析，发现两者存在显著的线性关系，从而提出了相对价格与相对生产率之间关系的 BS 效应理论。Bergin et al（2004）以全球 142 个经济体为样本，以《Penn World Table》为数据来源，以相对价格为被解释变量，相对人均收入为解释变量，对 142 个经济体 1995 年的数据进行了线性回归，发现两者间存在显著正线性关系，从而认为经济体相对价格变动符合 BS 效应。Rogoff（1996）同样利用横截面数据的回归分析对 BS 效应进行了验证，但其发现将发达经济体与欠发达经济体分类后分别回归时，BS 效应不如对整体数据回归时那么显著，指出 BS 效应可能在不同收入水平的经济体有不同的表现。国内方面，卢锋等（2006）将 2004 年全球 130 个国家的实际汇率数据作为因变量，以人均收入替代劳动生产率作为自变量进行了回归，发现两者线性关系显著，结果支持 BS 效应成立。

由于本书采用《Penn World Table 7.0》中的数据进行实证检验，而《Penn World Table 7.0》中不同阶段的经济体个体数量不尽相同，许多经济体缺乏完整的战后数据，如苏东转轨经济体的相关数据大多起始于 20 世纪 90 年代，如果仅以具备完整时间序列数据的经济体为样本，则样本代表性不足。因此，不适于采用面板数据分析技术进行实证检验。此外，假设 1 是关于不同阶段全球相对价格体系是否符合 BS 效应的表述，根据前述内容，各阶段相对价格分布的 BS 效应特征可能存在较大差异，采用面板数据很可能无法得出有价值的结论。相对而言，不同时间的样本量差异，对采用横截面数据进行的实证分析结果影响较小，故本书也采用横截面数据的常用分析技术——普通线性回归方法，对战后各时期相对价格的横截面数据进行 BS 效应检验。在变量选择上，借鉴 Bergin et al（2004）的做法，以经济体的相对价格作为被解释变量，用字母 *RP* 表示。以相对人均 GDP（PPP

法）替代相对劳动生产率❶作为解释变量，用字母 *PCGDP* 表示。为消除和降低异方差，首先对数据进行取自然对数处理，取对数后的变量用相应的小写字母表示，即 *rp* 表示相对价格的对数，*pcgdp* 代表相对人均 GDP 的对数。回归方程形式如下：

$$rp = \alpha + \beta(pcgdp) + \varepsilon \tag{5-1}$$

式中，α 为回归方程常数项；β 为回归系数；ε 为随机误差项。若回归方程及回归系数均通过统计显著性检验，回归系数符号为正，并且回归方程拟合具有良好的拟合效果（判定系数 R^2 的取值不能太小），则相对价格与相对人均产出间的 BS 效应成立，且回归系数值越大，相对价格随相对人均产出变化的 BS 效应越明显。只要上述两条中有一条不符合，则 BS 效应不成立。

5.2.1.2 样本选择及数据来源

为尽量保证样本的代表性和一致性，仍以第 3 章确定的 106 个经济体作为样本，并选择 1955 年、1960 年、1965 年、1970 年、1975 年、1980 年、1985 年、1990 年、1995 年、2000 年、2005 年和 2009 年作为第二次世界大战后各时期的代表年度，建立样本个体相对价格对相对人均 GDP 的样本回归方程，建模方法为普通最小二乘法（OLS）。计量分析工具为 SPSS16.0。实证数据来源于《Penn World Table 7.0》。

5.2.2 实证过程及结果

5.2.2.1 描述性分析

首先借助散点图对第二次世界大战后全球相对价格体系分布特征进行初步观察。由于实证的目的在于验证第二次世界大战后全球相对价格体系的变动规律，即是否从初期与 BS 效应相背离，逐步过渡到后期与 BS 效应相符合，因此分别选择 1955 年、1980 年和 2005 年作为样本期初期、中期与后期三个代表年份，绘制样本相对价格与相对人均 GDP 散点图（如图 5-1~图 5-3 所示）。

---

❶ 准确地应当称为相对的相对生产率，即两国贸易品部门相对于非贸易品部门的相对劳动生产率的比值，故称其为“相对的相对”。

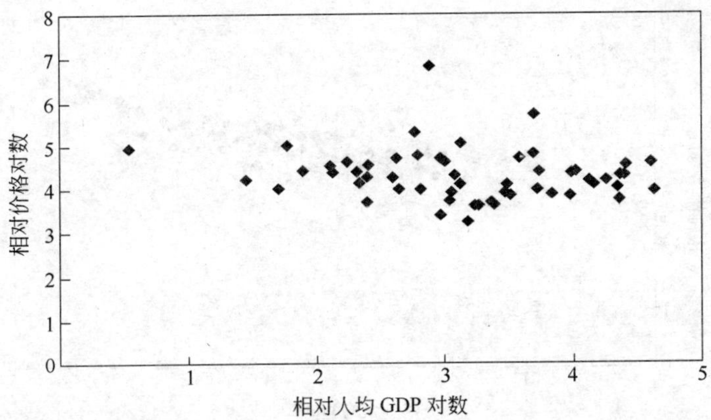

图5-1 1955年57个经济体相对价格与相对人均GDP散点图

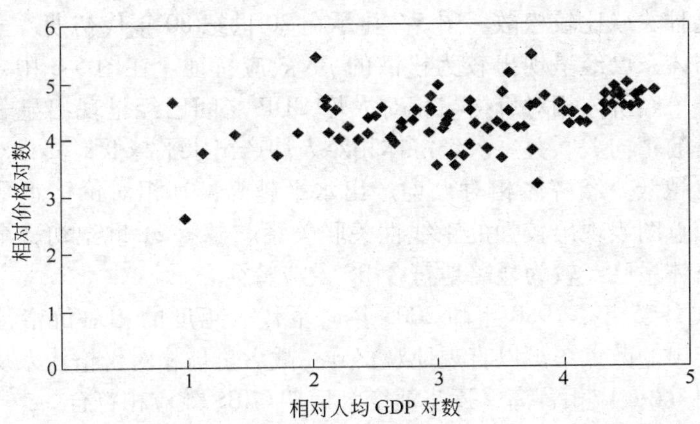

图5-2 1980年82个经济体相对价格与相对人均GDP散点图

从图5-1可以观察到，1955年57个经济体相对价格呈水平带状分布，与相对人均GDP之间几乎不存在关联，各收入区间的相对价格水平不存在显著差别，显示第二次世界大战后初期的全球相对价格体系与BS相背离的特征。图5-2是1980年82个经济体相对价格与相对人均GDP的散点图，从中可以看出，相对价格与相对人均GDP之间已经呈现出一定的关联性。散点图呈现角度较为平缓的从左下方向右上方的分布，即随相对人均GDP越大，相对价格水平也越高，

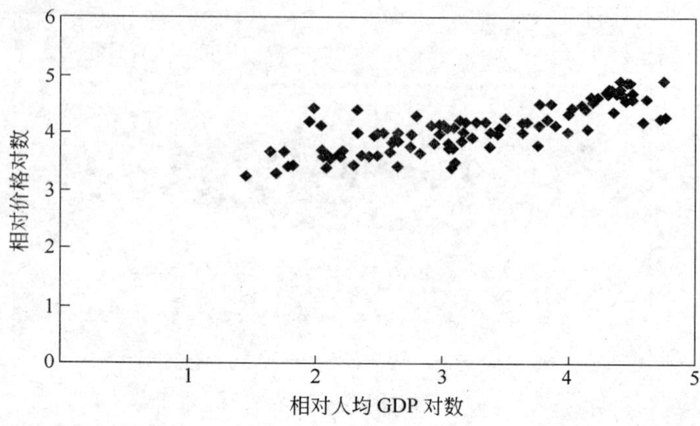

图 5-3 2005 年 106 个经济体相对价格与相对人均 GDP 散点图

尽管这种关联比较松散。图 5-2 显示在 20 世纪 80 年代初期，全球相对价格体系已经呈现出较为松散的 BS 效应特征。在图 5-3 中，2005 年 106 个经济体相对价格与相对人均 GDP 之间已经呈现出显著且比较紧密的正向关联关系。经济体相对人均产出水平越低，其相对价格水平也越低。经济体相对人均产出水平越高，其相对价格水平也越高。散点图表现出较强的正线性关联关系。显示 21 世纪初，全球相对价格体系已经较为显著地符合 BS 效应特征。

从 1955 年、1980 年和 2005 年三个代表年度的相对价格与相对人均产出的散点图可以直观地观察到：战后全球相对价格体系从战后初期与 BS 效应相背离，逐步演变为后期与 BS 效应相符合。

5.2.2.2 回归分析

通过散点图形式的描述性分析，可以作出战后全球相对价格体系变动符合假设 1 的初步判断。为进一步给出更为严谨的验证，下面将分别针对 1955 年、1960 年、1965 年、1970 年、1975 年、1980 年、1985 年、1990 年、1995 年、2000 年、2005 年和 2009 年的样本，建立各个年度样本个体相对价格与相对人均 GDP 的一元线性回归模型，通过回归模型实证检验各代表年度全球相对价格体系是否符合 BS 效应。

第二次世界大战后各代表年度样本回归方程的 OLS 估计结果如

表 5-1 所示。从表 5-1 不难发现，1975 年之前的样本回归方程及回归系数均不显著，1955 年、1960 年和 1965 年样本方程的回归系数甚至为负值，代表相对价格与相对人均产出之间为反向关系。1970 年样本回归方程的回归系数接近于零，各回归方程矫正的判定系数（Adjusted R^2）接近于零，表明在 20 世纪 70 年代中期以前，就全球范围而言，相对价格与相对人均产出之间的 BS 效应不成立。20 世纪 50~60 年代的全球相对价格体系甚至与 BS 相背离。

表 5-1　第二次世界大战后部分年度相对价格对相对人均 GDP 的 OLS 回归结果

年　份	样本容量 N	回归系数 β	Adjusted R^2
1955	57	−0.11	0.01
1960	67	−0.07	0.01
1965	68	−0.01	0.02
1970	82	0.01	0.01
1975	82	0.12**	0.05
1980	82	0.20***	0.16
1985	82	0.14***	0.11
1990	93	0.32***	0.30
1995	106	0.44***	0.54
2000	106	0.37***	0.59
2005	106	0.38***	0.64
2009	106	0.32***	0.48

注：**表示在 5%的水平上显著；***表示在 1%的水平上显著。

从 1975 年开始，各样本年度的回归方程及回归系数变得显著起来，其中 1975 年样本回归方程及回归系数在 5%水平上通过统计显著性检验，以后各年度的样本回归方程及回归系数均在 1%水平上通过统计显著性检验。从回归系数来看，1975 年即以后各年度样本回归方程的回归系数均为正值，且绝对值逐渐增大，从 1975 年的 0.12 逐渐上升为 1995 年的 0.44，之后有所回落，但始终保持在 0.3 以上。从回归方程拟合程度来看，从 1975 年开始，方程拟合程度不断提高。

1975 年样本方程的判定系数（指调整后的判定系数，下同）仅为 0.05，显示经济体相对价格水平几乎无法由其相对人均产出水平解释。1980 年和 1985 年样本方程的判定系数分别为 0.16 与 0.11，虽然较 1975 年有所提高，但依然处在较低水平。1990 年样本方程的拟合效果大为改善，判定系数达到 0.3。从 1995 年开始，方程的拟合效果达到较高水平，其中 1995 年方程判定系数为 0.54，2000 年为 0.59，2005 年为 0.64，为各样本方程的最大值，2009 年则回落至 0.48，但依然处于较高水平。综合来看，2005 年样本方程体现的 BS 效应最为突出，相对价格与相对人均 GDP 之间表现为高度的正向线性关系，因此可以认为 2005 年全球相对价格体系的 BS 效应显著。

综合上述实证结果可以得出：第二次世界大战后全球相对价格体系从初期与 BS 效应相背离，到逐渐与 BS 效应相符合，并最终呈现较为显著的 BS 效应。于是，假设 1 得以验证。

5.3　追赶型发达经济体的 BS 效应检验

5.3.1　实证设计

5.3.1.1　模型与变量选择

A　实证模型的确定

BS 效应理论实际上包含了关于相对价格的两方面论述：一是关于经济体相对价格水平的表述。根据 BS 效应理论，经济体的相对价格水平是其相对劳动生产率的一个函数，即一个经济体的相对价格水平取决于其相对生产率高低，相对生产率水平越高，相对价格水平就越高，反之亦然。因此，由于不同经济体的相对生产率水平存在差异，故其相对价格水平也存在差异；BS 效应关于经济体相对价格的另一方面的表述，则是关于经济体相对价格水平动态变化的表述：如果一个经济体的相对生产率水平在某个时期呈上升趋势，则将相应导致其相对价格的上升。

对相对价格与相对人均产出横截面数据的回归分析，可以实现对静态 BS 效应的检验，即验证不同样本个体的相对价格分布是否符合 BS 效应，但无法实现对动态 BS 效应的验证。假设 2 的验证，即对第二次世界大战后追赶型发达经济体的相对价格变动是否符合BS效应的验证，显然属于对动态BS效应的验证。对动态BS效应的验证，需要借助时间序列数据或面板数据。多种时间序列分析方法可用于动态BS效应的实证检验，如针对个体数据的协整技术（王维，2003；王苍峰等，2006；唐旭等，2007）、动态一般线性回归方法（Cheung et al，2005）、门限检验方法（高海红，2003）以及非线性方法（如Lothian et al采用非线性指数平滑转换自回归模型方法对1820~2001年期间英镑、美元和法国法郎间BS效应的检验，2008）等。此外，针对同时期多个体动态BS效应的检验，多采用面板数据分析技术，如Ehsan et al（2005）基于1976~1994年期间16个发展中经济体的面板数据，以美国为基准国，利用面板回归技术对这16个经济体的实际汇率与相对生产率之间的BS效应进行了验证，并得出BS效应在这些经济体都存在的结论。Imed et al（2002）利用面板协整技术对1983~1998年期间6个亚洲经济体相对价格与相对生产率之间进行了BS效应检验，发现BS效应不成立。国内方面，王泽填等（2009）利用面板数据分析技术对184个经济体1974~2004年期间的BS效应进行了检验。

由于战后追赶型发达经济体的经济追赶阶段各不相同，如战后法国对基准国美国的追赶过程主要发生在1950~1980年期间，日本在1950~1991年期间，中国台湾在1959~1997年期间，因此，不适于采用面板数据分析方法进行实证检验。根据BS效应理论，在满足相关假设的前提下，经济体相对价格是其相对生产率的一个函数。由于战后发达经济体较为符合BS效应理论的前提假设，因此有理由推断战后追赶型发达经济体的相对价格与相对生产率之间存在着稳定的均衡关系。鉴于此，本书采用时间序列协整技术，分别对追赶型发达经济体个体的相对价格与相对生产率时间序列进行协整分析，以实现对假设2的检验。若相对价格与相对生产率变量间存在协整关系，并且系数符合BS效应要求，则表明相对生产率是影响相对价格的稳定变量，BS效应成立。否则，若两者间不存在协整关系，则表明相对生产率不是影响相对价格的稳定变量，BS效应不成立。此外，还可运用格兰杰因果关系检验方法，对相对价格与相对生产率进行格兰杰因果关系检验。

B　变量选择

经济体的相对价格用字母 *RP* 表示。以相对人均 GDP（PPP 法）作为相对劳动生产率的替代变量，用字母 *PCGDP* 表示。为消除和降低异方差，对两变量作取自然对数处理，取对数后的变量用相应的小写字母表示，即 *rp* 表示相对价格的对数，*pcgdp* 代表相对人均 GDP 的对数。

5.3.1.2　样本选择及数据来源

根据检验目的，将检验样本确定为第二次世界大战后经历了显著经济追赶进程的发达经济体。具体界定标准是：以 50%的相对人均 GDP 增幅作为界限，将那些第二次世界大战后相对人均 GDP 增幅在 50%以上的发达经济体纳入样本（为了使样本更具一般性，将产油国排除在外）。按照这一标准，经筛选，最终确定的追赶型发达经济体共有 15 个，分别是塞浦路斯、韩国、葡萄牙、奥地利、芬兰、法国、希腊、中国香港、爱尔兰、意大利、日本、挪威、新加坡、西班牙和中国台湾。

样本期则结合相对人均 GDP 的主要追赶期与相对价格水平确定，具体处理方式为：首先确定各经济体相对人均 GDP 的主要追赶期，比如韩国相对人均 GDP 的主要追赶阶段为 1968~2009 年。1968 年以前，韩国的人均产出基本与美国保持了相同的增速，并没有表现出追赶态势。1950 年韩国的相对人均 GDP 为 10. 33（为当年美国人均 GDP 水平的 10. 33%），1967 年为 11. 25，几乎没有增长。从 1968 年开始，韩国进入经济腾飞期。其相对人均 GDP 开始迅速增长，1970 年达到 14，1979 年达到 22. 54，1996 年达到 52. 27。受亚洲金融危机的影响，1998 年韩国相对人均 GDP 下降为 46. 51，之后又恢复了快速增长态势，2009 年达到 58. 48，因此韩国相对人均 GDP 的主要追赶阶段为 1968~2009 年。其次，还需要结合相对价格对样本期进行修正。这种修正主要是针对初期相对价格异常的经济体而言，尤其是类似韩国的新兴工业化经济体。与多数欠发达经济体战后初期的相对价格表现类似，战后初期尚属于低收入经济体的韩国，其相对价格水平也存在扭曲。1954 年韩国的相对价格水平为 70，而其相对人均

GDP仅为11，相对价格显然被高估。在后续其经济走向开放市场经济模式的过程中，相对价格必然存在回归至合理水平的客观要求。事实的确如此，1954~1965年期间，韩国相对价格水平显著下降，由1954年的70回调至1965年的27，该数值也是第二次世界大战后韩国相对价格水平的最低值。1965之后（更确切的应为1968年之后），随着韩国经济进入快速增长期，其相对价格水平也进入显著的上升通道。因此，可将韩国的样本期确定为1965~2009年。其他经济体样本期的确定方式与韩国类似。

与韩国等新兴工业化经济体不同，对于那些老牌发达经济体来说，由于初期的相对价格水平大多不存在扭曲状况，所以其样本期大多开始于1950年，如奥地利、法国、意大利等，其样本期跨度主要由各自的经济追赶期间决定，如法国对美国的经济追赶主要在1950~1980年期间完成，因此可将法国的样本期确定为1950~1980年，其他国家采用相同方法确定。15个发达经济体样本期及样本期相对人均GDP增幅如表5-2所示。实证数据来源于《Penn World Table 7.0》，

表5-2 15个追赶型发达经济体一览

序号	名称	样本期	相对人均GDP增幅/%
1	塞浦路斯	1950~1990	163
2	韩国	1965~2009	452
3	葡萄牙	1950~2009	158
4	奥地利	1950~1982	99
5	芬兰	1950~1982	72
6	法国	1950~1980	55
7	希腊	1954~1980	108
8	中国香港	1960~1993	338
9	爱尔兰	1950~2002	117
10	意大利	1950~1991	102
11	日本	1950~1991	307
12	挪威	1950~1982	51
13	新加坡	1960~1997	257
14	西班牙	1950~1975	124
15	中国台湾	1959~1997	449

资料来源：《Penn World Table 7.0》。

计量工具为 EViews5.0。

5.3.2 实证过程及结果

5.3.2.1 变量平稳性检验

进行时间序列分析首先要确定变量的平稳性。对于平稳变量，可采用经典的计量建模方法（如 OLS 线性回归）分析多个变量间的关系。对于非平稳变量则可考虑采用协整等建模方法。本书采用计量分析中常用的 ADF 单位根检验方法对相对价格对数变量（*rp*）和相对人均 GDP 对数变量（*pcgdp*）进行平稳性检验。单位根检验的最佳滞后阶数按照 AIC（Akaike Information Criterion）准则确定，即选择 AIC 值最小的滞后阶数。ADF 检验有以下三种具体模型设定形式：

$$\Delta y_t = \lambda y_{t-1} + \sum_{i=1}^{L} \theta_i \Delta y_{t-i} + v_t \tag{5-2}$$

$$\Delta y_t = a + \lambda y_{t-1} + \sum_{i=1}^{L} \theta_i \Delta y_{t-i} + v_t \tag{5-3}$$

$$\Delta y_t = a + \beta t + \lambda y_{t-1} + \sum_{i=1}^{L} \theta_i \Delta y_{t-i} + v_t \tag{5-4}$$

式中，Δy_t 为待检验变量 y 的第 t 期的一阶差分；$\Delta y_t = y_t - y_{t-1}$；$v_t$ 为白噪声误差项；L 为滞后阶数；Δy_{t-i} 的引入是为了使误差项为白噪声；a 为截距项或漂移项；βt 为趋势项。式 5-2 为不含截距项和趋势项的检验模型，式 5-3 含截距项但不含趋势项，式 5-4 既包含截距项又包含趋势项。在 ADF 单位根检验中需要选择具体检验形式，如果样本数据具有明显的确定性趋势特征时，应首先选择式 5-4。若样本数据不具有明显的确定性趋势特征但均值明显不为零时，则应该选式 5-3。若数据既没有明显的确定性时间趋势，均值也不显著有别于零，则应该选式 5-2。此处待检验的两个变量 *rp* 和 *pcgdp* 均为相对数，在理论上和实际表现上均不具备确定性时间趋势，但其均值明显不为零，因此本书首选式 5-3 的检验模型形式（即包含截距项但不包含趋势项）对 *rp* 和 *pcgdp* 两个变量进行平稳性的 ADF 单位根检验，最佳滞后阶数按照赤池准则确定。15 个追赶型发达经济体相对价格与相对人均 GDP 变量的单位根检验结果如表 5-3 所示。

表5-3 15个追赶型发达经济体变量的ADF单位根检验结果

经济体	变量	检验形式 (C, T, L)	检验统计量	P值	DW值
塞浦路斯 (1950~1990)	rp	(1, 0, 1)	-3.92515***	0.0044	1.9146
	Δrp	—	—	—	—
	pcgdp	(1, 0, 1)	-0.6633	0.8444	1.7153
	Δpcgdp	(0, 0, 0)	-5.1155***	0.0000	1.8954
韩国 (1965~2009)	rp	(1, 0, 0)	-2.6589*	0.0893	1.8505
	Δrp	(0, 0, 0)	-5.7094***	0.0000	1.9555
	pcgdp	(1, 0, 0)	-2.3411	0.1642	1.5515
	Δpcgdp	(0, 0, 0)	-3.1137***	0.0026	2.1118
葡萄牙 (1950~2009)	rp	(1, 0, 1)	-1.4903	0.5315	1.9246
	Δrp	(0, 0, 0)	-5.2192***	0.0000	1.8886
	pcgdp	(1, 0, 1)	-2.0117	0.2812	1.9584
	Δpcgdp	(0, 0, 0)	-5.9558***	0.0000	1.9600
奥地利 (1950~1982)	rp	(1, 0, 6)	-1.1441	0.6823	2.1728
	Δrp	(0, 0, 5)	-1.5863	0.1044	2.0163
	ΔΔrp	(0, 0, 4)	-2.8606***	0.0060	1.9844
	pcgdp	(1, 0, 0)	-1.4068	0.5666	1.8711
	Δpcgdp	(0, 0, 2)	-1.4566	0.1328	1.7187
	ΔΔpcgdp	(0, 0, 1)	-7.3306***	0.0000	1.8225
芬兰 (1950~1982)	rp	(1, 0, 1)	-1.6872	0.4276	1.7396
	Δrp	(0, 0, 0)	-3.9607***	0.0003	1.6943
	pcgdp	(1, 0, 8)	-0.5744	0.8589	1.8784
	Δpcgdp	(0, 0, 0)	-4.9912***	0.0000	1.7797
法国 (1950~1980)	rp	(1, 0, 0)	-0.2954	0.9143	1.5957
	Δrp	(0, 0, 0)	-4.4510***	0.0001	2.1090

续表 5-3

经济体	变 量	检验形式 (C, T, L)	检验统计量	P 值	DW 值
法国 (1950~1980)	*pcgdp*	(1, 0, 0)	−0.7979	0.8053	1.9622
	Δ*pcgdp*	(0, 0, 1)	−4.0282***	0.0002	1.9964
希腊 (1950~1980)	*rp*	(1, 0, 2)	0.2226	0.9683	1.9135
	Δ*rp*	(0, 0, 1)	−4.3019***	0.0001	1.8422
	pcgdp	(1, 0, 0)	−1.4266	0.5538	1.7051
	Δ*pcgdp*	(0, 0, 2)	−1.6413*	0.0940	2.0134
中国香港 (1960~1993)	*rp*	(1, 0, 1)	−1.6562	0.4432	2.0318
	Δ*rp*	(0, 0, 0)	−3.1715***	0.0025	1.9162
	pcgdp	(1, 0, 2)	−1.3322	0.6018	1.9540
	Δ*pcgdp*	(0, 0, 1)	−4.2655***	0.0022	1.9519
爱尔兰 (1950~2002)	*rp*	(1, 0, 0)	−1.3853	0.5825	1.6502
	Δ*rp*	(0, 0, 0)	−5.8525***	0.0000	1.9399
	pcgdp	(1, 0, 0)	2.3988	1.0000	1.6823
	Δ*pcgdp*	(0, 0, 1)	−2.8263***	0.0056	2.0707
意大利 (1950~1991)	*rp*	(1, 0, 0)	−0.1746	0.9337	1.5998
	Δ*rp*	(0, 0, 0)	−4.8262***	0.0000	1.9201
	pcgdp	(1, 0, 1)	−2.1939	0.2115	1.7580
	Δ*pcgdp*	(0, 0, 0)	−3.9530***	0.0002	2.1103
日本 (1950~1991)	*rp*	(1, 0, 6)	−0.2357	0.9244	2.1778
	Δ*rp*	(0, 0, 0)	−4.7530***	0.0000	1.9142
	pcgdp	(1, 0, 4)	−1.8556	0.3489	1.8833
	Δ*pcgdp*	(0, 0, 0)	−3.8579***	0.0051	2.2467
挪威 (1950~1982)	*rp*	(1, 0, 2)	−1.4558	0.5417	1.8405
	Δ*rp*	(0, 0, 5)	−1.6716*	0.0887	1.9378
	pcgdp	(1, 0, 2)	1.0974	0.9965	2.0612
	Δ*pcgdp*	(0, 0, 0)	−4.8394***	0.0000	1.9776
新加坡 (1960~1997)	*rp*	(1, 0, 1)	−1.7450	0.4008	1.7639
	Δ*rp*	(0, 0, 1)	−3.6256***	0.0007	1.9819

续表 5-3

经济体	变量	检验形式 (C, T, L)	检验统计量	P 值	DW 值
新加坡 (1960~1997)	pcgdp	(1, 0, 1)	−0.3353	0.9096	1.9845
	Δpcgdp	(0, 0, 0)	−2.3294**	0.0211	2.1084
西班牙 (1950~1975)	rp	(1, 0, 1)	−1.9254	0.3157	1.8795
	Δrp	(0, 0, 1)	−2.8201***	0.0068	1.7350
	pcgdp	(1, 0, 1)	−1.2773	0.6189	1.8666
	Δpcgdp	(0, 0, 0)	−4.2647***	0.0038	1.7509
中国台湾 (1959~1997)	rp	(1, 0, 1)	−1.0393	0.7289	1.6938
	Δrp	(0, 0, 0)	−4.5944***	0.0000	1.7078
	pcgdp	(1, 0, 3)	−0.7691	0.8154	2.0016
	Δpcgdp	(1, 0, 1)	−5.2630***	0.0001	2.0350

注：Δ 表示变量的一阶差分，ΔΔ 表示变量的二阶差分；检验形式中 C 表示截距项，T 表示确定性趋势项，两者取值为 0 时表示不包含该项，取值为 1 时表示包含该项，L 表示滞后阶数；*、**和***分别表示在 10%、5%和 1%的显著性水平上拒绝存在单位根的假设。

从表 5-3 可以观察到，塞浦路斯样本期内的变量 *rp* 在 1%的显著性水平上可拒绝存在单位根的假设，即 *rp* 为平稳的 *I*（0）变量，表示其相对价格均值不随时间变化，*pcgdp* 序列在 1%的显著性水平上为非平稳的一阶单整变量 *I*（1），由此可以判定：1950~1990 年期间塞浦路斯的相对价格变动不符合 BS 效应。韩国 *rp* 变量采用(1，0，0)检验形式时可在 10%显著水平上拒绝单位根假设。奥地利 *rp* 变量和 *pcgdp* 变量均为二阶单整的 *I*（2）变量，希腊 *pcgdp* 序列与挪威 *rp* 序列均为 10%显著性水平上的 *I*（1）变量，新加坡 *pcgdp* 序列为 5%显著性水平上的 *I*（1）变量，其余经济体的 *rp* 变量和 *pcgdp* 变量均为 1%显著性水平上的 *I*（1）变量。

根据 15 个追赶型发达经济体样本期内的 *rp* 变量和 *pcgdp* 变量的 ADF 单位根检验结果可以得出，除塞浦路斯外，其余经济体的 *rp* 变量和 *pcgdp* 变量至少在 10%的显著性水平上为同阶单整的非平稳序列，符合进行协整检验的前提。

5.3.2.2　*rp* 与 *pcgdp* 变量间的协整检验

A　协整检验方法

E-G 两步法和 Johansen 协整检验是常用的两种协整检验方法。E-G 两步法是由 Engle et al（1987）提出的协整检验方法，该检验方法是基于回归残差的检验，即首先拟合出变量间的回归方程，然后对回归方程的残差序列进行单位根检验。若回归方程的残差序列为平稳序列，则表明回归方程中的非平稳变量之间存在稳定的均衡协整关系，若残差序列非平稳，则表明变量间不存在协整关系。Johansen 协整检验是一种基于回归系数的协整检验，也称为 JJ 经验。大量证据显示，由于通常采用 OLS 方法估计回归方程具有使方程残差最小的内在特点，E-G 两步法检验的势比较低，而 Johansen 协整检验的势比较高，因而本书以 Johansen 协整检验为主，以 E-G 两步法为辅对符合协整检验前提的 14 个经济体的 *rp* 和 *pcgdp* 变量进行协整检验。

B　协整检验滞后阶数的确定

在 Johansen 协整检验中首先需要确定检验方程中合理的滞后阶数（高铁梅，2006），以保证协整关系在统计上的可信度。本书采用无约束（Unrestricted）VAR（P）模型条件下，依据 LR、FPE、AIC、SC 和 HQ 等 5 种检验准则，通过分别测试 1~4 阶滞后阶数下的 VAR 模型对应的检验值，再经综合比较得出 VAR（P）的最优自回归阶数。14 个追赶型发达经济体协整检验的最佳滞后阶数如表 5-4 所示。

表 5-4　Johansen 协整检验最佳滞后阶数

序　号	经济体	最佳滞后阶数
1	韩国	1
2	葡萄牙	2
3	奥地利	1
4	芬兰	2
5	法国	1
6	希腊	1
7	中国香港	2

续表 5-4

序号	经济体	最佳滞后阶数
8	爱尔兰	1
9	意大利	1
10	日本	1
11	挪威	3
12	新加坡	2
13	西班牙	2
14	中国台湾	2

C　协整关系检验结果

与单变量时间序列的单位根检验中需要考虑序列中可能出现非零均值、包含确定性趋势或随机趋势一样，按照是否包含截距项和趋势项，协整检验方程也具有多种检验形式。根据本检验中 *rp* 和 *pcgdp* 变量的性质和特征，以及在 ADF 单位根检验中对截距项和趋势项的设定与具体检验结果，本书认为对 *rp* 和 *pcgdp* 变量的协整检验方程不应包含趋势项，但可以包含截距项。因此，在对 14 个追赶型发达经济体 *rp* 和 *pcgdp* 变量的 Johansen 协整检验方程中，分别尝试包含截距项和不包含截距项的两种检验方式，再根据检验结果综合判断，只要其中一种检验结果显示两者间存在协整关系，并且系数含义正确，则可以认为 *rp* 和 *pcgdp* 变量间存在协整关系。14 个追赶型发达经济体 *rp* 和 *pcgdp* 变量间的 Johansen 协整检验结果如表 5-5 所示。

表 5-5　14 个追赶型发达经济体 Johansen 协整检验结果

经济体	H_0	特征根	迹统计量	5%临界值	*P* 值
韩国	$r=0^{**}$	0.2603	12.9707	12.3209	0.0389
(0)	$r\leqslant 1$	9.08×10^{-5}	0.0039	4.1299	0.9588
葡萄牙	$r=0^{***}$	0.3480	25.8250	20.2618	0.0077
(1)	$r\leqslant 1^{*}$	0.1707	7.8588	9.1646	0.0879
奥地利	$r=0^{**}$	0.3944	21.7012	20.2618	0.0315
(1)	$r\leqslant 1$	0.1801	6.1563	9.1646	0.1790

续表 5-5

经济体	H_0	特征根	迹统计量	5%临界值	P 值
芬兰	$r=0^{*}$	0. 3524	18. 9081	20. 2618	0. 0759
(1)	$r\leqslant 1$	0. 1779	5. 8761	9. 1646	0. 2005
法国	$r=0^{**}$	0. 4533	21. 9141	20. 2618	0. 0294
(1)	$r\leqslant 1$	0. 1408	4. 4007	9. 1645	0. 3557
希腊	$r=0^{***}$	0. 5178	25. 7437	20. 2618	0. 0079
(1)	$r\leqslant 1$	0. 2594	7. 5078	9. 1645	0. 1021
中国香港	$r=0^{**}$	0. 3830	21. 2876	20. 2618	0. 0360
(1)	$r\leqslant 1$	0. 1844	6. 3205	9. 1645	0. 1674
爱尔兰	$r=0^{*}$	0. 2327	19. 6484	20. 2618	0. 0606
(1)	$r\leqslant 1$	0. 1134	6. 1366	9. 1645	0. 1804
意大利	$r=0^{**}$	0. 3127	20. 4129	20. 2618	0. 0477
(1)	$r\leqslant 1$	0. 1265	5. 4118	9. 1645	0. 2413
日本	$r=0^{**}$	0. 3136	21. 1944	20. 2618	0. 0371
(1)	$r\leqslant 1$	0. 1424	6. 1424	9. 1645	0. 1800
挪威	$r=0^{**}$	0. 3842	21. 5783	20. 2618	0. 0328
(0)	$r\leqslant 1$	0. 2283	7. 5174	9. 1645	0. 1017
新加坡	$r=0$	0. 1744	10. 9568	20. 2618	0. 5463
(1)	$r\leqslant 1$	0. 1144	4. 2510	9. 1645	0. 3760
西班牙	$r=0^{**}$	0. 5175	20. 7650	20. 2618	0. 0426
(1)	$r\leqslant 1$	0. 1597	4. 0022	9. 1645	0. 4118
中国台湾	$r=0^{***}$	0. 3184	13. 8183	12. 3209	0. 0279
(0)	$r\leqslant 1$	0. 0006	0. 0216	4. 1299	0. 9043

注：表中经济体名称下方（ ）内的数字表示检验方程中是否包含截距项，1 表示包含截距项，0 表示不包含截距项。*、**和***分别表示在 10%、5%和 1%的显著性水平上拒绝单位根假设。

从表 5-5 可以观察到，在各自的样本期内，新加坡的相对价格与相对人均 GDP 变量之间无法拒绝不存在协整关系的假设，芬兰与爱尔兰在 10%的显著性水平上拒绝不存在协整关系的假设，韩国、奥地利、法国、中国香港、意大利、日本、挪威和西班牙在5%的显著性水平上拒绝不存在协整关系的假设，葡萄牙、希腊和中国台湾则在1%的显著性水平上拒绝不存在协整关系的假设。除葡萄牙在10%的显著性水平上拒绝存在一个协整关系的假设外，其余经济体均无法拒绝至少存在一个协整关系的假设。

上述对14个追赶型发达经济体相对价格与相对人均GDP变量的Johansen协整检验结果显示，除新加坡和葡萄牙外，其余12个经济体样本期内的相对价格与相对人均GDP变量间均存在显著的协整关系。虽然Johansen协整检验具有较高的检验效力，但也相对较为严格。为进一步验证新加坡和葡萄牙两个经济体相对价格与相对人均GDP变量间的协整关系，以下采用检验效力相对较低但更为宽松的E-G两步法对其协整关系检验，检验结果如表5-6所示。

表5-6中对相对价格与相对人均GDP对数回归残差的ADF单位根检验结果显示，在1%的显著性水平上，拒绝样本期内葡萄牙与新加坡相对价格与相对人均GDP对数变量的回归残差存在单位根的原假设，即残差序列为平稳变量。因此，可以得出样本期内葡萄牙与新加坡的相对价格与相对人均GDP变量之间存在协整关系的结论。

表5-6 葡萄牙和新加坡 *rp* 与 *pcgdp* 变量回归残差的ADF单位根检验结果

经济体	检验变量	检验形式（C, T, L）	检验统计量	P值	DW值
葡萄牙	回归残差	（0, 0, 1）	-2.6525***	0.0088	1.9923
新加坡	回归残差	（0, 0, 1）	-2.7633***	0.0071	2.0091

注：检验形式中的C表示截距项，T表示确定性趋势项，两者取值为0时表示不包含该项，取值为1时表示包含该项，L表示滞后阶数；***表示在1%的显著性水平上拒绝存在单位根的假设。

综合上述针对14个追赶型发达经济体相对价格与相对人均GDP变量的Johansen协整检验和E-G两步法协整检验结果可以得出，在15个追赶型发达经济体中，除塞浦路斯外，其余14个经济体在第二次世界大战后的经济追赶期间，其相对价格与相对人均GDP变量之间存在稳定的协整关系。协整关系的存在，表明样本期内的相对价格与相对人均 GDP 变量之间具有相同的变动趋势，两者间存在一个长期的均衡关系。随着追赶期相对人均产出水平的增长，追赶型发达经济体的相对价格在长期内也将呈相同的增长趋势。这一实证结果支持第二次世界大战后追赶型发达经济体在经济追赶期的相对价格变动符合巴拉萨-萨缪尔森效应，因此本章假设 2 得以验证。

D 对例外个体——塞浦路斯相对价格变动机理的简要分析

第二次世界大战后 15 个相对人均产出经历过 50%以上增幅的发达经济体中，只有塞浦路斯经济追赶期间的相对价格与相对人均产出之间不存在协整关系，原因在于其相对价格（*rp*）序列在 1%的显著性水平上拒绝存在单位根的原假设，即表现为具有稳定均值的 *I*（0）平稳变量，而其他经济体的 *rp* 序列均无法在 5%的显著性水平上拒绝单位根假设。

作为唯一的一个例外，有必要对塞浦路斯第二次世界大战后的相对价格变动不符合 BS 效应的原因作简要分析。按照 BS 效应理论模型的表述，如果一个经济体在其经济追赶的全过程中，始终具备 BS 效应理论假设前提所要求的内外部开放市场经济环境，那么在其经济追赶的全过程中，相对价格的决定机制应该始终遵循 BS 效应理论。然而对于某些经济体可能不具备这种理想环境，导致其特定阶段的相对价格主要决定机制可能不再是 BS 效应。欠发达经济体在战后初期因普遍存在政府干预行为而导致的相对价格高估即是一个典型的例证。在 15 个追赶型发达经济体中，塞浦路斯在样本初期的经济发展水平相对较低，并且其样本期起点为较早的 1950 年。由前文相关内容可知，该时期欠发达经济体普遍存在相对价格高估，因此，有理由怀疑塞浦路斯样本初期的相对价格也存在高估，导致其经济追赶期间的相对价格变动不符合 BS 效应。塞浦路斯战后经济追赶期间的相对价格与相对人均 GDP 的变动状况如图 5-4 所示。

从图 5-4 可以观察到，1950 年塞浦路斯的相对人均 GDP 不到 20，而其相对价格却接近 70，有明显高估迹象。为提供更为有力的证据，对 15 个追赶型发达经济体样本期初、期末的相对人均 GDP 和相对价格水平等数据进行比较，有关数据如表 5-7 所示。从表 5-7 中可以看到，塞浦路斯样本期初的相对价格水平为68.93，是15个发达经济体中的最高值，而其期初相对人均GDP水平仅为18.38，是除韩国和中国台湾这两个新兴工业化经济体之外最低的。从相对价格与相对人均GDP的比值来看，塞浦路斯样本期初该比值为3.75，位居15个发达经济体的首位。可见，塞浦路斯样本期初的相对价格水平实属高估。尽管塞浦路斯相对人均GDP在样本期间增长了163%，但由于期初水平相对较低，期末的相对人均GDP水平也仅达到48.39，是15个发达经济体中的最低值。期末处在最低位的相对人均产出水平，使得其期末相对价格也处在相对较低水平，仅为75.76，比期初数值仅仅高出10%，从而整个样本期内的相对价格数据表现为水平波动状（见图5-4）。综上所述，尽管样本期间塞浦路斯的相对人均产出水平经历了较大幅度的增长，但由于塞浦路斯样本初期的相对价格水平存在较为严重的高估，已经处在较高的水平上，因而其后续变动不仅受到BS效应机理的影响，同时还受到向合理水平回归的引力作用。BS效应使其相对价格具有向上变动的趋势，而回归引力则向下作用，两者综合作用的结果便是在样本期间塞浦路斯的相对价格基本保持了水平波动，从而与BS效应不相符合。

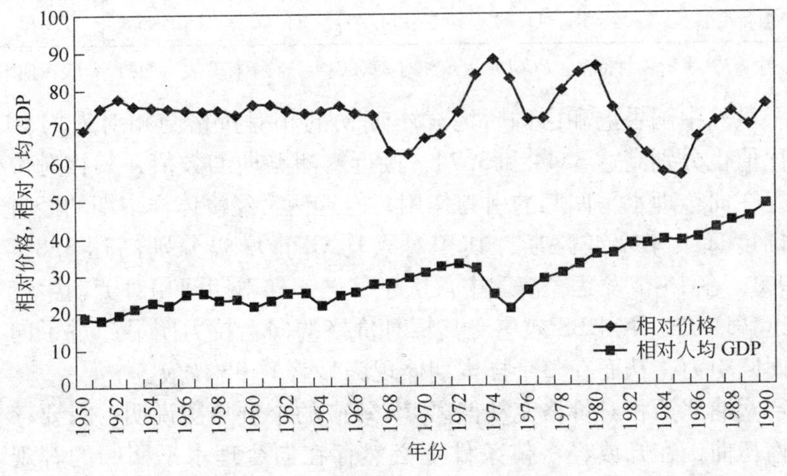

图5-4 塞浦路斯经济追赶期间的相对价格与相对人均GDP序列

表 5-7 15 个追赶型发达经济体样本期相关数据

经济体	期初 RP_0	期初 $PCGDP_0$	$\frac{RP_0}{PCGDP_0}$	期末 RP_1	期末 $PCGDP_1$	$\frac{RP_1}{PCGDP_1}$
塞浦路斯	68. 93	18. 38	3. 75	75. 76	48. 39	1. 57
韩国	26. 84	10. 62	2. 53	70. 67	58. 48	1. 21
葡萄牙	55. 42	19. 05	2. 91	98. 00	48. 97	2. 00
奥地利	44. 81	48. 18	0. 93	72. 43	92. 11	0. 79
芬兰	67. 78	46. 90	1. 45	96. 90	80. 45	1. 20
法国	66. 91	58. 97	1. 13	123. 55	83. 48	1. 48
希腊	48. 86	31. 77	1. 54	70. 59	66. 19	1. 07
中国香港	68. 12	19. 80	3. 44	91. 82	88. 76	1. 03
爱尔兰	49. 09	41. 30	1. 19	96. 44	89. 79	1. 07
意大利	45. 04	41. 00	1. 10	108. 52	82. 78	1. 31
日本	30. 80	23. 69	1. 30	128. 53	96. 37	1. 33
挪威	56. 26	68. 96	0. 82	104. 11	103. 81	1. 00
新加坡	50. 21	27. 83	1. 80	85. 50	99. 11	0. 86
西班牙	43. 00	28. 53	1. 51	62. 20	63. 93	0. 97
中国台湾	42. 05	11. 23	3. 74	74. 77	61. 45	1. 22

注：*RP* 表示相对价格，*PCGDP* 表示相对人均 GDP，右下标 0 表示期初，1 表示期末。

虽然中国香港和中国台湾样本期初的相对价格与相对人均 GDP 的比值也分别高达 3. 44 和 3. 74，接近塞浦路斯的数值，其相对价格也存在向合理水平回归的引力作用，但这两个经济体样本期的经济追赶幅度远大于塞浦路斯，其相对人均 GDP 增幅分别高达 338% 和 449%，在 15 个发达经济体中仅次于韩国。样本期间相对劳动生产率的迅猛增长，使得 BS 效应对其相对价格的向上拉力明显超过了向下的回归引力，从而在整个样本期体现为显著的 BS 效应。

塞浦路斯相对价格变动偏离 BS 效应的个例再次说明：只要存在价格扭曲，在开放经济体条件下必然存在向合理水平回归的客观要求，从而弱化 BS 效应作用机理。

5.3.2.3 *rp* 与 *pcgdp* 变量间的格兰杰因果关系检验

协整检验结果表明，在经济追赶期间，追赶型发达经济体的相对价格与相对劳动生产率之间普遍存在稳定的均衡关系，从而验证了BS效应的存在。然而严格来讲，相对价格与相对人均GDP变量间协整关系的存在，只能使BS效应得到部分验证，这是由于协整检验无法给出变量间因果关系，而BS效应理论不仅指出了相对价格与相对劳动生产率之间的均衡关系，而且还指出了两变量间的因果变动方向，即相对劳动生产率的变动决定相对价格的变动。为进一步揭示变量间的因果变动方向，以更为完整地验证BS效应，以下对 *rp* 和 *pcgdp* 变量进行格兰杰因果关系检验。

A　检验方法说明

格兰杰因果性的含义（Granger，1980）是：假设 X 与 Y 为两个随机变量，令 Ω_n 为到 n 期为止宇宙中的所有信息，X_n 为到 n 期为止变量 X 的所有各期的取值的集合，$\Omega_n - X_n$ 为宇宙中排除 X 之外的所有信息。按照“过去和现在可以影响未来，而未来不能影响过去”的逻辑，且假设 Ω_n 中不含有任何冗余信息，以 F 代表变量的分布函数，那么如果：

$$F(Y_{n+1} \mid \Omega_n) \neq F(Y_{n+1} \mid (\Omega_n - X_n)) \tag{5-5}$$

则变量 X 对变量 Y 具有格兰杰因果性。可见格兰杰因果性强调时间发生的时序，如果变量 X 构成变量 Y 的原因，则本期的 X 会影响变量 Y 下一期的概率分布。即如果 X_n 含有 Y_{n+1} 的预测信息，则称变量 X 对变量 Y 就构成格兰杰因果性。需要加以说明的是，所谓“格兰杰因果关系”，并不等同于变量间逻辑上的因果关系，而是强调从数据本身的关系来看，一个变量的前期数值会影响另一个变量的后期取值，因此被称为“格兰杰因果性”。

在实际操作中，由于检验变量的分布函数是否相等非常困难，所以后来提出了从期望值和预测精度角度的检验方法。其中基于预测精度的检验方法可表述为：

令 $\sigma^2(Y_{n+1} \mid J_n)$ 为给定信息集 J_n 时对变量 Y 的预测误差的方差，$\sigma^2(Y_{n+1} \mid (J_n - X_n))$ 为没有变量 X 的情况下对 Y 的预测误差的方

差，如果

$$\sigma^2(Y_{n+1} \mid J_n) < \sigma^2(Y_{n+1} \mid (J_n - X_n)) \tag{5-6}$$

即如果变量 X 的存在能够显著减小对变量 Y 的预测误差的方差，或表述为能够显著地改善对变量 Y 的预测精度，则可以认为变量 X 对变量 Y 构成格兰杰因果性。以两个变量 X 与 Y 为例，建立一个回归方程：

$$Y_t = \sum_{i=1}^{k} a_i Y_{t-i} + \sum_{i=1}^{k} b_i X_{t-i} + \mu_t \tag{5-7}$$

原假设为变量 X 不构成对变量 Y 的格兰杰因果性，即 H_0：$b_1 = b_2 = \cdots b_k = 0$，则在原假设成立的情况下：

$$F = \frac{(SSE_r - SSE_\mu)/k}{SSE_\mu/(T - 2k - 1)} \sim F_{(k,\ T-2k-1)} \tag{5-8}$$

式中，SSE_r 为施加约束时的残差平方和（即方程 5-6 中不包含变量 X 的情况下变量 Y 自回归时的方程残差平方和）；SSE_μ 为没有施加约束时的残差平方和（即方程 5-7 中包含 X 各期滞后项的情况下的方程残差平方和）；T 为样本容量；k 为最大滞后阶数。在满足高斯-马尔科夫分布的前提下，检验统计量式 5-8 服从 F 分布，可用 F 分布进行格兰杰因果性检验，若拒绝原假设，即表明变量 X 构成对变量 Y 的格兰杰因果性，或变量 X 为变量 Y 格兰杰原因。

上述格兰杰因果性检验式暗含着变量平稳的前提，对于非平稳变量的一般处理方式是：对变量进行差分，若差分变量平稳，则对差分变量采用上述式 5-8 进行格兰杰因果性检验。但这种处理方式存在的一个问题是：多数经济理论是以变量的水平形式而非差分形式给出，差分变量的经济含义往往很难解释。即使能够解释，就格兰杰因果性检验而言，也仅仅反映变量短期变动间的因果关系。协整理论与误差修正模型（Error Correction Model，简称 ECM）的提出，为非平稳变量间格兰杰因果关系，尤其是非平稳变量间的长期格兰杰因果关系的检验，提供了一种新的方式，下面以两变量形式为例加以说明。

假设变量 X 与 Y 都是非平稳的一阶单整变量 $I(1)$，并且线性组合 $Y_t - \alpha - \beta X_t = e_t$ 是平稳的，即变量 X 与 Y 之间是 $CI(1,\ 1)$ 阶协整。协整变量的重要特征是它们的时间路径是通过相对于长期均衡的离差大小来影响的，这是因为一个系统回复到长期均衡，则至少有一些变量的变化一定会对非均衡的大小作出响应，误差修正模型即用来表达这种短期的非均衡关系。在格兰杰表述定理的基础上，格兰杰（1988）进一步提出：如果变量之间存在协整关系，那么也一定存在某种形式的格兰杰因果关系，或单向的，或双向的。不过此时传统的格兰杰因果性检验存在设定偏误，应使用如下形式的ECM检验模型：

$$\Delta Y_t = \varphi + \lambda e_{t-1} + \sum_{i=1}^{p} \alpha_i \Delta Y_{t-i} + \sum_{j=1}^{q} \beta_i \Delta X_{t-j} + \mu_t \tag{5-9}$$

其中，误差修正项 $e_{t-1}=Y_{t-1}-\alpha-\beta X_{t-1}$，是 $t-1$ 期相对于长期均衡的离差。ECM可以同时反映变量间的长期与短期关系，其中长期关系由 e_{t-1}反映，其代表两变量水平值之间的长期稳定关系，短期关系则由查分项 ΔX_t 和 μ_t 共同反映。根据格兰杰因果性定义，如果变量 X 的滞后值对变量 Y 的当前值有解释作用，则 X 是 Y 的格兰杰原因。在上面模型中，X 的滞后值出现在 ΔX_{t-1}，ΔX_{t-2}，…，ΔX_{t-q} 以及 e_{t-1} 中，且等式左右两边各变量均为平稳变量，符合格兰杰因果检验对变量平稳性的要求，可以采用传统VAR分析的检验统计量。如果 $\lambda=0$，且所有的 $\beta_i=0$，则变量 X 不是引起变量 Y 的格兰杰原因，否则，只要 λ 和所有的 β_i 中有一项不为0，则称变量 X 是引起变量 Y 的格兰杰原因[1]。其中，$\lambda\neq0$ 显示 X 是 Y 的长期格兰杰原因，β_i 不全为0表示 X 是 Y 的短期格兰杰原因。

由于利用ECM进行格兰杰因果性检验可以说明变量间的长期格兰杰因果关系，所以本书选择利用ECM对追赶型发达经济体在经济追赶期间的相对价格与相对人均GDP变量进行格兰杰因果关系检验。

B　检验过程及结果

前文协整检验结果表明，除塞浦路斯外的14个追赶型发达经济体样本期间的 *rp* 和 *pcgdp* 变量间存在协整关系，因此可利用ECM，通过检验ECM中误差修正项 e_{t-1}的系数 λ 是否为零，来检验14个追赶型发达经济体追赶期间的相对人均产出变量 *pcgdp* 是否构成其相对

---

[1] 恩德斯．应用计量经济学：时间序列分析［M］．第2版．北京：高等教育出版社，2006：321。

价格变量 rp 的长期格兰杰原因，检验结果如表 5-8 所示。

表 5-8 14 个追赶型发达经济体 ECM 误差修正项系数显著性检验结果

经济体	λ 的 t 统计量值	10%临界值	5%临界值	1%临界值
韩国	−3.3147***	1.6820	2.0181	2.6981
葡萄牙	−2.1321**	1.6730	2.0041	2.6665
奥地利	−2.2869**	1.6973	2.0423	2.7500
芬兰	−2.2818**	1.6991	2.0452	2.7564
法国	−1.6862	1.7011	2.0484	2.7633
希腊	−2.8164***	1.7109	2.0639	2.7969
中国香港	−2.5376**	1.6973	2.0423	2.7500
爱尔兰	−1.7994*	1.6772	2.0106	2.6780
意大利	−1.3016	1.6849	2.0227	2.7079
日本	−1.2673	1.6849	2.0227	2.7079
挪威	−2.5315**	1.6991	2.0452	2.7564
新加坡	−2.1136**	1.6909	2.0322	2.7284
西班牙	−1.7601*	1.7171	2.0739	2.8188
中国台湾	−2.8605***	1.6896	2.0301	2.7238

注：*、**和***分别表示在 10%、5%和 1%的显著性水平上拒绝 λ 为 0 的原假设。

从表 5-8 可知，韩国、希腊和中国台湾三个经济体可以在 1%的显著性水平上拒绝 ECM 中误差修正项系数为零的原假设，葡萄牙、奥地利、芬兰、中国香港、挪威和新加坡六个经济体可以在 5%的显著性水平上拒绝原假设，爱尔兰和西班牙可以在 10%的显著性水平上拒绝原假设，法国、意大利和日本则无法拒绝 ECM 中误差修正项系数为零的原假设。可见，14 个经济体中的 11 个经济体至少在 10%的显著性水平上表现为相对劳动生产率是相对价格的长期格兰杰原因。

通过对 15 个追赶型发达经济体相对价格与相对人均产出间的协整关系和格兰杰因果性检验，可以得出的基本结论是：那些在第二次世界大战后经历明显经济追赶过程的发达经济体，在其经济追赶期间，相对价格长期变动普遍符合 BS 效应。在第二次世界大战后相对人均产出至少经历过50%增幅的15个发达经济体中，除塞浦路斯外的其余14个经济体样本期的相对价格与相对人均产出之间存在协整关系，在通过协整关系检验的14个经济体中，除法国、日本和意大利外的其余11个经济体显著存在从相对人均产出到相对价格的格兰杰因果关系，可见BS效应存在的普遍性。BS效应普遍性的另外一方面的证据，来自检验样本期的多样性：其中6个经济体样本期在20世纪50年代初到80年代初前后，日本和意大利的样本期为20世纪50年代初到90年代初，中国香港、新加坡和中国台湾的样本期大约在20世纪60年代初至90年代中期，爱尔兰为1950~2002年，韩国为1965~2009年，葡萄牙为1950~2009年，样本期时间跨度的多样性显示BS效应在不同阶段存在的普遍性和稳定性。

5.4 开放条件下追赶型欠发达经济体的BS效应

5.4.1 样本选择

本节讨论的主题为开放经济条件下追赶型欠发达经济体的相对价格变动特征。依照这一主题，可以确定样本选择的两个标准：首先，经济体内外部环境应符合开放的市场经济特征。由于在第二次世界大战后的前段时间里，欠发达经济体普遍实行较为封闭和强调政府干预的经济模式，造成相对价格水平普遍存在扭曲，显然这一阶段不符合开放市场经济环境要求。由前文的相关内容可知，大约从20世纪70年代中后期开始，欠发达经济体纷纷开始进行市场化改革。随着经济全球化进程的推进，众多欠发达经济体已经完成或接近完成向自由市场经济模式的转型，其相对价格也经历了从显著高估向合理估值的回归调整。由此，结合本节的研究主题，以相对价格调整到最低值作为欠发达经济体开始具备内外部开放市场经济环境的标志；其次，追赶型欠发达经济体应经历过显著的经济追赶过程。在确定了欠发达经济体具备开放市场经济环境的起点之后，将那些在相对价格水平调整到最低值之后，至少经历过50%及以上相对人均产出增幅的欠发达经济体作为开放条件下追赶型欠发达经济体的样本，样本期则为其相对价格调整到位后的经济追赶期。

根据上述两个标准，经筛选，共有 15 个欠发达经济体符合上述两个标准，即有 15 个欠发达经济体在其相对价格水平调整到最低值后，实现了对美国 50%及以上幅度的人均产出水平的追赶。这 15 个开放条件下的追赶型欠发达经济体如表 5-9 所示。从表 5-9 中可以观察到，在 15 个追赶型欠发达经济体中，阿尔巴尼亚、中国、格鲁吉亚、斯里兰卡、亚美尼亚和越南属于前文所划的低收入经济体❶，其余为中低收入经济体❷。从组成来看，追赶型欠发达经济体样本主要由前苏东经济体构成（共有 11 个），此外中国与越南也属于转轨经济体，可见原社会主义阵营的转轨经济体构成了开放经济条件下追赶型欠发达经济体的主体。原苏东国家于 20 世纪 90 年代初前后经历了剧变，纷纷采取向市场经济转轨的休克疗法，短期内使得其主要经济指标一步到位式地大幅回落，相对价格水平也大多在 90 年代初调整到最低值，所以其样本期起点大多为 90 年代初期。随着经济转轨的快速到位，原苏东经济体经济活力开始显现，经济快速回升，表现出显著的追赶特征，各经济体的相对人均产出增幅甚至高于同期的中国，如阿塞拜疆 1994~2009 年期间的相对人均 GDP 增长了 2 倍多。

表 5-9 15 个追赶型欠发达经济体一览

序号	名 称	样本期	样本期相对人均 GDP 增幅/%
1	阿尔巴尼亚	1992~2009	187
2	中国	1994~2009	190
3	格鲁吉亚	1994~2009	110
4	斯里兰卡	1989~2009	69
5	亚美尼亚	1993~2009	152
6	越南	1990~2009	137
7	阿塞拜疆	1994~2009	222
8	爱沙尼亚	1992~2009	80
9	白俄罗斯	1994~2009	139

❶ 低收入经济体指 2009 年人均 PPP 法 GDP 低于 1 万美元的经济体。

❷ 中低收入经济体指 2009 年人均 PPP 法 GDP 介于 1 万~2 万美元之间的经济体。

续表 5-9

序号	名　称	样本期	样本期相对人均 GDP 增幅/%
10	波兰	1990~2009	63
11	哈萨克斯坦	1993~2009	58
12	克罗地亚	1992~2009	63
13	立陶宛	1993~2009	62
14	罗马尼亚	1992~2009	57
15	毛里求斯	1970~1998	88

资料来源：《Penn World Table 7.0》。

5.4.2 开放条件下欠发达经济体相对价格的变动特征

与本章假设 3 的预期一致，开放经济环境下追赶型欠发达经济体的相对价格变动普遍表现出 BS 效应所描述的特征。15 个追赶型欠发达经济体样本期相对价格与相对人均产出变动状况如图 5-5 所示。图 5-5 显示，除毛里求斯外，其余 14 个经济体的相对价格在样本期经历了明显的上升过程，与其相对人均产出的追赶趋势相一致。追赶型欠发达经济体样本期间的相对价格变动之所以普遍表现出显著的 BS 效应特征，应该与其内外部经济环境不无关系。首先，在各经济体样本初期，大多经济体已具备或基本具备了开放的内外部市场经济环境，其中原苏东经济体经过较为剧烈的休克疗法之后，迅速转向开放的市场模式，中国和越南则更早地开始了渐进式的改革开放。同时，20 世纪 80 年代全球范围内掀起了经济自由化浪潮，经济全球化加速推进，因此在 20 世纪 90 年代初期，15 个经济体都基本具备了开放的内外部市场经济环境；其次，样本初期各经济体的相对价格回归调整过程基本完成。原苏东经济体因休克疗法式的经济转轨，使得其相对价格水平一步到位式地由之前的高估大幅回落至相对合理、甚至低估的水平。中国在 1994 年的人民币汇率改革中完成了汇率双轨制的并轨，大幅下调了人民币汇率。由于样本初期各经济体的相对价格水平基本合理，不存在之前由高估状态回调的牵引力作用，同时又基本具备开放的内外部市场经济环境，所以在其后续经济追赶期间，BS 效应便成为影响相对价格变动的主要因素，其相对更快的生产率增长促使其相对价格水平上升。

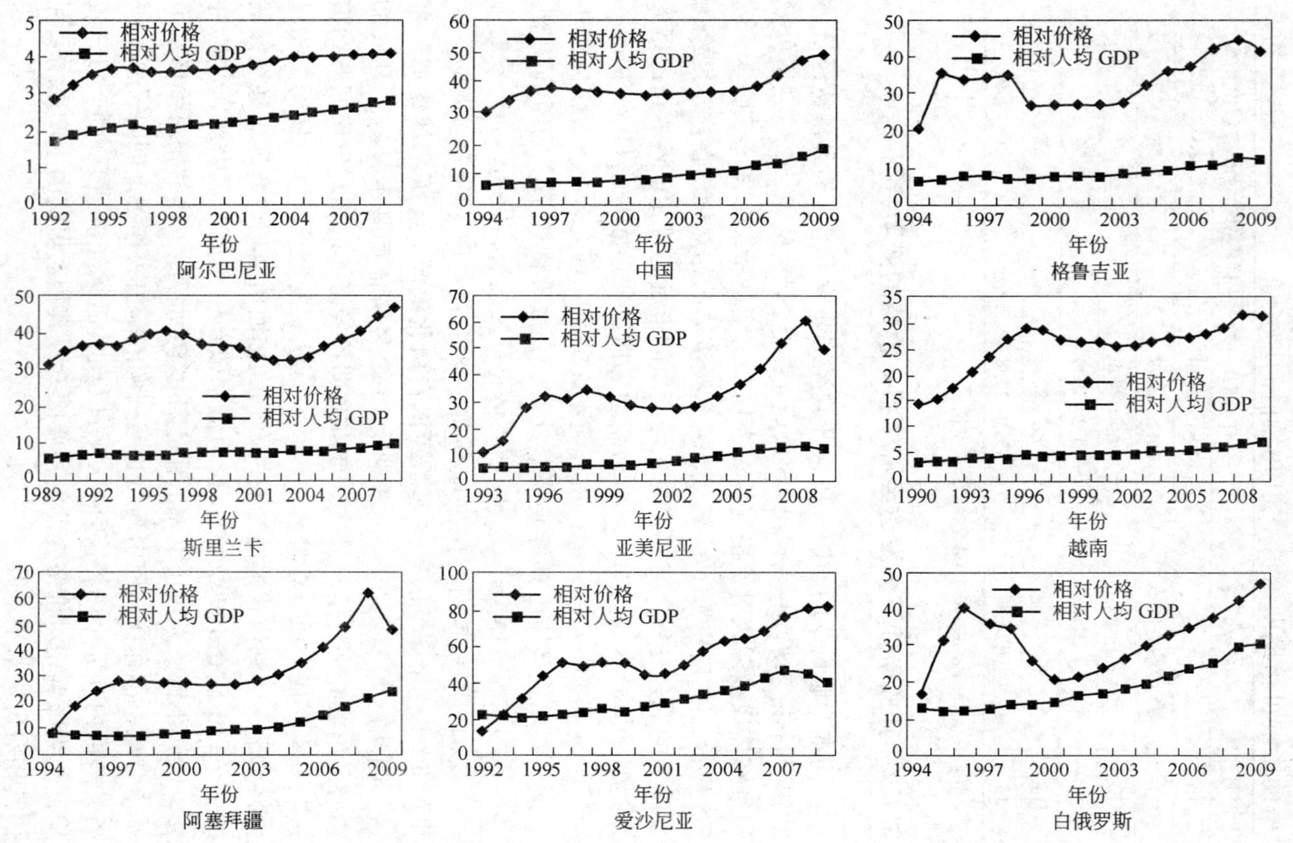

相对价格
相对人均 GDP
年份
阿尔巴尼亚
中国
格鲁吉亚
斯里兰卡
亚美尼亚
越南
阿塞拜疆
爱沙尼亚
白俄罗斯

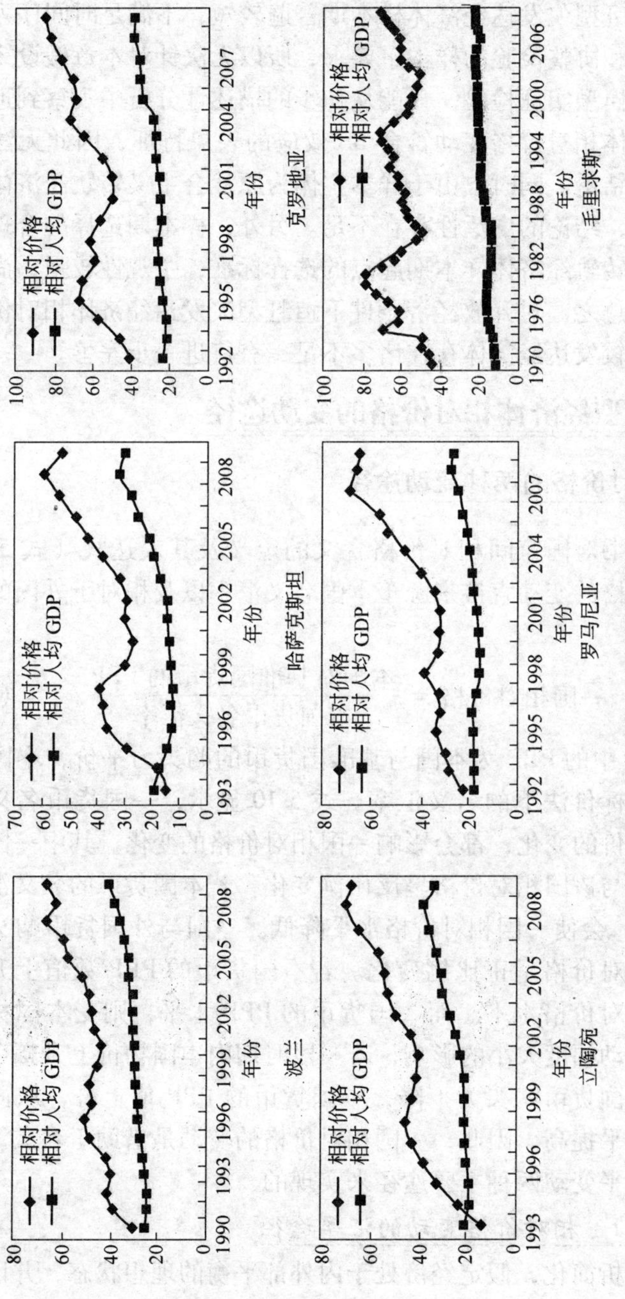

图 5-5 15 个追赶型欠发达经济体的相对价格变动

由于追赶型欠发达经济体样本期普遍较短，不满足时间序列变量单位根检验和协整检验的样本量要求，所以无法针对本章假设 3 开展更为严谨的模型实证检验，只能从初步的描述性分析中观察到追赶型欠发达经济体相对价格变动符合 BS 效应的表象特征，因此无法得出全面的验证结论。同时，由于样本主体为原社会主义转轨经济体，类型较为单一，结论的广泛性存在不足。另外，样本期选择的合理性问题，尤其是转轨经济体样本期起点的选择标准，主观性较强，尚需进一步探讨。总之，对开放经济条件下追赶型欠发达经济体相对价格变动的考察，较发达经济体存在诸多不足，有待进一步完善。

5.5　追赶型经济体相对价格的变动途径

5.5.1　相对价格的两种变动途径

根据本书对国家间相对价格含义的定义及其表达式（式 5-10），一国相对价格的变动直接来源于本国名义汇率以及相对于外国的物价水平变动：

$$\text{一国相对价格} = \frac{\text{本国对基准国货币的 PPP}}{\text{本国货币名义汇率}} \tag{5-10}$$

式 5-10 中的 PPP 为本国与基准国货币的购买力平价，本国名义汇率指直接标价法下的名义汇率。式 5-10 显示，一国货币名义汇率和购买力平价的变化，都会影响一国相对价格的变化。其中一国货币的名义汇率与该国相对价格呈反比例变化，若本国货币的名义汇率增大（贬值），会使一国相对价格水平降低。一国与外国货币购买力平价与该国相对价格呈正比例变化。若本国货币的 PPP 数值上升，将推高本国相对价格水平。而一国货币的 PPP 水平，则受本国相对于外国物价变动幅度大小的影响，若一段时期内本国物价上升幅度大于外国，则本国货币购买力下降，本国货币的 PPP 值上升，从而本国相对价格水平提高。因此，一国相对价格的变动是借助于名义汇率与国内物价水平变动两种主要途径来实现的。

5.5.1.1　相对价格变动的汇率途径

为使分析简化，假定经济处于内外部平衡的理想状态，并以保持内外部经济平衡为约束条件。其中内部平衡以生产处在经济的潜在产出水平为标志，外部平衡则忽略资本项目，以经常项目的进出口平衡为标志。对于一个快速增长的经济体，假定其生产率增长主要来源于贸易品部门，而非贸易品部门的生产率增长缓慢。此时暂时忽略 BS 效应机制对国内物价水平变动的影响，贸易品部门相对于外国更快的生产率增长，将导致贸易品部门国际竞争力的提高，而国际竞争力的提高有助于出口的增长，导致出口盈余，从而使对外经济失衡。此时，要保持进出口平衡，或者扩大进口或者降低出口。再进一步假定此时进口不变，或出口增速大于进口增速，那么要保持进出口的平衡，使名义汇率升值来抑制出口便成为一个选项。在需求等其他因素不变的情况下，名义汇率升值并不会导致国内物价水平的变动。在本国与外国物价水平不变的情况下，本国名义汇率升值将导致本国对外国的相对价格水平上升。以上是基于保持短期的经济内外平衡所做的分析，同样也适用于以保持中长期平衡为约束条件的情况。因此，一国生产率水平的提高对名义汇率的升值具有内在的客观要求，并通过名义汇率升值的途径导致相对价格水平的上升。

5.5.1.2 相对价格变动的通胀途径

在上述关于一国相对价格通过名义汇率途径变动的讨论中，没有考虑本国物价变动的影响，而本国物价水平的变动同样是其相对价格变动的一个渠道，下面对此展开讨论。为了便于论证，同样假定经济处于内外部平衡的理想状态，并假设一价定律对贸易品成立，此时一国的相对价格将在 BS 效应机制的作用下通过国内物价渠道发生变动。对于一个快速增长经济体，由于劳动生产率的增长集中在贸易品部门，将导致贸易品部门工资上涨，而不必然引起贸易品部门物价的上涨。此时，假定名义汇率不变、一价定律成立，则国内外的贸易品价格不变。由于劳动力在贸易品部门和非贸易品部门是自由流动的，非贸易品部门劳动力也要求工资相应上升，但非贸易品部门劳动生产率增长相对缓慢，于是非贸易品部门劳动力工资上涨将通过非贸易品价格上升来实现，这就会导致总物价水平上升，因为一价定律对贸易品成立，名义汇率不变时，物价总水平上升将导致本国相对价格水平上升。

以上从经济的供给方面，讨论了追赶型经济体因生产率快速增长而在 BS 效应机制作用下，通过国内物价途径影响其相对价格水平变动的情形。除了供给方面 BS 效应机制通过国内物价渠道的影响以外，需求因素也可能通过国内物价渠道影响一国相对价格的变动。举一个比较特殊的例子，假如本国的需求结构发生变动，对非贸易品的需求增加而对贸易品的需求不变。此时由于非贸易品需求增加，将导致非贸易品价格上涨。因为贸易品价格不变，不必对名义汇率作出调整。这样由于非贸易品价格的上涨将导致本国物价总水平的上涨，在名义汇率不变的情况下，将使本国相对价格水平上升。当然，由于这种因需求因素变化影响一国相对价格水平的情形比较特殊，本书不将其作为分析重点。

5.5.2　对追赶型经济体相对价格变动途径的考察

一般地，一个经济体相对价格的变动主要通过名义汇率和国内物价两种途径实现。对于追赶型的高增长经济体而言，生产率更快的增长，使其具有名义汇率升值和相对更高通胀的内生要求，其相对价格的上升也通过这两种途径来实现。然而因每个追赶型经济体的经济发展都有其自身特殊性，其相对价格通过两种渠道的变动的具体情形会有所差异。比如在货币当局严控通胀水平的情形下，贸易品与非贸易品的相对价格，可能会通过此消彼长的形式来实现，而本国相对价格的变动则主要借助于本币名义汇率调整的渠道实现，但此种情况下本币名义汇率往往面临更快的升值压力。如果一国国内物价调整的空间较大，或在某个阶段难以实现对国内物价的有效控制，则可能更多地借助本币名义汇率调整的方式实现相对价格的变动。本小节将针对追赶型经济体相对价格的上升途径展开分析。

5.5.2.1　*考察方法*

由于国家间相对价格的变动有货币名义汇率和国内物价两种途径，因而可分别测算出样本期内两国间货币名义汇率和相对通货膨胀率的变动幅度，并与两国间的相对价格的变动幅度对比，以反映货币名义汇率与物价变动对两国相对价格变动的影响。其中两国间的物价相对变动幅度以两国货币的购买力平价（PPP）比值的变动替代，则物价变动对两国相对价格的影响可借助两国货币 PPP 比值的增长速度反映，例如若一国与基准国货币的 PPP 比值在样本期的增长速度为 80%，则表示由于本国物价涨幅比基准国高出 80%使得本国与基准国的相对价格上涨 80%。货币名义汇率变动对相对价格变动的影响可通过式 5-11 计算得到：

$$名义汇率变动对相对价格的影响 = \frac{1}{名义汇率发展速度} \times 100\% - 100\% \tag{5-11}$$

其中名义汇率为直接标价法的名义汇率。例如计算结果为 30%表示由于名义汇率升值而使本国相对价格上升 30%，若计算结果为 -50%，则表示由于本国货币名义汇率贬值而使本国与外国相对价格下降 50%。

5.5.2.2 样本选择及数据来源

本章筛选出的追赶型经济体共有 30 个，其中追赶型发达经济体和追赶型欠发达经济体各 15 个。由于追赶型欠发达经济体主要由前苏东转轨经济体构成，其样本期较短，并且由于“休克式疗法”型的剧烈变革造成其样本期内的货币汇率与物价变动非常剧烈，特殊性较强，加之经济发展水平普遍较低，所能提供的借鉴较差，因此将其排除在分析对象之外。在 15 个追赶型发达经济体中，因为塞浦路斯前期的相对价格水平存在高估使得其在样本期内未表现出显著的 BS 效应特征，也具有特殊性，不宜作为考察对象。其余 14 个发达经济体在经济追赶的样本期内相对价格的变动均呈现明显的 BS 效应特征，因此以除塞浦路斯之外的 14 个发达经济体作为考察对象，考察的样本期不变。测算所需的相对价格、货币名义汇率与货币 PPP 数据均来自《Penn World Table 7.0》。

5.5.2.3 测算结果

14 个追赶型发达经济体样本期的相对价格变动以及名义汇率与物价变动对相对价格的影响如表 5-10 所示。从表 5-10 可以观察到，14 个追赶型发达经济体的相对价格随相对人均产出的增长均出现了不同程度的上升趋势。从相对价格的变动途径来看，有 9 个经济体表现为由国内物价上涨而导致相对价格的上升，其名义汇率对相对价格表现为负向影响。奥地利、日本、挪威和中国台湾相对价格的上升是通过名义汇率升值和物价更快上涨两种途径实现的。新加坡相对价格的上升则是由名义汇率的升值推动的，其国内物价涨幅则低于基准国美国，对相对价格呈负向影响。可见，在相对价格变动途径的表现方面，追赶型发达经济体表现为多样化的特征。在名义汇率影响与物价变动影响的两者关系方面，表现为反向关联关系，即名义汇率升值幅度较大的经济体，其物价涨幅相对较低。如日本和新加坡的名义汇率升值幅度居于前两位，使其相对价格分别上涨 168%和 106%，而其国内物价相对于基准国美国的涨幅则相对较低，以货币购买力平价比值衡量分别为 56%和-17%。那些国内物价上涨更快的经济体，名义汇率往往呈贬值趋势，如韩国和葡萄牙以货币购买力平价比值衡量国内物价相对涨幅分别达到 1051%和 784%，表明其样本期间国内物价涨幅远大于基准国美国的物价涨幅，同时其名义汇率均呈大幅贬值态势，因名义汇率贬值使其相对价格分别下降 77%和 80%。可见，以韩国和葡萄牙为代表的此类经济体相对价格的上涨主要是通过国内更高的物价上涨推动的。

表 5-10　14 个发达经济体相对价格、名义汇率与本币 PPP 的变动　（%）

序号	名称	样本期	相对人均 GDP 增幅	相对价格涨幅	名义汇率影响幅度	本币 PPP 增幅
1	韩国	1965~2009	452	163	-77	1051
2	葡萄牙	1950~2009	158	77	-80	784
3	奥地利	1950~1982	99	62	17	39
4	芬兰	1950~1982	72	43	-52	203
5	法国	1950~1980	55	85	-17	123
6	希腊	1954~1980	108	44	-30	105
7	中国香港	1960~1993	338	35	-26	83
8	爱尔兰	1950~2002	117	97	-55	360
9	意大利	1950~1991	102	141	-50	379
10	日本	1950~1991	307	317	168	56
11	挪威	1950~1982	51	85	11	67

续表 5-10

序号	名称	样本期	相对人均GDP 增幅	相对价格涨幅	名义汇率影响幅度	本币 PPP 增幅
12	新加坡	1960~1997	257	70	106	-17
13	西班牙	1950~1975	124	52	-31	119
14	中国台湾	1959~1997	449	78	27	40

资料来源：《Penn World Table 7.0》。

通过对 14 个发达经济体相对价格变动途径的考察可以总结出以下几方面的结论：首先，在高增长经济体的相对价格普遍呈上升趋势的前提下，其相对价格的上升途径表现为多样化特征。这种多样化特征一方面表现为相对价格上升途径的多样化，具体地，既可以是名义汇率升值与国内物价更快上涨同时发生，也可以是主要通过一种途径实现，但主要表现为通过本国物价的更快上涨途径。多样化特征另一方面的表现，则体现在各经济体名义汇率与物价变动幅度的差异上，尤其是表现在物价变动的差异上；其次，经济高增长阶段的通货膨胀压力可能更甚于名义汇率的升值压力。上述 14 个经济体高增长阶段名义汇率的调整表现各异，不存在一致的共同趋势，但其物价变动却普遍呈现更快的上涨趋势。除新加坡个例外，其余经济体在其高增长阶段都出现了物价的更快上涨，本币 PPP 涨幅在 39%至 1051%之间不等，中位数为 112%，通货膨胀压力之大可见一斑；第三，在经济高增长阶段难以同时保持名义汇率与国内物价的稳定。14 个经济体高增长阶段的货币名义汇率与物价之间体现出较强的关联关系，两者之间就像跷跷板一样难以保持平稳。货币名义汇率的稳定一般对应着较高的国内物价涨幅，而物价的相对稳定则对应着较高幅度的名义汇率升值。这就要求在制定有关汇率与物价的相关政策方面，应将两者统筹考虑，根据本国内外经济环境的具体特点，尤其是根据内外部经济平衡状况相机抉择，以应对高增长阶段可能出现的经济失衡。

5.6 本章小结

在第 4 章对第二次世界大战后全球相对价格的变动机理进行全面分析的基础上，本章以开放经济条件下追赶型经济体相对价格的变动特征与变动机理作为研究主题，分别提出了关于战后全球相对价格体系演变特征、追赶型发达经济体和追赶型欠发达经济体相对价格变动机理的三个假设。通过运用针对横截面数据的回归分析方法，实证检验了战后全球相对价格体系的演变特征，结果表明第二次世界大战后的全球相对价格体系由中前期与 BS 效应明显不符，逐渐演变为后期显著符合 BS 效应的变化特点。采用时间序列协整技术和格兰杰因果性检验等方法，对追赶型发达经济体样本期相对价格变动的 BS 效应进行了实证分析，检验结果支持追赶型发达经济体的相对价格变动普遍符合 BS 效应的假设。由于追赶型欠发达经济体的样本期较短，不满足协整检验等的样本量要求，对追赶型欠发达经济体的相对价格变动进行了描述性分析，观察到在开放经济条件下，追赶型欠发达经济体的相对价格变动也趋向于 BS 效应特征。对追赶型发达经济体相对价格变动途径的考察显示，在经济的高增长阶段，发达经济体相对价格变动的途径呈多样化特征。其中名义汇率的调整差异较大，而物价变动则表现为共同的物价上行压力。

6　中国的相对价格变动

6.1　中国相对价格的变动特征及原因

6.1.1　中国相对价格的变动特征

1978 年中国开始改革开放，从封闭的计划经济模式逐步走向开放的市场经济模式。在向开放市场经济的转轨过程中，中国各经济层面都发生了巨大变化，相对价格也不例外地经历了剧烈变动。为更加准确地观测和总结开放经济条件下中国相对价格行为的特征，有必要首先对改革开放以来中国相对价格的变动作一个较为完整的展示，因此我们将观测的起点定为 1978 年。1978~2009 年期间中国相对价格水平的变动状况如图 6-1 所示。

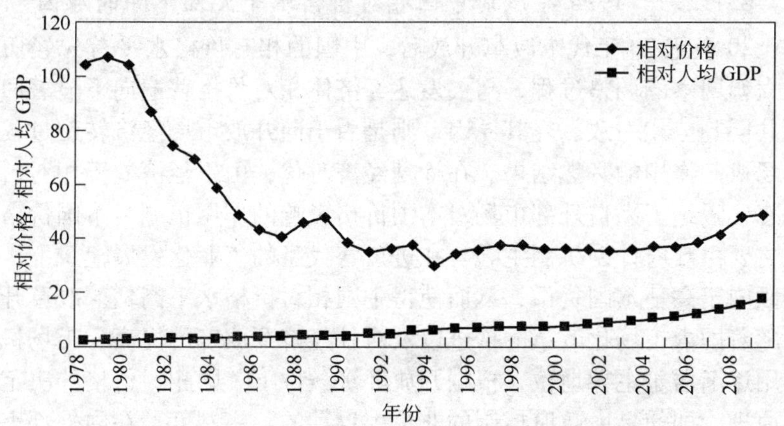

图 6-1　1978~2009 年期间中国相对价格与相对人均产出变动

（资料来源：《Penn World Table 7.0》，以基准国美国价格水平及人均 GDP 取值为 100）

从图 6-1 可以观察到，1978 年中国的相对价格水平高达 105，即当年中国产出口径的价格总水平相当于基准国美国价格总水平的

105%，比美国还要高出 5%，而当年中国的人均 GDP 仅为美国的 2%，可见改革开放之初中国的相对价格水平被严重高估。改革开放之后，中国的相对价格水平首先经历了由严重高估向合理水平的大幅回落。1994 年中国相对价格水平回落到 30，比 1978 年下降了 71%，同时这一数值也是 1978～2009 年期间的最低值，标志着中国高估的相对价格向合理水平回归过程的结束。1994 年之后，中国相对价格水平开始转而上升，其中 1995～1997 年期间，中国的相对价格水平出现了一段明显的上升过程，由 30 上升到 38 附近，1998～2005 年期间保持了水平波动，从 2006 年开始，再次出现了一段明显的上升过程，2009 年的相对价格水平上升到 49，较 1994 年上升 63%。1978～2009 年期间中国的相对人均 GDP 水平表现为持续的显著上升过程，从 1978 年的 2 附近上升到 2009 年的 18 附近，累计上升了 8 倍，显示出改革开放以来中国经济持续强劲的增长趋势。

6.1.2　中国相对价格变动的原因

6.1.2.1　1994 年以前中国相对价格水平大幅下降的原因

20 世纪 70 年代末改革开放后，中国的相对价格水平首先经历向下大幅回落的调整过程，与欠发达经济体相对价格普遍向下显著回落的共同趋势相一致。究其原因，则是由于向开放市场经济转型过程中市场机制作用的必然结果。在计划经济时代，由于经济处于相对封闭状态，隔绝了来自外部市场对本国价格影响的作用机制，本国价格水平主要由政府计划机制主导。在进口替代型的工业化发展模式下，政府倾向于高估本国货币，从而使得中国相对价格水平高估。改革开放后随着国内市场化改革的推进以及对外经济开放度的提高，市场机制作用逐渐居于主导地位，根据开放经济条件下一国相对价格的决定机制原理，即使是由政府控制的非自由浮动的汇率制度，在内外部市场机制作用的压力下，为保持内外部经济平衡，尤其是配合出口导向战略的实施，中国政府自然选择下调高估的货币汇率，从而使得相对价格水平明显回落。改革开放以来人民币名义汇率变动状况如图 6-2 所示。

图 6-2 显示，1978～1994 年期间，人民币与美元名义汇率值大幅

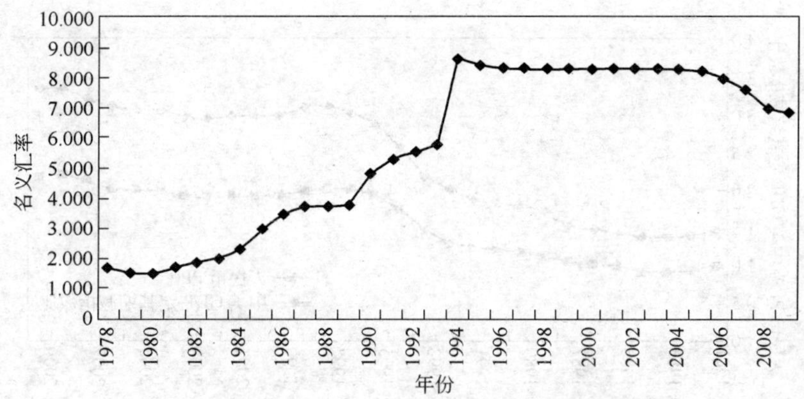

图 6-2　1978~2009 年人民币与美元名义汇率（￥/$）
（资料来源：《Penn World Table 7.0》）

提高，从 1978 年的 1.684（元人民币/美元）上升为 1994 年的 8.62，贬值幅度达 81%。

国家间的 1981~2009 年期间人民币与美元 PPP 水平以及两国 GDP 定基缩减指数比的变动状况如图 6-3 所示。从图 6-3 可以看到，改革开放以来人民币 PPP 与中美两国 GDP 缩减指数比的变动趋势高度吻合。中美两国 GDP 定基缩减指数比值持续增大，表明改革开放以来中国物价总水平的涨幅明显高于美国，尤其是 1994 年之前中国物价涨幅明显快于美国，使得人民币 PPP 水平持续上升，由 1978 年的 1.76 上升到 1994 年的 2.57，为 1981 年的 1.46 倍，人民币购买力下降了 58%。根据式 6-1，人民币 PPP 数值上升，将会推高中国相对价格水平，然而期间人民币名义汇率上升幅度更大（1994 年人民币名义汇率为 1978 年的 4.06 倍），因而导致 1978~1994 年期间中国相对价格水平的大幅下降。

6.1.2.2　1994 年以后中国相对价格水平由降转升的原因

A　表象原因：来自汇率调整与 GDP 缩减指数的证据

经多次调低人民币币值后，中国的相对价格水平从 1978 年的 105 下降到 1994 年的 30，相对于当年中国的相对人均产出水平 (6.13)，已处于较为合理甚至低估的水平。在第 5 章，我们估计出

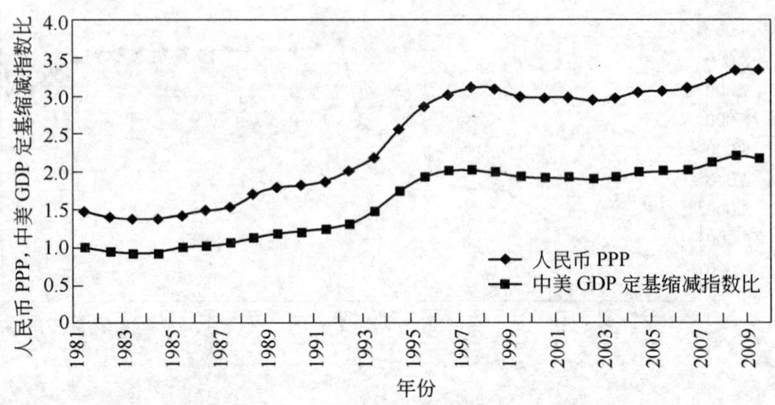

图 6-3 1981~2009 年人民币 PPP 与中美两国 GDP 缩减指数比

（资料来源：人民币与美元 PPP 数值来源于《Penn World Table 7.0》，中国 GDP 缩减指数根据相关年度《中国统计年鉴》计算，美国 GDP 缩减指数根据美国商务部数据库中的相关数据计算）

了 2009 年 106 个经济体相对价格对相对人均产出的回归方程，如式 6-1 所示。

$$RP = 48.38 - 0.62PCGDP \quad (6\text{-}1)$$
$$(14.53)^{***} \quad (9.67)^{***}$$
$$R^2 = 0.48 \qquad F = 93.49^{***}$$

式中，RP 代表相对价格；$PCGDP$ 代表相对人均 GDP；括号内为 t 统计量值；＊＊＊表示在 1%的水平上显著。将 1994 年中国的相对人均 GDP 数值 6.13 代入式 6-1，可得到相对价格期望值为 52.18，比 1994 年中国实际相对价格水平高出 73%，即当年中国实际相对价格水平比平均趋势值低 42%。可见，如果认为 2009 年全球相对价格体系较为合理的话，1994 年中国的相对价格水平显然已不存在高估，处于比较合理甚至低估的水平。

1994~1998 年期间，人民币兑美元名义汇率出现小幅升值，由 1994 年的 8.619 升值为 1998 年的 8.279。同时，由于中国物价涨幅高于美国（见图 6-3），使得人民币对美元的 PPP 由 1994 年的 2.57 上升到 1998 年的 3.1。可见人民币 PPP 值上升以及名义汇率值下降，共同导致了1994~1998年期间中国相对价格出现回升，由1994年的30回升到1998年的37.46。之后，在1998~2005年期间，由于中美两国物价涨幅基本相同，使得人民币与美元之间的PPP值呈水平波动，同时，此期间人民币名义汇率保持了稳定，因此1998~2005年期间中国相对价格水平呈水平波动。2005年之后，人民币兑美元名义汇率显著下降，由2004年的8.277下降为2009年的6.83，升值幅度达17%。同时，2007年之后中国物价涨幅明显高于美国，使得人民币与美元之间的PPP值上升，由2005年的3.05上升为2009年的3.34。因此在人民币名义汇率下降以及人民币与美元之间的PPP值上升的共同作用下，从2006年开始，中国相对价格出现明显上升，由2005年的37.16上升到2009年的48.94。

B 深层原因：来自巴拉萨-萨缪尔森效应的解释

1994年之后中国相对价格呈上升趋势的深层次原因，很可能是巴拉萨-萨缪尔森效应作用的结果。1994~2009年期间，中国经济增长强劲，呈显著追赶态势。PPP法相对人均GDP由1994年的6.13大幅跃升至2009年的17.79，增幅近两倍，且呈加速追赶态势，1994~2003年期间，相对人均GDP由6.13增长至9.62，9年间的增幅为57%。2003~2009年期间，相对人均GDP由9.62增长到17.79，6年间的增幅达85%，增幅显著加快。根据巴拉萨-萨缪尔森效应原理，在开放经济环境下，如果一国相对劳动生产率增长快于外国，会引起该国相对价格水平较外国更快地上升。更为具体地，巴拉萨-萨缪尔森效应理论认为一国生产率的增长主要来源于贸易品部门，而非贸易品部门生产率水平的增长相对十分缓慢。在一个快速增长的经济中，劳动生产力的增长倾向于集中在贸易品部门。这将导致贸易品部门工资上涨，而不必然引起物价的上涨。由于一价定律在贸易品部门成立，贸易品价格仍然不变。劳动力在贸易品部门和非贸易品部门是自由流动的，贸易品部门工资上涨使得非贸易品部门劳动力也要求工资相应上升，但非贸易品部门劳动生产率增长相对缓慢，于是非贸易品部门劳动力工资上涨将通过非贸易品价格上升来实现，这就会导致总物价水平上升。

第5章对开放条件下追赶型欠发达经济体相对价格行为的考察结

果显示，在追赶型欠发达经济体的相对价格调整到位之后，伴随着相对人均产出水平的显著追赶，追赶型欠发达经济体的相对价格水平普遍呈显著的上升趋势，普遍具有巴拉萨-萨缪尔森效应特征。中国作为典型的追赶型欠发达经济体之一，1994 年之后的相对价格行为也具有巴拉萨-萨缪尔森效应的显著特征。为验证 1994 年之后中国相对价格行为的巴拉萨-萨缪尔森效应，下面首先对改革开放以来中国贸易品部门与非贸易品部门相对劳动生产率的变化加以考察。由于现行统计制度缺乏贸易品部门与非贸易品部门的直接数据，借鉴通行的一种处理方式，我们以第二产业替代贸易品部门，以第三产业替代非贸易品部门，通过对第二、三产业劳动生产率来间接实现对贸易品部门与非贸易品部门劳动生产率差异的考察。具体处理方式为：首先测算出 1979~2009 年期间各年度 1978 年不变价的第二、三产业增加值，然后用各年度第二、三产业不变价增加值除以各年度的二、三产业从业人数，得到各年度第二、三产业的不变价劳动生产率，相关数据均来自 2011 年《中国统计年鉴》。1979~2009 年期间中国第二、三产业的不变价劳动生产率序列如图 6-4 所示。

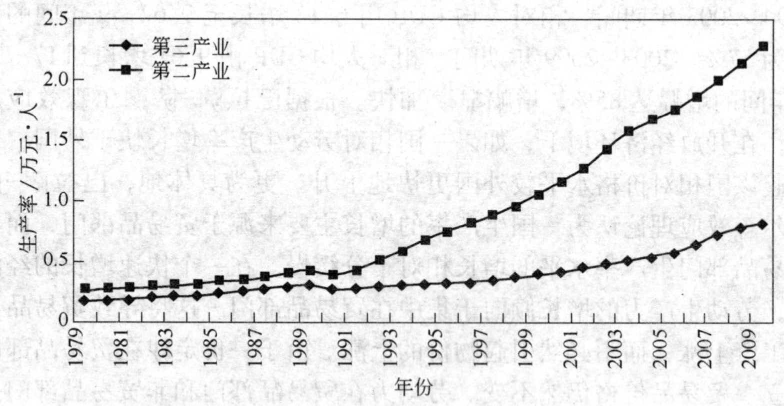

图 6-4 1979~2009 年中国第二、三产业不变价劳动生产率
（资料来源：2011 年《中国统计年鉴》，劳动生产率以 1978 年不变价计算，单位为万元/人）

从图 6-4 可以观察到，改革开放以来中国第二产业劳动生产率增长显著快于第三产业，尤其是 1991 年之后，第二产业与第三产业的

劳动生产率水平持续显著拉大，表明这一时期中国经济增长主要来源于第二产业。1991~2009 年期间，第二产业劳动生产率增长了 5 倍，而第三产业劳动生产率仅增长了 2.2 倍。1991 年之后中国第二产业劳动生产率增速明显快于第三产业的事实，在很大程度上验证了巴拉萨-萨缪尔森效应理论关于贸易品部门与非贸易品部门劳动生产率增长差异的表述。

在验证了巴拉萨-萨缪尔森效应理论的生产率增长差异说在中国的适用性之后，接下来我们考察巴拉萨-萨缪尔森效应理论中价格水平变动差异说对中国的适用性。具体处理方式是：测算出 1979~2009 年期间各年度中国第二、三产业的增加值定基缩减指数，通过比较第二、三产业的增加值定基缩减指数，来间接反映贸易品部门与非贸易品部门的价格变动差异。1979~2009 年期间中国第二、三产业增加值定基缩减指数序列如图 6-5 所示。

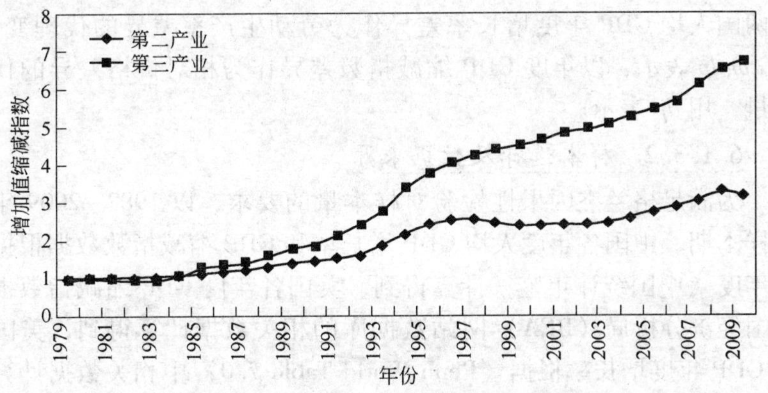

图 6-5 1979~2009 年中国第二、三产业增加值定基缩减指数序列

（资料来源：2011 年《中国统计年鉴》，1978 年的缩减指数为 1）

从图 6-5 可以观察到，改革开放以来中国第三产业价格总水平上涨幅度远远大于第二产业。1979~2009 年期间第三产业增加值定基缩减指数从 1 上升到 6.73，累计上涨 5.73 倍。第二产业增加值定基缩减指数从 1 上升到 3.17，累计上涨 2.17 倍。第二产业与第三产业价格上涨幅度差距在 1994 年以后表现得尤为明显，1994~2009 年期间，第二产业增加值定基缩减指数上涨 69%，第三产业增加值定基缩减

指数上涨145%，远高于第二产业。可见，伴随着贸易品部门相对于非贸易品部门更快的劳动生产率增长，非贸易品部门价格涨幅显著高于贸易品部门。因此，1979年以来中国第三产业与第二产业的价格变动差异符合巴拉萨-萨缪尔森效应理论关于价格变动差异的表述。

6.1.3　中国相对价格变动BS效应的格兰杰因果性检验

6.1.3.1　模型及变量选择

根据BS效应理论，如果一国相对于外国经历更快的生产率增长，则该国非贸易品与贸易品的相对价格会经历较外国更快的上涨。为实证检验改革开放以来BS理论在中国的适用性，我们对改革开放以来中美两国相对价格变动差异与生产率差异变量进行格兰杰因果性检验。如果中美两国生产率差异是相对价格差异的格兰杰原因，则可在一定程度上证明BS效应在中国的适用性。具体处理方式为：以中美两国人均GDP年度增长率差异作为劳动生产率差异的代理变量，用*dpgdp*表示，以年度GDP缩减指数差异作为相对价格差异的代理变量，用*dp*表示。

6.1.3.2　样本选择及数据来源

为满足格兰杰因果性检验对样本量的要求，以1982~2009年作为样本期。中国各年度人均GDP增长率和GDP缩减指数数据根据相关年度《中国统计年鉴》计算得到，美国各年度GDP缩减指数根据美国经济分析局（BEA）网站数据库的相关数据计算得到，美国人均GDP年度增长率根据《Penn World Table 7.0》中相关数据计算得到。计量分析工具是EViews5.0。

6.1.3.3　检验过程及结果

A　变量平稳性的单位根检验

由于格兰杰因果性检验要求变量平稳，所以首先需要对*dp*和*dpgdp*变量进行ADF单位根检验。ADF单位根检验的最佳滞后阶数按照AIC准则确定。ADF单位根检验结果如表6-1所示。

根据单位根检验结果，*dp*和*dpgdp*水平序列的ADF值在1%和5%显著性水平上均大于Machinnon临界值，不能拒绝单位根假设。

一阶差分后 Δdp 与 $\Delta dpgdp$ 的 ADF 值分别小于 5%和 1%置信度下的 Machinnon 临界值，应拒绝单位根假设。因此，*dp* 和 *dpgdp* 是非平稳的，服从 $I(1)$ 过程，而 Δdp 与 $\Delta dpgdp$ 是平稳变量，服从 $I(0)$ 过程。

表 6-1 变量 ADF 单位根检验结果

变量	检验形式（C，T，L）	检验统计量	P 值	DW 值
dp	（1，0，1）	-1.41736	0.5576	1.6074
Δdp	（1，0，1）	-3.0873**	0.0406	1.5616
dpgdp	（1，0，3）	-2.4217	0.1466	1.6714
$\Delta dpgdp$	（0，0，1）	-4.8726***	0.0000	1.7500

注：Δ 表示变量的一阶差分；检验形式中 C 表示截距项，T 表示确定性趋势项，两者取值为 0 时表示不包含该项，取值为 1 时表示包含该项，L 表示滞后阶数；*、**和***分别表示在 10%、5%和 1%的显著性水平上拒绝存在单位根的假设。

B 格兰杰因果关系检验

由于 *dp* 和 *dpgdp* 序列均为一阶非平稳的 $I(1)$ 序列，而格兰杰因果性检验要求变量为平稳变量，因此针对平稳的一阶差分序列 Δdp 与 $\Delta dpgdp$ 进行格兰杰因果关系检验，检验结果如表 6-2 所示。

表 6-2 格兰杰因果关系检验结果

原 假 设	滞后阶数	观察值个数	F 统计量	P 值
Δdp 不是 $\Delta dpgdp$ 的格兰杰原因	1	27	2.2423	0.1473
$\Delta dpgdp$ 不是 Δdp 的格兰杰原因	1	27	4.2403*	0.0505
Δdp 不是 $\Delta dpgdp$ 的格兰杰原因	2	26	1.7118	0.2048
$\Delta dpgdp$ 不是 Δdp 的格兰杰原因	2	26	1.4425	0.2588
Δdp 不是 $\Delta dpgdp$ 的格兰杰原因	3	25	1.5163	0.2443
$\Delta dpgdp$ 不是 Δdp 的格兰杰原因	3	25	4.6620**	0.0140

注：*、**分别表示在 10%、5%的显著性水平上拒绝原假设。

表 6-2 显示，在滞后一阶和三阶情况下，可分别在 10%和 5%的显著水平上得出 $\Delta dpgdp$ 是 Δdp 的格兰杰原因，而在滞后一阶、二阶和三阶情况下，Δdp 均不是 $\Delta dpgdp$ 的格兰杰原因。因此，格兰杰因果性检验结果显示，在样本期，存在从中美两国人均 GDP 增长率差

异到中美两国 GDP 缩减指数差异间的单向格兰杰因果关系，实证结论支持中美两国间 BS 效应成立。

6.2　中国相对价格的未来变动趋势及途径

6.2.1　中国相对价格的未来变动趋势

前文相关章节的研究结果显示，不仅开放经济条件下追赶型发达经济体相对价格行为的 BS 效应特征得到普遍验证，而且在相对价格调整到位之后，追赶型欠发达经济体的相对价格变动也普遍显示出较强的 BS 效应特征。本章对改革开放以来中国相对价格变动的考察结果亦显示，随着经济发展水平以及开放度的不断提高，中国相对价格行为的 BS 效应特征越发显现。既然相对价格的 BS 效应特征在包括中国在内的众多追赶型经济体得到了广泛验证，那么在经济全球化持续推进的大背景下，随着中国经济市场化、开放化程度的进一步提高，BS 效用在未来中国相对价格变动中的作用机制将进一步显现，而按照 BS 效应的作用机理，只要未来中国经济继续保持追赶态势，相对价格必然面临上升压力。

中国目前的人均产出水平仅为美国的 20%左右，仍具有较大的后发优势。从战后由落后经济体成功发展为高收入经济体的几个案例来看，其人均相对产出水平达到 20%以后经济仍普遍保持快速发展态势（见图 6-6）。

从图 6-6 可以看到，韩国、葡萄牙、中国台湾、中国香港、日本和新加坡在相对人均产出达到 20%以后均继续保持了快速追赶态势，尤其是 5 个亚洲经济体继续保持高增长的态势更为明显。从相对人均产出达到 20%以后实现人均产出翻番所经历的时间来看，新加坡用了 6 年，中国台湾用了 7 年，中国香港用了 9 年，日本用了 11 年，韩国用了 12 年，葡萄牙用了 15 年。以上分析表明，以中国目前的人均产出水平来看，中国经济未来仍具有较大的上行空间。可以预期在未来一段时期内，尽管增速较以往可能有所放缓，但中国经济仍将保持相对于主要经济体更快的增长。再结合 6.1 节按照全球相对价格体系标准对当前中国相对价格水平的评估，认为中国相对价格水平基本

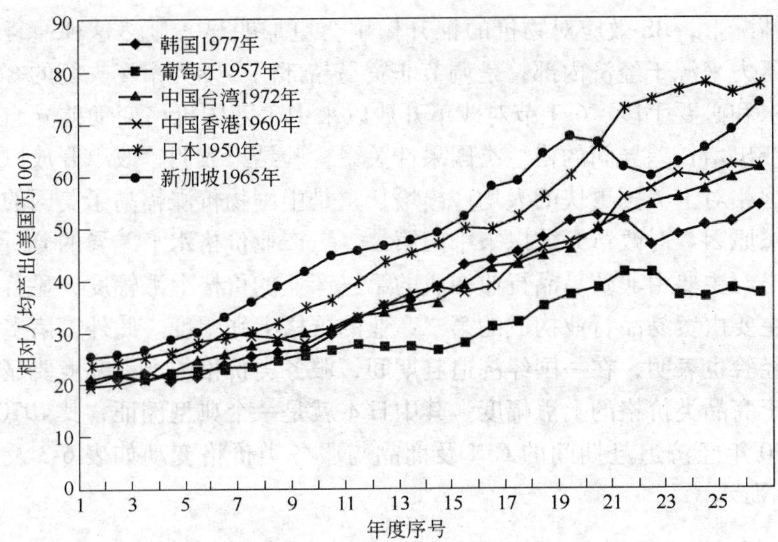

图 6-6 部分经济体人均相对 GDP 达到 20%以后的发展状况
（资料来源：《Penn World Table 7.0》）

处在合理水平。因此有理由判断，随着未来中国经济追赶进程的持续，上行趋势将成为未来中国相对价格变动的主趋势。

6.2.2 相对价格变动、通货膨胀与汇率调整

6.2.2.1 高增长阶段的中国经济面临通货膨胀与名义汇率升值压力

控制通货膨胀、保持物价稳定是各国宏观经济政策的主要目标之一。对于一个处于高增长阶段的经济体而言，往往面临更大的通货膨胀压力。这种压力不仅来自需求方面，比如经济高增长阶段旺盛的需求可能超出潜在的产出水平而引起通货膨胀产生，在供给方面也面临成本推动带来的通货膨胀压力。根据 BS 效应原理，在不考虑需求因素和外部传导因素的前提下，单从供给的角度考率，本国生产率相对于外国的更快增长，将会通过非贸易品部门价格的更快上涨推动本国整体价格水平相对于外国更大幅度的上涨。即使在贸易品价格保持不变的情况下也会发生结构性通货膨胀。尤其当一国不存在富裕劳动力

的情况下，BS 效应对物价的推升作用会更加明显。显然这种通货膨胀压力来源于经济内部，是调节非贸易品部门劳动力市场失衡的客观要求和必要手段。6.1 节对改革开放以来中美两国价格变动差异与人均产出增长差异间的格兰杰因果性关系检验结果表明，改革开放以来中国相对于美国更快的人均产出增长，是中国物价涨幅高于美国的格兰杰原因。对改革开放以来中国第二、三产业价格水平差异的分析显示出，主要由非贸易品行业构成的第三产业的价格上涨幅度，显著高于主要由贸易品行业构成的第二产业的价格上涨幅度。此外，诸多国际经验也表明，在一国经济追赶期间，服务类价格的上涨幅度要显著高于商品类价格的上涨幅度。其中日本就是一个典型例证，其 1970~1990 年经济追赶期间的 CPI 及商品与服务类价格变动如表 6-3 及图 6-7 所示。

表 6-3　1970~1990 年日本有关定基价格指数　（%）

年　份	CPI 定基指数	商品类定基价格指数	服务类定基价格指数
1970	100.0	100.0	100.0
1971	106.5	105.6	107.6
1972	111.7	108.8	115.6
1973	124.6	122.5	127.2
1974	153.5	155.1	148.0
1975	171.4	170.5	170.4
1976	187.7	184.3	190.4
1977	203.1	194.7	214.0
1978	211.7	199.7	227.6
1979	219.4	205.3	238.8
1980	236.6	223.5	257.2
1981	248.0	234.3	270.0
1982	255.1	238.9	280.4
1983	259.7	242.4	288.4
1984	265.5	246.7	296.4
1985	271.1	250.0	306.0

续表 6-3

年　份	CPI 定基指数	商品类定基价格指数	服务类定基价格指数
1986	272.6	248.5	313.2
1987	272.9	244.9	320.0
1988	274.8	244.9	324.8
1989	280.9	249.2	334.4
1990	289.5	257.3	344.8

资料来源：日本国家统计局网站数据库。

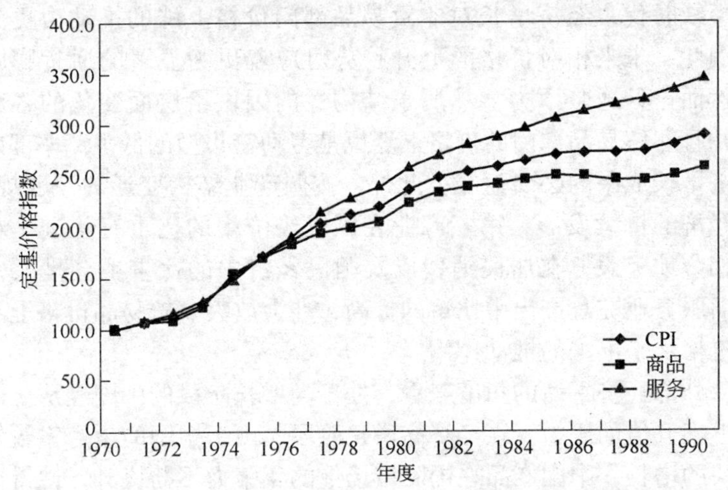

图 6-7　1970~1990 年日本几种定基价格指数

从表 6-3 及图 6-7 可以观察到，1970~1990 年期间日本居民消费项目中的服务类价格涨幅显著高于商品类价格的涨幅，其中商品类定基价格指数为 257.3%，而服务类定基价格指数为 344.8%。根据日本学者南亮进（2008）的研究，日本经济的刘易斯拐点大约出现在 20 世纪 60 年代末至 70 年代初，而刘易斯拐点的出现意味着农业部门剩余劳动力向城市非农产业转移过程的终结，劳动力市场供大于求的状况不复存在，劳动力资源开始变得相对稀缺，劳动力市场供求关系的这一转变显然对人工密集型的服务项目的价格上涨具有加速推动作用。从图 6-7 可以看到，从 20 世纪 70 年代中期开始，日本服务类价格涨幅明显加快，与商品类价格涨幅差异不断扩大，尤其是1985年之后商品类价格上涨基本停滞，而服务类价格仍保持快速上涨，因而这一时期日本居民消费价格指数的上升几乎全部都是由服务类价格上涨所推动的。

基于上述分析，随着未来中国经济的进一步增长，将不可避免地面临结构性通货膨胀压力。根据蔡昉（2010）等学者的研究，从中国的人口年龄结构、劳动力市场供求关系等方面判断，当前中国已经出现或接近出现刘易斯拐点。刘易斯拐点的出现，意味着劳动力市场进入短缺时代，经济增长对非贸易品部门价格上涨的推动力更为显著。因此，未来相对价格的上升趋势对应着更为显著的通货膨胀压力。然而这种通胀压力显然属于结构性的因供给层面变化的客观现象，并且非贸易品部门的价格上涨也是劳动密集型的低生产率部门分享经济增长成果的必要途径。此外，按照产业结构变迁的一般规律，随着经济的持续发展，第三产业在国民经济中的比重有望进一步提高。相应地，服务在居民消费以及国民经济中的比重也会呈上升趋势。而服务业在总产出中比重的提高，亦会放大非贸易品价格上涨对整体价格水平上涨的推动作用。

从外部经济平衡的角度来看，处于高增长阶段的中国经济还面临名义汇率升值的压力。在经济高增长阶段，由于中国的生产率较外国有更快的增长，中国产品在国际市场上的竞争力不断提升，使得中国在国际贸易中长期保持盈余，从而在客观上产生内在的人民币名义汇率升值要求。此外，中国在国际贸易中长期保持盈余也导致贸易伙伴的不满，尤其是在全球经济低迷的背景下，美国等西方国家为摆脱自身经济困境，不断对中国施加压力，要求人民币升值，针对中国产品的贸易摩擦也不断增加。2005年以来人民币名义汇率的升值显然是这种内外压力下所作出的调整。

6.2.2.2　高增长阶段的通货膨胀、汇率调整与相对价格

在一国经济高增长阶段，其国际相对价格、名义汇率及国内通货膨胀之间存在复杂的关联关系。作为引起相对价格变动的两种途径，名义汇率的调整和物价的变动最终都统一到相对价格的变动上。经济高增长阶段BS效应的显著性和普遍性，显示无论是汇率的调整还是

物价的变动都服从于相对价格上涨这一约束条件。在这一约束条件下，汇率又与通货膨胀之间紧密关联。虽然经济的高增长会同时产生名义汇率升值与物价上涨的内在要求，但并不必要求两者同时发生，这是因为两者间在一定程度上能够相互替代，即经济高增长对相对价格上升的推动力可以主要通过其中一种渠道传递。

A 名义汇率对通货膨胀的影响

为使分析简化，以一国经济处于内外经济平衡为分析起点。当一国经济相对外国更快增长时，本国出口增幅开始大于进口增幅，出现外部失衡。此时的国内通胀压力有三方面的潜在来源：第一，在BS效应机制作用下，通过贸易品部门工资上涨以及向非贸易品部门的传递，带来非贸易品价格的更快上涨，产生结构性通货膨胀；第二，如果本国生产已达到潜在产能，旺盛的外部需求还会导致贸易品价格上涨，从而引发国内物价全面上涨；第三，在外汇盈余不断增加的情况下，中央银行为保持本币名义汇率稳定，将买入外币吐出本币，致使国内本币供给增多。显然在这样一种机制安排下，会导致国内货币供给过度从而产生潜在的通胀压力。这是由于商品出口到境外，而对应派生出的本币留在国内，使得国内货币供给大于对应的国内商品数量，即由于贸易盈余所派生出的本币供给在国内没有实物商品与之对应。当然这种通胀压力并不一定会传递给一般性商品，也可能传导至资产市场等，导致资产价格上涨。进入21世纪以来，中国房地产、股市等资产市场经历的价格上涨，尤其是房地产价格的持续上涨，显然与这种渠道有关。

经济高增长阶段的通胀压力在一定程度上可以通过名义汇率的调整加以化解。其中名义汇率升值可直接缓解贸易盈余派生货币带来的通胀压力。名义汇率升值不利于出口而有利于进口，从而有助于实现进出口平衡。由于外汇盈余不再继续增加，效应的派生货币停止增长，从而减轻国内通胀压力。在本国产出已达到潜在产能的情况下，名义汇率升值外需降低，可以减轻需求过旺产生的通胀压力。相对而言，名义汇率升值对BS效应引起的通胀压力的缓解作用则要弱得多。因为即使通过名义汇率调整使经济实现了外部平衡，但只要经济仍保持高增长，本国生产率增长快于外国，BS效应就会发挥作用，仍然会出现非贸易品价格更快上涨导致的通货膨胀。可见，名义汇率升值虽然可以在一定程度上化解通胀压力，但无法完全排除这种压力。BS效应的存在决定了国内物价的更快上涨是高增长阶段的一个普遍现象。第五章对14个发达经济体高增长阶段的考察也显示了这一特征的普遍存在。除新加坡外，其余13个经济体无论名义汇率作哪种方向的调整，国内物价均出现了更快的上涨。

B 通货膨胀对名义汇率的影响

在上述分析框架内，可总结出经济高增长阶段通货膨胀对名义汇率几种影响机制。首先是通货膨胀对名义汇率升值压力的承担作用。由于外贸盈余的派生货币会引发国内通胀，此时为维持名义汇率的稳定，实际上由国内经济失衡承担了外部经济失衡的负作用。其次，如果维持名义汇率不变，生产率的更快增长使得本国产品的国际竞争力提升，导致外需扩大。外需的扩大效应要求更高的国内供给，如果此时国内供给不足，会引发国内物价的上涨。第三，国内价格水平的主动调整对名义汇率升值的缓解作用。一般而言，多数产品的价格由市场决定，但政府仍对部分产品如公用产品及准公用产品的价格具有主导权。如果政府对此类产品价格上调，会传导至其他产品，使包括贸易品在内的其他产品价格上涨，从而缓解名义汇率升值压力。

需要注意的是，以上内容均是在某种特定经济状况的假设下展开的一般性分析，结论也具有一定的适用范围。对具体经济个体的分析需要结合其具体经济状况进行。

C BS效应约束下的中国相对价格变动路径

经过30多年的长足发展，中国经济在总量上跃居世界第二的同时，经济发展质量也显著提高，表现在生产结构与优势产业上，已经历了以劳动密集型的产业为主到资本密集、规模驱动的无差异的产业的结构转换历程，当前正处于最关键的装备制造业追赶阶段。同时，市场化程度与开放化程度不断提升，已成为具备较完善市场机制、并融入世界经济体系的开放化市场化经济体。在这样一种市场化与全球化的内外经济环境下，先进经济体高增长阶段普遍存在的BS效应在中国经济未来的持续快速增长过程中将越发显现，并成为未来中国经济增长过程中汇率和物价变动的一个重要约束条件。

由前文分析可知，当前中国经济已到达或接近刘易斯拐点，劳动力供给将趋于紧张。在劳动力市场的供给状况趋于显著改变的情况下，未来中国经济的较快增长将面临更为突出的名义汇率升值压力以及由 BS 效应引起的通胀压力。由于两者间存在相对价格长期内向上变动的共同约束，又在一定程度上具有相互化解的关系，这就要求在制定宏观调控政策时，结合当时的具体经济状况，对两者统筹考虑、相机抉择。

相对而言，当前中国面临的通胀压力要小于名义汇率的升值压力。首先，当前我国已基本不存在因供给不足的通胀压力。连续多年在基础设施、能源等领域的大规模投资已使得相关经济发展瓶颈得以消除。投资驱动型的经济发展模式使得全社会生产能力大为提高，具备应对需求增长的较大生产潜能。其次，尽管当前劳动力供给已接近刘易斯拐点，但尚未出现显著征兆，距离劳动力供给紧张尚有一段时间，因而不具备劳动力价格全面上涨的通胀压力。第三，当前全球通货膨胀幅度较低，并且全球经济尚未完全走出金融危机的阴影，增长乏力，外部输入型通胀压力较小。因此，可以预期在未来一段时期内全面物价上涨的压力较小，既为价格调整留出了一定空间，又为价格调整争取了时间。反观名义汇率升值的压力则要大得多。2005 年以来人民币名义汇率已进行了较大幅度升值，在全球经济增长放缓的背景下，已对有关行业的出口造成显著的不利影响。当前我国正处在装备制造业追赶的关键时期，产业结构的升级需要一段时期内保持人民币汇率的稳定。因此，近期应充分利用相对宽松的物价环境，适当提高通胀容忍度，对价格体系中尚未理顺的环节进行调整，为未来可能面对的更大压力的通胀做好准备。

从长期来看，随着劳动力供给紧张状况的全面来临，BS 效应导致的通胀压力将更明显，物价调整空间将显著缩小。这种情况下可能会出现物价上涨与名义汇率升值同时出现的局面。为应对这一局面，一方面应加速转变经济增长方式，在劳动力供给约束逐渐加重的情况下，通过增加科技、教育培训等的投入，提高人力资本水平，使经济增长更多地依靠生产效率的提高；另一方面，在未来劳动力供给趋紧、就业压力降低的情况下，可考虑适当降低经济增速，避免过分依赖传统需求刺激政策一味强调确保经济的高增长，从而在加重结构性通胀压力的同时，带来需求拉动的进一步通货膨胀压力。

6.3　本章小结

本章对改革开放以来中国的相对价格变动进行了考察。中国的相对价格在改革开放后首先经历了由高估向合理水平的回归，与该阶段中国相对人均产出的增长趋势相反，之后则与相对人均产出呈现相同的上升趋势。通过对改革开放以来中国第二、三产业增加值缩减指数的对比分析，发现第三产业较第二产业经历幅度更大的价格上涨，符合巴拉萨-萨缪尔森效应的描述。运用格兰杰因果性检验方法，对改革开放以来中美两国 GDP 缩减指数差异与人均 GDP 增长率差异的格兰杰因果性检验结果显示，存在从中美两国人均 GDP 增长率差异到中美两国 GDP 缩减指数差异间的单向格兰杰因果关系，实证结论支持中美两国间 BS 效应成立。基于开放经济条件下，中国相对价格行为符合巴拉萨-萨缪尔森效应的前提，随着中国经济相对于主要经济体更快的增长，中国相对价格将保持上升的主趋势。相对价格的上行趋势将不可避免地带来通货膨胀和人民币升值的内外部双重压力，为实现宏观经济内外部的双重平衡，应当保持对通货膨胀更高的容忍度和更具灵活性的人民币汇率政策。

7 结论与展望

7.1 研究结论

本书运用定性和定量分析方法，以《Penn World Table 7.0》为主要数据来源，对第二次世界大战后的国际相对价格变动特征进行了规范性分析和实证检验。具体研究内容包括国际相对价格的收敛特征分析、国际相对价格体系的演变机理、追赶型经济体的相对价格变动特征与机理以及中国的相对价格变动特征及路径分析。全书的主要结论如下：

（1）对第二次世界大战后全球及各收入组经济体相对价格收敛性的考察结果显示，全球及各收入组别经济体的相对价格均存在显著的 σ 收敛特征和 β 收敛特征，表明战后经济体之间的价格差异趋于缩小。与此相对应的是，全球相对人均产出间的差异则有所扩大。

针对不同收入组别相对价格变动趋势的考察结果显示，欠发达经济体（低收入经济体和中低收入经济体）与发达经济体（中高收入经济体与高收入经济体）相对价格的变动趋势截然相反。其中欠发达经济体的平均相对价格经历了大幅下降过程，而发达经济体平均相对价格呈上升趋势。通过进一步对相对人均产出的考察发现，低收入经济体与中低收入经济体战后相对人均产出分别呈小幅下降与小幅上升趋势，显示欠发达经济体的相对价格变动与 BS 效应理论不符。发达经济体的相对人均产出呈上升趋势，与其相对价格变动趋势一致，与 BS 效应理论的描述相一致。

（2）运用新古典贸易理论等国际相对价格决定理论，对第二次世界大战后国际相对价格体系的演变机理进行了规范性分析。分析结果显示，第二次世界大战后经济全球化程度的不断提高，是推动国际相对价格收敛的主要原因。通过对第二次世界大战后欠发达经济体发展实践的梳理，发现战后初期欠发达经济体普遍采用的强调政府干预和较为封闭的经济发展模式导致了其相对价格水平的扭曲，使其初期的相对价格水平明显被高估，而后续的市场化改革以及经济全球化进程，使得市场机制作用逐渐增强，促使其相对价格水平向下的合理回归。通过在个体层面对发达经济体更为细致的考察，发现战后发达经济体的相对价格变动普遍与巴拉萨-萨缪尔森效应描述的情形相符，其相对价格与相对人均产出均呈上升趋势。其原因在于发达经济体具备相对完善的开放的内外部市场环境，市场机制是其相对价格的主要决定机制，因而其相对价格的变动与开放条件下关于国际相对价格决定的经典理论最为接近。

（3）通过对不同时期经济体相对价格与相对人均产出横截面数据的回归分析，实证检验了第二次世界大战后全球相对价格体系的演变特征，结果发现在20世纪80年代之前，相对价格与相对人均产出的关联很微弱，相对价格无法由相对人均产出解释，与BS效应明显不符。而80年代之后，两者的相关性逐渐增强，进入21世纪后，两者已呈高度的正线性相关，相对人均产出可以很好地解释相对价格，全球相对价格体系已显著符合BS效应。采用时间序列协整技术和格兰杰因果性检验方法，对追赶型发达经济体BS效应的实证分析表明，追赶型发达经济体的相对价格变动普遍符合BS效应。对追赶型欠发达经济体的描述性分析结果显示，在相对价格调整到位后，其相对价格变动明显符合BS效应。对追赶型发达经济体相对价格变动途径的考察显示，在经济的高增长阶段，发达经济体相对价格的上升途径呈多样化特征。其中名义汇率的调整差异较大，而物价变动则表现为共同的物价上行压力。

（4）对开放条件下中国相对价格变动特征的描述性分析显示，改革开放以来，中国第三产业较第二产业经历幅度更大的价格上涨，符合巴拉萨-萨缪尔森效应的描述。运用格兰杰因果性检验方法，对改革开放以来中美两国GDP缩减指数差异与人均GDP增长率差异的格兰杰因果性检验结果显示，存在从中美两国人均GDP增长率差异到中美两国GDP缩减指数差异间的单向格兰杰因果关系，实证结论支持中美两国间BS效应成立。基于开放条件下高增长经济体普遍符合BS效应的前提假设，以及相对价格上升趋势的约束条件，提出中国未来追赶进程中汇率调整与物价调整的策略。建议提高通胀容忍度，并充分利用当前较为宽松的物价环境，未雨绸缪，积极通过价格调整理顺价格体系，为未来应对因 BS 效应机制增强而引起的更大通胀压力提前做好准备。长期来看，随着劳动力供给趋紧状况的出现，BS 效应导致的通胀压力增大，可考虑更多地采取名义汇率调整的方式以减缓通胀压力，并且由于就业压力相应减弱，可适当调低经济增速。

7.2 本书的特点

（1）以全球 106 个经济体为样本，对第二次世界大战后全球及各收入类别经济体相对价格的收敛性进行了实证检验。实证结果显示，全球及各收入类别经济体的相对价格均存在显著的 σ 收敛特征和 β 收敛特征。运用大样本资料，对在全球范围对相对价格收敛性的实证检验，弥补了国内相关研究的不足。

（2）通过运用时间序列协整方法进行的实证检验，全面验证了在经济高增长阶段，追赶型发达经济体的相对价格与相对人均产出之间普遍存在协整关系，表明巴拉萨-萨缪尔森效应是经济高增长阶段的共性特征。

7.3 研究展望

（1）本书通过实证检验，验证了追赶型发达经济体（中高收入及高收入经济体）在其高增长阶段，相对价格与相对人均产出之间普遍存在稳定的协整关系，在追赶型发达经济体中验证了 BS 效应的普遍性，但未能对追赶型欠发达经济体（低收入及中低收入经济体）相对价格与相对人均产出间的稳定关系进行实证验证，因而未能实现开放条件下追赶型经济体的相对价格符合 BS 效应的全面验证。在今后的研究中，应保持对高增长欠发达经济体相对价格变动特征的关注，如果能实现对开放条件下追赶型欠发达经济体相对价格变动 BS 效应的全面验证，无疑将极大地提高 BS 效应、一价定律等相关理论的应用价值。此外，本书样本数据主要来自《Penn World Table 7.0》，数据来源较为单一，没能实现多种来源数据间的相互验证。

借助不同方法、多种来源的数据，对发达经济体高增长阶段的 BS 效应进行更为全面的实证检验，也是未来研究中需进一步完善的地方。

（2）本书重点观测了追赶型经济体在高增长阶段相对价格变动的普遍特征，没有对其个体特征进行讨论。对追赶型经济体的描述性分析显示，除了普遍具有 BS 效应的共同特征之外，追赶型经济体的相对价格变动也具有其个性特征，比如人均产出水平接近的经济体，其相对价格水平却存在较大差异。因此，有必要对追赶型经济体相对价格变动的个体特征作进一步的研究。

（3）本书重点讨论了追赶型经济体的相对价格变动特征，缺少对其他类型经济体的研究。其他类型的经济体如同步发展型经济体的相对价格变动特征也是今后需要进一步研究的内容。

附　　录

第 3 章中国际相对价格收敛性分析样本组成

1. 106 个经济体列表

阿尔巴尼亚、阿尔及利亚、安哥拉、阿根廷、亚美尼亚、澳大利亚、奥地利、阿塞拜疆、巴哈马、白俄罗斯、比利时、玻利维亚、波斯尼亚、博茨瓦纳、巴西、保加利亚、加拿大、智利、中国、哥伦比亚、哥斯达黎加、克罗地亚、古巴、塞浦路斯、捷克、丹麦、多米尼加、厄瓜多尔、埃及、萨尔瓦多、爱沙尼亚、芬兰、法国、加蓬、格鲁吉亚、德国、希腊、危地马拉、洪都拉斯、中国香港、匈牙利、印度、印度尼西亚、伊朗、伊拉克、爱尔兰、以色列、意大利、牙买加、日本、约旦、塔吉克斯坦、韩国、科威特、老挝、拉脱维亚、黎巴嫩、利比亚、立陶宛、卢森堡、马其顿、马来西亚、毛里求斯、墨西哥、蒙古、摩洛哥、纳米比亚、荷兰、新西兰、挪威、阿曼、巴拿马、巴布新几内亚、巴拉圭、秘鲁、菲律宾、波兰、葡萄牙、波多黎各、卡塔尔、罗马尼亚、俄罗斯、沙特、新加坡、斯洛伐克、斯洛文尼亚、南非、西班牙、斯里兰卡、斯威士兰、瑞典、瑞士、叙利亚、中国台湾、泰国、特立尼达和多巴哥、突尼斯、土耳其、土库曼斯坦、乌克兰、阿联酋、英国、美国、乌拉圭、委内瑞拉、越南

2. 相对价格 β 收敛各组样本所含国别（地区）

(1) 1955~2009 年子样本所含 57 个经济体

阿根廷、澳大利亚、奥地利、比利时、巴西、加拿大、智利、中国、哥伦比亚、哥斯达黎加、塞浦路斯、丹麦、多米尼加、厄瓜多尔、埃及、萨尔瓦多、芬兰、法国、希腊、危地马拉、洪都拉斯、印

度、伊朗、爱尔兰、以色列、意大利、牙买加、日本、约旦、韩国、卢森堡、马来西亚、毛里求斯、墨西哥、摩洛哥、荷兰、新西兰、挪威、巴拿马、巴拉圭、秘鲁、菲律宾、葡萄牙、波多黎各、南非、西班牙、斯里兰卡、瑞典、瑞士、中国台湾、泰国、特立尼达和多巴哥、土耳其、英国、美国、乌拉圭、委内瑞拉

（2）1960~2009 年子样本所含 68 个经济体

阿尔及利亚、阿根廷、澳大利亚、奥地利、比利时、玻利维亚、博茨瓦纳、巴西、加拿大、智利、中国、哥伦比亚、哥斯达黎加、塞浦路斯、丹麦、多米尼加、厄瓜多尔、埃及、萨尔瓦多、芬兰、法国、加蓬、希腊、危地马拉、洪都拉斯、中国香港、印度、印度尼西亚、伊朗、爱尔兰、以色列、意大利、牙买加、日本、约旦、韩国、卢森堡、马来西亚、毛里求斯、墨西哥、摩洛哥、纳米比亚、荷兰、新西兰、挪威、巴拿马、巴布新几内亚、巴拉圭、秘鲁、菲律宾、葡萄牙、波多黎各、罗马尼亚、新加坡、南非、西班牙、斯里兰卡、瑞典、瑞士、叙利亚、中国台湾、泰国、特立尼达和多巴哥、土耳其、英国、美国、乌拉圭、委内瑞拉

（3）1970~2009 年子样本所含 84 个经济体

阿尔巴尼亚、阿尔及利亚、安哥拉、阿根廷、澳大利亚、奥地利、巴哈马、比利时、玻利维亚、博茨瓦纳、巴西、保加利亚、加拿大、智利、中国、哥伦比亚、哥斯达黎加、古巴、塞浦路斯、丹麦、多米尼加、厄瓜多尔、埃及、萨尔瓦多、芬兰、法国、加蓬、德国、希腊、危地马拉、洪都拉斯、中国香港、匈牙利、印度、印度尼西亚、伊朗、伊拉克、爱尔兰、以色列、意大利、牙买加、日本、约旦、韩国、老挝、黎巴嫩、卢森堡、马来西亚、毛里求斯、墨西哥、蒙古、摩洛哥、纳米比亚、荷兰、新西兰、挪威、阿曼、巴拿马、巴布新几内亚、巴拉圭、秘鲁、菲律宾、波兰、葡萄牙、波多黎各、罗马尼亚、新加坡、南非、西班牙、斯里兰卡、斯威士兰、瑞典、瑞士、叙利亚、中国台湾、泰国、特立尼达和多巴哥、突尼斯、土耳其、英国、美国、乌拉圭、委内瑞拉、越南

3. 不同收入样本组所包含的具体国家（地区）一览

（1）低收入组经济体一览

阿尔巴尼亚、阿尔及利亚、安哥拉、亚美尼亚、玻利维亚、波斯尼亚、博茨瓦纳、中国、哥伦比亚、厄瓜多尔、埃及、萨尔瓦多、格鲁吉亚、危地马拉、洪都拉斯、印度、印度尼西亚、伊拉克、牙买加、约旦、老挝、马其顿、蒙古、摩洛哥、纳米比亚、巴布新几内亚、巴拉圭、秘鲁、菲律宾、南非、斯里兰卡、斯威士兰、叙利亚、泰国、突尼斯、土库曼斯坦、乌克兰、委内瑞拉、越南

（2）中低收入组经济体一览

阿根廷、阿塞拜疆、白俄罗斯、巴西、保加利亚、智利、哥斯达黎加、克罗地亚、古巴、多米尼加、爱沙尼亚、加蓬、匈牙利、伊朗、哈萨克斯坦、拉脱维亚、黎巴嫩、利比亚、立陶宛、马来西亚、毛里求斯、墨西哥、巴拿马、波兰、罗马尼亚、俄罗斯、土耳其、乌拉圭

（3）中高收入组经济体一览

巴拿马、塞浦路斯、捷克、以色列、韩国、阿曼、葡萄牙、波多黎各、沙特阿拉伯、斯洛伐克、斯洛文尼亚、特立尼达和多巴哥

（4）高收入组经济体一览

澳大利亚、奥地利、比利时、加拿大、丹麦、芬兰、法国、德国、希腊、中国香港、爱尔兰、意大利、日本、科威特、卢森堡、荷兰、新西兰、挪威、卡塔尔、新加坡、西班牙、瑞典、瑞士、中国台湾、阿联酋、英国、美国

参 考 文 献

[1] 麦迪森 · 安格斯 . 2003. 世界经济千年史 [M]. 北京：北京大学出版社，265~333.

[2] 蔡昉 . 2010. 人口转变、人口红利与刘易斯拐点 [J] . 经济研究，(4) .

[3] 高海红 . 2003. 实际汇率与经济增长：运用边限检验方法检验巴拉萨-萨缪尔森假说 [J] . 世界经济，(7)：3~14.

[4] 高铁梅 . 2006. 计量经济分析方法与建模：EViews 应用及实例 [M] . 北京：清华大学出版社 .

[5] 郭熙保. 1997. 中美两国货币购买力与收入水平比较分析 [R] . 北京大学中国经济研究中心工作论文 .

[6] 海闻，林德特 P，王新奎 . 2003. 国际贸易 [M] . 上海：上海人民出版社 .

[7] 靳玉英，李翔 . 2003. 基于神经网络对购买力平价理论的实证研究及其政策含义 [J] . 国际金融研究，(4)：14~18.

[8] 李斌 . 2011. 经济增长、B-S 效应与通货膨胀容忍度 [J] . 经济学动态，(1)：61~66.

[9] 林毅夫 . 2012. 新结构经济学——反思经济发展与政策的理论框架 [M] . 北京：北京大学出版社 .

[10] 卢锋，韩晓亚 . 2006. 长期经济成长与实际汇率演变 [J] . 经济研究，6 (7)：4~14.

[11] 南亮进 . 2008. 经济发展的转折点：日本经验 [M] . 北京：社会科学文献出版社 .

[12] 邱冬阳 . 2006. 人民币购买力平价——1997-2005 年数据的协整分析 [J] . 经济研究，(5)：31~40.

[13] 任若恩，陈凯，韩月娥 . 1992. 中美国民生产总值的双边比较 [M] . 北京：航空工业出版社 .

[14] 任若恩 . 2000. 国际可比国内生产总值和购买力平价估计及其在经济研究中的应用 [J] . 统计与精算，(6)：5~21.

[15] 唐旭，钱士春 . 2007. 相对劳动生产率变动对人民币实际汇率的影响分析——哈罗德-巴拉萨-萨缪尔森效应实证研究 [J] . 金融研究，(5)：1~14.

[16] 萨诺 · 露西沃，泰勒 · 马克 · P. 2006. 汇率经济学 [M] . 何泽荣等，译 . 成都：西南财经大学出版社，54~104.

[17] 王苍峰，岳咬兴 . 2006. 人民币实际汇率与中国两部门生产率差异的关

系——基于巴拉萨-萨缪尔森效应的实证分析［J］. 财经研究，（8）：71~80.

［18］王维 . 2003. 相对劳动生产力对人民币实际汇率的影响［J］. 国际金融研究，（8）.

［19］王泽填，姚洋 . 2009. 结构转型与巴拉萨-萨缪尔森效应［J］. 世界经济，（4）：38~49.

［20］王志强，齐佩金，孙刚 . 2004. 人民币汇率购买力平价的界限检验［J］. 数量经济技术经济研究，（2）：116~124.

［21］吴俊，夏炎，周永务 . 2005. 动态购买力平价理论与检验［J］. 数量经济技术经济研究，（3）.

［22］徐建炜，杨盼盼 . 2011. 理解中国的实际汇率：一价定律偏离还是相对价格变动［J］. 经济研究，（7）：78~90.

［23］易纲，范敏 . 1997. 人民币汇率的决定因素和走势分析［J］. 经济研究，（4）：26~36.

［24］余芳东，任若恩 . 2005a. 关于中国与 OECD 国家购买力平价比较研究结果及其评价［J］. 经济学（季刊），（4）：563~582.

［25］余芳东 . 2005b. 中国购买力平价和经济实力的国际比较研究——国际比较项目（ICP）方法的实证分析［M］. 北京：中国统计出版社，2~33.

［26］俞萌 . 2001. 人民币汇率的巴拉萨-萨缪尔森效应分析［J］. 世界经济，（5）：24~28.

［27］张卫平 . 2007. 购买力平价非线性检验方法的进展回顾及其对人民币实际汇率的应用［J］. 经济学（季刊），（6）：1277~1296.

［28］张晓朴 . 2000. 购买力平价思想的最新演变及其在人民币汇率中的应用［J］. 世界经济，（9）：10~18.

［29］郑超愚，朱南松，张瑶 . 2007. 动态购买力平价理论：概念、证据与运用［J］. 经济研究，（6）：75~86.

［30］Abuaf N，Jorion P. 1990. Purchasing Power Parity in the Long Run［J］. Journal of Finance，45：157~174.

［31］Alessandria G，Kaboski J. 2008. Why Are Goods So Cheap in Some Countries?［J］. Business Review，Q2：1~12.

［32］Bhagwati J N. 1984. Why Are Services Cheaper in the Poor Countries?［J］. The Economic Journal，94（374）：279~286.

［33］Balassa B. 1964. The Purchasing Power Parity Doctrine：A Reappraisal［J］. Journal of Political Economy，72：584~596.

[34] Benning S , Protopapadakis A A. 1988. The Equilibrium Pricing of Exchange Rates and Assets When Trade Takes Time [J] . Journal of International Economics, (7): 129~149.

[35] Bergin, Glick, Taylor. 2004. Productivity, Tradability, and the Long-Run Price Puzzle. FRBSF Working Paper, 2004-08.

[36] Betts C M, Kehoe T J. 2006. U. S Real Exchange Rate Fluctuations and Relative Price Fluctuations [J] . Journal of Monetary Economics, (53): 1297~1326.

[37] Betts C M, Kehoe T J. 2008. Real Exchange Rate Movements and the Relative Price of Non-traded Goods. Federal Reserve Bank of Mnneapolis Research Department Staff Report: 415.

[38] Cassle G. 1918. Abnormal Deviations in International Exchanges [J]. Economic Journal, (28): 413~415.

[39] Castle. 1997. Castle's Report: Review of the OECD-EUROSIAT PPP Program [EB/OL] . http: //www. oecd. org.

[40] Cheung Y W, Lai K S. 1993. A Fractional Cointegration Analysis of Purchasing Power Parity [J]. Journal of Business and Economic Statistics, (11): 103~112.

[41] Cheung Y W, Chinn Menzie, Fujii Eiji. 2005. Why the Renminbi Might be Overvalued (But Probably Isn't), Working Paper, Federal Reserve Bank of San Francisco Conerence.

[42] Chowdhury A R, Sdogati F. 1993. Purchasing Power Parity in the Major EMS Countries: The Role of Price and Exchange Rate Adjustment [J] . Journal of Macroeconomics, (15): 25~145.

[43] Choudhry T, McNown R, Wallace M, 1991. Purchasing Power Parity and the Canadian Float in the 1950st [J] . Review of Economics and Statistics, (73): 558~563.

[44] Diebold F X, Husted S, Rush M. 1991. Real Exchange Rates Under the Gold Standard [J] . Journal of Political Economy, (99): 1252~1271.

[45] Edison H J. 1987. Purchasing Power Parity in the Long Run [J] . Journal of Money, Credt and Banking, (19): 376~387.

[46] Ehsan U, Choudhri, Mohsin S, Khan. 2005. Real Exchange Rates in Developinig Countries: Are Balassa-Samuelson Effects Present? Working Paper, IMF.

[47] Enders W. 1988. ARIMA and Cointegration Tests of PPP under Fixed and Flexible Exchange Rate Regimes [J] . Revies of Economics and Statistics,

(70): 504~508.

[48] Engel C, Rogers J H. 1996. How Wide Is the Border? [J] . American Economic Review, (86): 1112~1115.

[49] Engle R F, Granger C W J. 1987. Co-integration and Error Correction: Representation, Estimation, and Testing [J] . Econometrica, (55): 251~276.

[50] Feenstra R C, Kendall J D. 1997. Pass-Through of Exchange Rates and Purchasing Power Parity [J] . Journal of International Economics, (43): 237~261.

[51] Flood P R, Taylor M P. 1996. Exchange Rate Economics: What's Wrong with the Conventional Macro Approach?, in J. A. Frankel, G. Galli and A. Giovannini (eds.), The Microstructure of Foreign Exchange Markets [M] . Chicago: Chicago University Press, 261~294.

[52] Frankel J A. 1986. International Capital Mobility and Crowding out in the US Economy: Imperfect Integration of Financial Markets or Goods Markets?, in R. W. Hafer (eds.), How Open is the US Economy? [M] . Lexington: Lexington Books Press, 33~67.

[53] Frenkel J A, Johnson H G. 1978. The Economics of Exchange Rates [M]. Boston: Addison-Wesley Press.

[54] Friedman, Milton. 1980. Prices of Money and Goods Across Frontiers: The Pound and Dollar Over a Century [J] . The World Economy, (4): 497~511.

[55] Friedman, Milton, Anna, et al. 1982. Monetary Trends in the United States and the United Kingdom: Their Relation to Income, Prices and Interest Rates. Working Paper, National Bureau of Economic Research.

[56] Froot K A, Kim M, Rogoff K. 1995. The Law of One Price Over 700 Years, Working Paper, 5132, National Bureau of Economic Research.

[57] Giovanini. 1988. Exchange Rates and Traded Goods Prices [J] . Journal of International Economics, (24): 45~68.

[58] Granger. 1980. Testing for Causality: a Personal Viewpoint [J] . Journal of Economic Dynamics and Control, (2) .

[59] Granger C W J, Terasvirta T. 1993. Modeling Nonlinear Economic Relationships [M] . Oxford: Oxford University Press.

[60] Hakkio C S. 1984. A Re-examination of Purchasing Power Parity: A Multi-Country and Multi-Period Study [J] . Journal of International Economics, (17): 265~277.

[61] Harrod R. 1933. International Economics [M] . Landon: James Nisbet Press.

[62] Hegwood N D, Papell D H. 1998. Quasi Purchasing Power Parity [J] . International Journal of Finance and Economics, (3): 279~289.

[63] Heston A, Nuxoll D A, Summers R. 1994. The Differential-Productivity Hypothesis and Purchasing-Power Parities: Some New Evidence [J] . Review of International Economics, (2): 227~243.

[64] Hill Peter. 2007. Global Purchasing Power Parities and Real Expenditures, 2005 International Comparison Program: Methodological Handbook, Chapter 1. http: //go. worldbank. org/MW520NNFK0.

[65] Huizinga J. 1987. An Empirical Investigation of the Long-Run Behaviour of Real Exchange Rates [J] . Carnegie-Rochester Conference Series on Public Policy, (27): 149~214.

[66] Imed Drine, Christophe Rault. 2002. Does the Balassa-Samuelson Hypothesis Hold for Asian Countries? An Empirical Analysis Using Panel Data Cointegration Tests [R] . William Davidson Working Paper, (504) .

[67] Inklaar R, Timmer M P. 2012. The Relative Price of Services. Research Memorandum GD-124, Groningen Growth and Development Centre.

[68] Isard P. 1977. How Far Can We Push the "Law of One Price"? [J] . American Economic Review, (67): 942~948.

[69] Ito Takatoshi, Isard Peter, Symansky Steven. 1997. Economic Growth and Real Exchange Rate: An Overview of the Balassa-Samuelson Hypothesis in Asia [R]. NBER Working Paper, 59~79.

[70] Kilian L, Taylor M P. 2001. Why Is It So Difficult to Beat the Random Walk Forecast of Exchange Rates? [J] . Journal of International Economics, 60: 85~107.

[71] Kravis I, Heston A, Summers R. 1982. The Share of Services in Economic Growth (mimeograph) . In Global Econometrics: Essays in Honor of Lawrence R [M] . Klein (ed. F. G. Adams and Bert Hickman) . Cambridge: MIT Press.

[72] Krugman P R. 1987. Pricing to Market When the Exchange Rate Changes. In S. W. Arndt and J. D. Richardsoon (eds), Rdal-Financial Linkages Among Open Economies [M] . Cambridge, Mass: MIT Press, 49~70.

[73] Krugman P R, Obstfeld. 2004. International Economics: Theory and Policy [M] . Sixth Edition. Beijing: TsingHua University Press, 388~433.

[74] Chen Lein-Lein, Seungmook, John. 2008. Devereux. Have Absolute Price Levels Converged for Developed Economies? The Evidence since 1870 [J] . The

Review of Economics and Statistics, 90 (1): 29~36.

[75] Liu Peter C. 1992. Purchasing Power Parity in Latin America: A Cointegration Analysis [J]. Weltwirtschaftliches Archiv, (128): 662~680.

[76] Lothian J R, Taylor M. P. 1996. Real Exchange Rate Behaviour: The Recent Float from the Perspective of the Past Two Centuries [J]. Journal of Political Economy, (104): 488~510.

[77] Lothian J R, Taylor M P. 2000. Purchasing Power Parity Over Two Centuries: Strengthening the Case for Real Exchange Rate Stability [J]. Journal of International Money and Finance, 19 (5): 759~764.

[78] Lothian J R, Taylor M P. 2008. Real Exchange Rate over The Past Two Centuries: How Important Is the Harrod-Balassa-Samuelson Effect? [J]. The Economic Journal, (118): 1742~1763.

[79] Luintel K B. 2000. Real Exchange Rate Behaviour: Evidence from Black Markets [J]. Journal of Applied Econometrics, (15): 161~185.

[80] McNown R, Wallace M. 1989. National Price Levels, Purchasing Power Parity, and Cointegration: A Test of Four High Inflation Economies [J]. Journal of International Money and Finance, (8): 533~545.

[81] Michael P, Nobay A R, Peel D A. 1997. Transactions Costs and Non-linear Adjustment in Real Exchange Rates: an Empirical Investigation [J]. Journal of Political Economy, (105): 862~879.

[82] Mliton, Kravis. 1954. An International Comparison of National Products and the Purchasing Power of Currencies, Paris: OEEC.

[83] Mliton, Kravis. 1958. Comparative National Products and Price Levels, Paris: OEEC.

[84] Nuxoll, Daniel. 1994. Differences in Relative Price and International Differences in Growth Rates [J]. American Economic Review, (84): 1423~1436.

[85] Obstfeld M, Taylor A M. 1997. Nonlinear Aspects of Good-Market Arbitrage and Adjustment: Heckscher's Commodity Points Revisited [J] Journal of the Japanese and International Economies, (11): 441~479.

[86] Ohanian L E, Stockman A C. 1997. Arbitrage Costs and Exchange Rates. Discussion Paper, Department of Economics, University of Rochester, (Paper presented at the CEPR-PIES Conference on Market Integration and Real Exchange Rates, Georgetown University, Washington, D. C.).

[87] Papell D H, Theodoridis H. 1998. Increasing Evidence of Purchasing Power

Parity over the Current Float [J] . Journal of International Money and Finance, (17): 41~50.

[88] Phylaktis K, Kassimatis Y. 1994. Does the Real Exchange Rate Follow a Random Walk? The Pacific Basin Perspective [J] . Journal of International Money and Finance, (13): 476~495.

[89] Rogoff R. 1996. The Purchasing Power Parity Puzzle [J] . Journal of Economic Literature, (34): 647~668.

[90] Rostow Walt W. 1978. The World Economy: History and Prospect [M]. Austin: University of Texas Press.

[91] Salehizadeh M, Taylor R A. 1999. Test of Purchasing Power Parity for Emerging Economies [J] . Journal of International Financial Markets, Institutions and Money, (9): 183~193.

[92] Samuelson P. A. 1964. Theoretical Notes on Trade Problems [J] . Review of Economics and Statistics, (46): 145~154.

[93] Summers , Robert, Alan, et al. 1988. A New Set of International Comparisons of Real Product and Price Levels Estimates for 130 Countries, 1950-1985 [J] . Review of Income and Wealth, (34): 1~25.

[94] Taylor M P. 1988a. An Empirical Examination of Long-run Purchasing Power Parity Using Cointegration Techniques [J] . Applied Economics, (20): 1369~1381.

[95] Taylor M P, McMahon P C. 1988b. Long-Run Purchasing Power Parity in 1920s [J] . European Economic Review, (32): 179~197.

[96] Taylor M P, Sarno L. 1998. The Behaviour of Real Exchange Rates During the Post-Bretton Woods Period [J] . Journal of International Economics, (46): 281~312.

[97] Taylor A M. 2000. Potential Pitfalls for the Purchasing Power Parity Puzzle? Samping and Specification Biases in Mean Reversion Tests of the Law of One Price. Working Paper No. 7577, National Bureau of Economic Research.

[98] Taylor M P, Peel D A, Sarno L. 2001. Nonlinear Mean-Reversion in Real Exchange Rates: Towards a Solution to the Purchasing Power Parity Puzzles [J] . International Economic Review, (42): 1015~1042.

[99] Taylor A M. 2002. A Century of Purchasing Power Parity [J] . Review of Economics and Statistics, 84 (1): 139~150.

[100] Wu J L, Chen S L. 1999. Are Real Exchange Rates Stationary Based on Panel Unit-Root Tests? Evidence from Pacific Basin Countries [J] . International Journal of Finance and Economics, (4): 243~252.